1949 年山东干部南下及其社会影响研究

A Study on the Southward Movement of
Shandong Cadres
in 1949 and It's Social Influences

黄昊 著

社会科学文献出版社
SOCIAL SCIENCES ACADEMIC PRESS (CHINA)

　　本书为 2020 年度教育部人文社会科学研究青年基金项目"1949 年干部南下与山东社会变迁研究"（项目编号：20YJC770014）的研究成果。

　　本书出版受聊城大学学术著作出版基金资助

目　录

绪 论

一 研究意义与学术综述

（一）研究意义

1949年华北干部南下，是中共中央为解放全中国，完成南方的接管与建设事业所做的重大决策，也是新中国奠基史的重要组成部分。1948年秋，华北局、华东局按照《中共中央关于准备五万三千个干部的决议》等指示，为完成解放、接管南方，"将革命进行到底"的战略任务，在冀、鲁、晋等省组织了大批干部南下，其中山东南下干部数量最为巨大。从1948年12月至1949年2月底，华东局仅在山东部分解放区便组织了22968名干部南下，华北局的冀鲁豫、冀南区也在鲁西、鲁西南、湖西等今属山东省的地区组织了6000多名干部南下，这批干部南下后遍布祖国的东南、中南、西南各省，甚至新中国成立初期南方不少地区将"南下干部"统称为"山东干部"，他们承担了南方新区很多地方的接管、建政、征粮、剿匪、恢复生产、土改和社会主义改造工作，为实现"将革命进行到底"的战略任务、为广大南方新区的解放与建设事业做出了重大贡献。①

---

① 1949年山东南下干部数量庞大，既有山东籍干部，也有在山东地区工作的南方籍干部；包含级别亦较多。本课题研究的山东南下干部（及笔者访谈所涉及的山东南下干部），主要为1949年南下的山东籍基层干部，尤其是与山东基层社会和民众交往密切的县级以下的基层干部。

目前人们对于山东南下干部的认识主要体现在一些文学作品和以当事人回忆为主的作品中，学界研究仍非常薄弱。现有研究成果集中于干部南下后的工作及对干部南下历史贡献的总结，而关于山东南下干部的选调标准、调动原则、选调方式及步骤等诸多问题，尚未有系统的研究。对于"南下"的研究不仅具有革命史意义，还具有社会史、经济史、文化史、移民史乃至现代化史的多重含义。1949 年春，山东近 30000 名干部成批、成套被调南下，不仅重塑了南方新区的社会面貌，也对山东老区政治和社会变迁产生了重大影响，如数万一线骨干抽走后留下的巨大人才空缺，新干部提拔、交接工作产生的相应问题，更重要的是涉及数十万干部家属（包括配偶、子女、父母）的安置与善后问题。由干部南下所引发的山东地区社会变迁问题，如代耕、婚姻、父母子女照料、干部家属自行南下等，还需要老区政府花费更长的时间来解决。而学界关于干部南下对山东社会的影响和山东军民为解决问题所做的努力尚没有研究。

习近平总书记指出："重视历史、研究历史、借鉴历史，可以给人类带来很多了解昨天、把握今天、开创明天的智慧。"[①] 南下不仅是壮丽的革命篇章，对于身处其中的每一名干部来说，还面临着个人、家庭、乡土、事业前途的重大甚至艰难抉择。本书试图通过深入挖掘山东各地档案馆一手档案史料，并充分运用田野调查和口述访谈方法，一方面对山东干部南下组织工作进行系统论述，分析南下干部选调标准、调动原则、选调方式、步骤等内容；另一方面从社会史意义上更深入、真实地还原干部南调时所表现出的各种复杂思想与行动，因干部南调所带来的对山东本地日常工作的考验，山东老区社会心态的变化，山东老区婚姻、家庭、人口迁徙等社会遗留问题，以及山东军民为解决这些问题所做的艰苦努力，将社会史与革命史相结合，赋予革命史更旺盛的生命力，在求真的基础上，为南下事业及其蕴含的精神价值提供更丰富的内涵。

---

① 习近平:《致第二十二届国际历史科学大会的贺信》,《人民日报》2015 年 8 月 24 日,第 1 版。

（二）国内外研究的现状和趋势

1. 国内研究现状

国内学界对于南下干部研究与关注较晚。自 1949 年华北干部南下以来，到 20 世纪 90 年代前，关于南下干部的研究极少。20 世纪 90 年代以来，华北一些省及南方部分南下干部工作地省市的党史机构、政协陆续编辑了一些南下干部的资料集、回忆集等，但没有上升到学术研究的层面。近十余年来，学界开始关注华北南下干部问题，并发表了部分论文，出版了一定数量的地方性资料汇编。但总的来说研究基础仍较薄弱。山东省档案局编著了《山东干部南下》①及《告诉你一个真实的"南下"》②两本纪实文集，引用了大量当事人回忆资料。而符合学术规范的研究论著和论文较少。研究论文有 20 余篇。此外，一些非学术刊物、报纸等发表的一般性介绍、回忆文章及单纯颂扬南下的贡献、南下包含的精神品质的文章有三四十篇。关于山东南下干部研究的论文则仅有数篇。

（1）南下前的动员情况研究：刘大可利用公开出版的史料汇编对 1947—1949 年山东南下干部组织调配情况进行了概述。③有的论文对河北省的南下干部从调动到南下后的情况做了梳理，指出南下干部的历史地位。④有的论文对华北地区干部南下的准备工作进行了总体论述。⑤笔者的论文对 1949 年北平地区南下干部的组织征调进行了论述。⑥

（2）干部在南下地的工作情况研究：在此方面已有研究论文较多。

---

① 山东省档案局编著：《山东干部南下》，中共党史出版社 2005 年版。
② 山东省档案局编著：《告诉你一个真实的"南下"》，山东人民出版社 2009 年版。
③ 刘大可：《解放战争时期山东干部南下的组织调配与派遣》，《东岳论丛》2014 年第 6 期。
④ 孙建刚、史红霞：《南下干部的组织调配和动员教育——以 1949 年华北解放区南下干部为例》，《邯郸学院学报》2015 年第 4 期。
⑤ 代雅洁：《华北解放区干部南下的准备工作研究（1948—1949）》，《党的文献》2019 年第 4 期。
⑥ 黄昊、柴懿：《1949 年北平地区的"南下"征调工作》，《洛阳师范学院学报》2016 年第 7 期。

部分论文探讨了南下干部在江西、上海等南下地的接管工作。[①] 有的学者对南下干部在南方新区的剿匪事业进行了分析。[②] 有的学者对八千山东南下干部入浙履职情况进行了探析。[③] 有学者的研究指出，南下干部实现了对南方新区的有效接管，并通过反"地方主义"建立起高度集中的政治体制。[④] 有的研究认为，南下干部在贯彻中央政策方面相较南方本地干部没有那么多顾虑与牵扯，"正是如此，1952 年前后，南下干部在政权组成中确立主导地位，全面接管南方新解放区地方党政军民大权，使中央政策在地方得到有效地贯彻执行""中央对于地方的高度控制得以实现"。[⑤]

（3）南下体现的精神品质与当代价值研究：学界对南下体现的精神品质与当代价值进行了高度评价。有的学者认为，南下是党的群众路线的伟大实践，对构建社会主义核心价值体系有重要作用。[⑥] 王兴喜以山东南下干部在福建省的工作经历为例，认为山东干部南下"体现了山东地方党组织的奉献意识和全局观念，展现了齐鲁儿女英勇奋斗的优良传统和革命精神，彰显了山东人民在全国解放过程中不可磨灭的历史功勋"。[⑦] 丁龙嘉指出，"'南下'与'南下干部'是新中国奠基史的重要组成部分"，呼吁"应当进一步加强对其的历史研究"，"挖掘

[①] 李德成、杨鹏燕：《南下干部的组建与新政权的接管——以江西省南下干部为例》，《党史研究与教学》2013 年第 4 期；李鹏程：《对上海市民政局南下干部的历史考察（1949—1952）》，硕士学位论文，华东师范大学，2012 年。

[②] 代雅洁：《新中国成立初期华北南下干部与南方新区剿匪工作研究——以福建、湖南、贵州为例》，《党的文献》2018 年第 3 期。

[③] 张根福、李鸣宇：《抽调、分配与融合：八千山东南下干部入浙履职探析》，《浙江师范大学学报》（社会科学版）2019 年第 6 期。

[④] 杨奎松：《建国初期中共干部任用政策考察——兼谈 1950 年代反"地方主义"的由来》，华东师范大学中国当代史研究中心编：《中国当代史研究》（一），九州出版社 2011 年版，第 3—45 页。

[⑤] 黎荣：《1949 年干部南下：双重逻辑下的选择与演变》，《湖州师范学院学报》2015 年第 3 期。

[⑥] 刘立振：《试述南下干部与延安革命经验的实践和推广——以党的群众路线为例》，《福建党史月刊》2014 年第 2 期。

[⑦] 王兴喜：《"干部南下"的历史意义及其革命传统——从福建省山东南下干部说起》，《福建党史月刊》2013 年第 22 期。

其当代价值"。①

此外，关于某一区域南下史的系统研究，笔者的专著《为了新中国——1949年聊城地区南下干部研究》②"以小见大"，较为详细地论述了1949年山东聊城地区南下干部的组织动员，南下历程，在南方新区的接管、建政、征粮、剿匪、土改等各项工作及遇到的困难等内容。其他相关专著较少。

2. 国外研究现状

国外关于1949年华北南下干部的研究主要集中于干部南下后的情况。日本学者主要了探讨华北干部南下后，与南方新解放区地方社会的互动关系。田原史起简要分析了北方干部南下前的职级变动及动员情况，着重试图以"外来精英集团"（南下干部）与"精英后补集团"（"在地干部"，南方本地干部）二者间的配置策略来解读中国共产党在南方新解放区的"统治形态"。③但由于资料的局限，他的一些观点和论断与实际情况是有距离的。美国学者傅高义的著作讨论了南下广州的北方干部与南方本地社会（尤其是南方本地干部）的互动调试过程。④

总体来看，目前学界对于南下干部的研究仍处于起步阶段。在研究内容上，主要为南下干部在南方新区的接管、土改、剿匪等工作，而对南下前华北老区干部及其家属的自身心态、行动变化研究较少，对南下组织工作的复杂性尚没有细致分析，对于干部南下前山东地区关于南调组织中的标准、原则、方式、步骤等还没有系统梳理。此外，对于干部南调给山东老区社会带来的影响及其后续解决事宜，学界尚未关注。在史料运用上，以干部在南下地为各级政协、党史办所写或收录的回忆文

① 丁龙嘉：《论"南下"与"南下干部"研究中的若干问题及当代价值》，《中共党史研究》2016年第1期。

② 黄昊：《为了新中国——1949年聊城地区南下干部研究》，中国社会科学出版社2018年版。

③ 〔日〕田原史起：《新解放区县级政权的形成——南下干部与地方社会之互动分析》，中国社会科学研究会编：《全球化下的中国与日本——海内外学者的多元思考》，社会科学文献出版社2003年版，第184—214页。

④ 〔美〕傅高义：《共产主义下的广州：一个省会的规划与政治（1949—1968）》，高申鹏译，广东人民出版社2008年版，第83—113页。

章为主，省、市、县各级档案馆原始档案材料运用相对较少。

二 研究方法与资料来源

（一）研究方法

（1）历史学实证研究方法。"古代治史讲求'道统'，中国近代史的'道统'就是唯物史观。"[①] 本书以马克思主义唯物史观为指导，以历史学实证研究为基本方法，坚持"论从史出"，深入挖掘长期以来在山东各级档案馆及相关省份档案馆中未被利用甚至整理的原始档案，虽难做到"竭泽而渔"，但期望能挖掘出更多材料，以做更精确的微观分析。坚持"有一份材料说一分话"的治史原则，努力做到如中国社会科学院荣誉学部委员杨天石先生所说，"你可以不同意我的观点，但你反驳不了我的史实"，使研究成果经得起时间与历史的检验。

（2）田野调查、口述访谈。多年来，笔者已调查走访了鲁西北、鲁中、鲁南地区很多市、县党史办（党史研究院）、史志办、革命老区建设促进会（简称"老促会"）等单位，搜集了大量南下相关资料，对不少南下干部留鲁后人进行过口述访谈，并通过地方史志办工作人员帮助（一些县党史办、史志办曾做过当地籍贯的南下干部资料整理和寻访工作）及亲友关系，对一部分尚在世的南下干部（尤其在贵州的山东南下干部）进行了访谈。1949 年南下干部的留鲁后人（尤其是第三代）在课题组成员的家乡与工作地仍并不鲜见，这为本课题的研究提供了便利。通过田野调查、口述访谈获得的相关资料，可有效补正档案史料，深化认识。

（二）资料来源

今山东省范围，在 1949 年初分属中共中央华北局、华东局两大不同的战略区领导。华东局在山东所辖区域，有鲁中南区、渤海区、胶东区三个区党委及济南、潍坊等特别市委。华北局在山东所辖区域，主要

---

① 金民卿：《在历史正确方向上推进近代史研究》，《历史评论》2021 年第 1 期。

由冀鲁豫区和冀南区管辖，包括鲁西北、鲁西南、湖西等地区，今大体为菏泽、济宁、聊城、德州等地级市，以及济南、泰安的小部分地区。华北局、华东局下辖各区党委、地委、各县的行政区划与今日山东省各地的区划变化极大，甚至已完全不同，很多地、县历经拆分、合并、更名，以至跨省变动（如仅在山东西南部菏泽地区，抗日战争及解放战争时期，冀鲁豫区就在原数县交界的所控区域新设立了齐滨、复程、安陵、南华、郓北、郓巨、东垣、曹南、成曹等十几个边联县，很多县份旋设旋撤，数年之中便多次变动县名，1949 年 8 月至 1956 年，这些战争年代新设县份最终陆续全部撤销）。尤其是华北局的冀鲁豫区，1949 年 8 月以冀鲁豫区为基础组建了新的"平原省"①，很多相关档案资料随之移交平原省，几经辗转。平原省于 1952 年 11 月撤销后，原鲁西、鲁西南、湖西地区重新划归山东省管辖。且 1949 年山东南下干部的南下工作地又包括江苏、上海、浙江、福建、四川、湖南、江西、云南、贵州等十余个省市区，使得山东地区"南下"资料相对分散，这也大大增加了研究中资料搜集的难度。

"走进历史"的门径在哪里？著名历史学家章开沅先生认为，首先需要走进史料。②"复杂的历史面相，需要多元的历史记录及其史料呈现。"③笔者多年来始终从事山东南下干部资料的搜集整理及相关口述访谈工作，长期在山东省档案馆，河北省档案馆，济南市、聊城市、青岛

---

① 省会设在今河南新乡市。平原省的区域范围中半数以上地区属于今山东省。"平原省地区广大，由山东的鲁西、河南的豫北、河北的直南三部组成，是华北与华中解放区的纽带"，成立时共分 6 个专区，56 个县和 2 个市，全省人口 1500 万，省委书记为原冀鲁豫区党委书记潘复生，省长为冀鲁豫边区革命根据地创始人之一、华北人民政府教育部长晁哲甫。参见《新乡各界五千人举行盛会 庆祝平原省成立 省委书记潘复生说明建省特点 提出发展农业生产等五大任务》《平原省介绍》，《人民日报》1949 年 8 月 23 日，第 2 版。该省存续时间较短。1952 年 11 月，平原省撤销，原平原省的聊城专区（专署驻聊城）、菏泽专区（专署驻菏泽城）、湖西专区（专署驻单县城）重新划归山东省管辖。

② 彭南生：《从"走进历史"到"走出历史"：章开沅的治史道路与史学思想》，《江汉论坛》2022 年第 5 期。

③ 丁守和、马勇、左玉河等编：《抗战时期中文期刊篇目汇录》（一），上海书店出版社 2021 年版，"序"，第 1 页。

市等档案馆及山东部分县的档案馆抄录、复制、整理了数十万字的一手"南下"相关档案史料，走访了不少市、县党史办、史志办、革命老区建设促进会，搜集了大量相关史料，并与一些地方党史办热衷"南下"资料搜集者结下了深厚友谊，也通过面对面及电话的方式访谈了部分山东南下干部及其留鲁后人，得到了很多宝贵的口述与手写资料。有的南下干部还专门为笔者的研究撰写并寄送了他个人回忆文章，如《南下干部心向党》（手写稿，共36页）；此外，目前学界虽然对于山东南下干部的研究著作和论文较少，但是各地出版的南下相关的回忆、档案资料较为丰富。在山东、河北、河南及浙江、福建、贵州、四川、云南等山东南下干部的工作地省份编印的各级"文史资料""党史资料汇编"中，有大量相关档案文献及亲历者回忆，是本书研究的重要资料；在山东及南方各省（山东南下干部工作地）党史办、史志办编印的地方史、地方志中，对本地区1949年南下及南下干部情况也有一定叙述，虽然记载相对分散，但对笔者研究的资料来源也有重要补充作用；《人民日报》、《新华社电讯稿》、华东局及山东分局机关报《大众日报》、冀鲁豫区党委机关报《冀鲁豫日报》、胶东区党委机关报《胶东日报》、渤海区党委机关报《渤海日报》、华北局《建设》周刊等诸多珍贵而极具实效性的当时重要报纸、期刊，也是本书的重要参考资料。

三 1945—1948年山东地区的历次干部北上、南下工作

全面抗战时期，是中国共产党在山东的力量实现由小到大、由弱到强巨大转变的关键时期。尤其是1943年7—8月，山东敌后"三角斗争"（敌我顽）状况发生根本变化：长期盘踞在山东敌后（鲁中、沂蒙地区）的国民党鲁苏战区总司令于学忠部及国民党山东省政府离鲁后，罗荣桓指挥中国共产党山东军民击退了国民党中央军李仙洲部，粉碎了其入鲁的企图，彻底"改变了山东三角斗争中我党我军的地位（变'敌

友我'，为'敌我友'对比的形式）",[①] 我党我军基本控制了山东敌后全局。至 1945 年抗战胜利，山东八路军已发展到 27 万人，占当时全国八路军总数的四分之一多，[②] 此外还有 71 万民兵和 150 万自卫团。中共山东敌后根据地经过长期的"三角斗争"，坚持抗日，坚持反顽，坚持依靠群众，执行正确的统一战线策略和军事斗争策略，从无到有，从弱到强，最终从全面抗战爆发前党组织被破坏殆尽，在全省多数地区一度失去联系、停止工作的极端不利状况，发展壮大为中国共产党在全国力量最强大的敌后根据地之一，也是唯一的基本以一省为范围的敌后抗日根据地。

由于至 1945 年抗战胜利时，中国共产党在山东全省已取得巨大优势，拥有雄厚、坚定的干部队伍，强大的军事力量及广泛的群众基础，全省多数地区已是解放区，因此，山东成为解放战争时期中共中央历次抽调干部支援全国战略任务的重点地区。自抗战胜利起，山东地区多次抽调干部北上、南下工作。虽然历次抽调人数、规模及调动距离均较 1949 年南下新区为小，但是抽调干部的总量仍是相当可观的。总体而言，在抗战胜利后至 1949 年山东干部大规模南下新区前，山东地区干部的北上、南下历程，按照工作地点、战略目的不同，主要可分为以下三类：挺进东北、南下中原、支援平津。

（一）挺进东北

1945 年 8 月抗战胜利后，中共中央为迅速控制东北，以打下全国解放胜利的坚实基础，抽调大批山东干部北上，进入东北地区工作。这是自抗战胜利至 1949 年山东干部南下新区之前，山东地区影响最大，也是最为重要的干部征调工作。

山东半岛与辽东半岛仅隔一渤海海峡，交通便捷，由罗荣桓等

[①] 《北方局对山东工作的几点意见向山东分局的报告电》（1943 年 11 月 29 日），山东省档案馆藏，案卷号：G001-01-0072-007。

[②] 全国中共党史研究会编：《抗日民主根据地与敌后游击战争》，中共党史资料出版社 1987 年版，第 170 页。

领导的中国共产党山东根据地党的干部和山东军区部队力量强大、群众基础深厚，因此山东八路军和地方干部成为抗战胜利后中共中央实现控制东北的重大战略决策的主要力量。随着苏军的进入和日军的投降，东北地区重要城市和交通线暂由苏军掌控，其他多数地区则陷入缺乏实际控制权力的真空状态。而日本投降时，国民党在东北无一兵一卒，其主力远在西南，与东北之距离非常遥远，且交通不便，运兵困难。"中国共产党如能控制了东北，人民军队就有了一个巩固的后方，这对于制止内战，解放全中国具有极其重要的战略意义。"[①]

为了加强对东北的领导，1945 年 9 月 15 日，中共中央决定建立东北局，以彭真为书记。19 日，中共中央发出了《目前任务和战略部署》的指示，明确提出"向北发展，向南防御"的战略方针，指出："目前全党全军的主要任务，是继续打击敌伪，完全控制热、察两省，发展东北我之力量并争取控制东北，以便依靠东北和热、察两省，加强全国各解放区及国民党地区人民的斗争，争取和平民主及国共谈判的有利地位。"[②] "山东主力及大部分干部迅速向冀东及东北出动，第一步由山东调三万兵力到冀东，协助冀热辽军区肃清伪军开辟热河工作，完全控制冀东、锦州、热河，并在将来红军撤退时完全阻止顽军进入东北、热河，另由山东调三万兵力进入东北发展并加装备。"山东党政军负责人"罗荣桓到东北工作。将山东局改为华东局，陈毅、饶漱石到山东工作。现在的华中局改为分局，受华东局指挥，其人员另行配备"。"晋冀鲁豫军区竭力迟阻并打击顽军北上部队，准备三万兵力在十一月内调到冀东和进入东北。""全国战略方针是向北发展，向南防御，只要我能控制东北及热察两省，并有全国各解放区及全国人民配合斗争，即能保障中国人

---

① 中共聊城地委党史资料征集研究委员会编：《鲁西北革命史》，山东大学出版社 1991 年版，第 313 页。

② 刘少奇：《目前任务和战略部署》（1945 年 9 月 19 日），中国抗日战争军事史料丛书编审委员会编：《中国抗日战争军事史料丛书　新四军·文献 14》，解放军出版社 2016 年版，第 268 页。

民的胜利。"①

中央为山东布置的调干任务是：给东北配备三个省的省级领导班子，抽调大批干部到东北工作。9月20日，中央致山东分局并罗荣桓、黎玉转林彪电："发展东北，控制冀东、热河进而控制东北，除开各地派去之部队和干部外，中央是完全依靠你们及山东的部队和干部。原则上以山东全部力量去完成这个任务，其他各地加以帮助。"②9月28日，中央电告罗荣桓："向东北和冀东进兵及运送干部是目前关系全国大局的战略行动，对我党及中国人民今后的斗争，有决定的作用。在目前是时间决定一切，迟延一天即有一天的损失。"第二天即下达更为严格的命令："必须在二十天至一月内渡过二三万部队和干部，否则绝不能完成你们的战略任务。""必须用全力迅速组织渡海，再不能容许片刻迟缓。"③

此次山东地区干部北上东北的工作，是以山东分局为主，由罗荣桓同志亲自指挥、带队进行的，共抽调分局及各区基干干部6000多人，部队近7万人，其中多数以在胶东海运赴东北方式为主。根据中共中央的战略部署，中共中央山东分局和八路军山东军区立即对山东各方面工作进行了调整。山东分局抽调干部北上东北的行动，与山东军区的主力部队北上东北是同时进行的，在数月之内，山东分局、山东军区完成了组织7万山东八路军主力部队及6000多名基干干部北进东北的战略行动。1945年8月17日，山东分局向各区党委发出《肖华率部去东北的报告》，对各区调干进行初步布署，指出："1. 根据中央指示方针，及我们所负担的任务，分局决再抽调大批干部派往东北开辟工作……2. 抽调干部应从整个党的利益出发，有严重政治问题或估计不能起什么作用的不应派去，被抽调的干部应于动员前将工作交代清楚。3. 渤海干部于

① 刘少奇：《目前任务和战略部署》（1945年9月19日），《中国抗日战争军事史料丛书　新四军·文献14》，第269页。
② 《中央致山东分局并罗荣桓、黎玉转林彪电》（1945年9月20日），常连霆主编，中共山东省委党史研究室编：《山东党的革命历史文献选编（1920—1949）》第9卷，山东人民出版社2015年版，第17—18页。
③ 刘统：《中国革命战争纪实　解放战争（华东卷）》，人民出版社2007年版，第15页。

十月初直接到达胶东，鲁中、滨海于本月底十月初到达分局集中。4. 东北籍干部不在以上指定数内，应早到。"①

"时间就是机遇"，面对广阔东北地区的重要战略价值和稍纵即逝的战略机遇，山东分局、山东军区争分夺秒进行抽调干部、部队前往东北的工作。8 月 18 日，山东分局、山东军区主要负责人罗荣桓、黎玉就"关于调部队去东北的情况"向中央军委做了初步报告：

　　1. 肖华带司政供各一部得力干部，及周赤萍、刘西元，军分区司令两个赵杰、吴瑞林廿日去胶东到沈阳，到后均改名字。

　　2. 派部队万毅率三个小团一个大团并带各种干部七十余名，另胶东军区副司令吴光荣、政治部主任彭嘉庆兼政委带三个团及师全部，另渤海军区副政委刘其仁，分区司令刘贤全带一个团共五个团三个小团，各从原地争（取）一周内全部出发，各遵照中央指示要点，放下武器，脱下军装，以东北难民前去。

　　3. 抽十个团全套干部，分配鲁中、滨海各三个团，军直渤海胶东鲁南各抽一个团干部，刘居英省政府秘书长分局社会部长可作省主席，林一山、于克（胶东区委）可任市长，另有专员、工商、公安、财政、地委书记、县区各种干部可调三、四百人，估计以上干部及部队可作发展三十个团之用。

　　4. 以上各部队及干部有的已准备好出发，有的在调集中，随到随走，朝鲜独立同盟约七十人亦向胶东集中出发。

　　5. 山东各地所成立之新团，正在组织中，连主力团，虽可编五十个团，但因夏季作战以来伤亡较大，地方武装编团缺乏干部，甚至技术兵种干部更无基础，以上所调，暂作为第一步计划，看山

① 山东分局：《肖华率部去东北的报告》（1945 年 8 月 17 日），山东省档案馆藏，案卷号：G001-01-0104-020。肖华，即萧华。本书引用的一些史料和文献中，个别字词的写法、用法与今日现代汉语标准不完全相同，如"肖"（萧）、"作"（做）、"的"（地、得）、"那"（哪）、"须要"（需要）、"长"（常）……但并不影响对文意的理解。为尊重历史，保持文献原貌，引文中类似字词基本不做改动。

东形势如何，倘不减弱对顽作战力量，当尽一切可能再调，以完成发展东北所需之力量。山东本缺干部很多，希望中央告华中给山东知识分子干部三百名。[①]

"同月底，胶东军区奉命组成以司令员许世友任总指挥的海运指挥部，统一指挥海运及后勤工作。"[②]中央及山东党组织高度重视北上东北的战略任务，以山东党政军负责人罗荣桓同志亲自带领山东军区主力部队及地方干部，北上东北。"至 12 月底，山东先后抽调 6000 余名干部赴东北工作，占赴东北干部总数的近 30%"，共配齐了三套党政军省级领导班子，"他们到达东北后，成为东北人民军队、各级党组织和人民政权的骨干力量，为建立巩固的东北根据地做出了重大贡献"。[③]

而在山东省的津浦路以东地区，当时主要归属冀鲁豫及冀南区[④]，抗战胜利后也调动了部分干部前往东北。冀鲁豫行署冀南办事处根据上级指示，于 1945 年 10 月 7 日发出《训令》，指出："查东北四省解放后，需要大批干部开辟与巩固该地区工作。为此，本处决定凡原籍东北、工作于冀南区的政权干部，无论男女及职务重要与否，一律抽送东北工作。"[⑤]冀鲁豫及冀南区在此次抽调干部北上东北的战略行动中，相较山东分局而言，抽调干部较少，且北上东北干部多数由鲁西北地区调出。当时的冀南一地委（又称鲁西北地委、临清地委，地委驻地山东临清，

① 《关于调部队去东北的情况向中央军委的报告》（1945 年 8 月 18 日），山东省档案馆藏，案卷号：G001-01-0104-021。

② 常连霆主编，中共山东省委党史研究室编：《中共山东编年史》第 5 卷，山东人民出版社 2015 年版，第 283 页。

③ 《中共山东编年史》第 5 卷，第 283 页。

④ 因两个区"在工作上来说，经长期共同的斗争，是已打成了一片，互相毗连。从过去工作历史关系来说，也经过了长期非常密切的联系"，"为了更加统一对敌斗争的步骤……紧缩机关，保存干部"等，冀鲁豫、冀南区于 1944 年 6 月合并，直接统一于冀鲁豫中央分局领导。参见《中共冀鲁豫区党委、中共冀南区党委关于冀鲁豫和冀南区党委合并和拥护冀鲁豫中央分局成立决定》（1944 年 6 月 13 日），河北省档案馆藏，案卷号：0157-001-0001-0001。至 1945 年 10 月，冀鲁豫、冀南区再次分开。

⑤ 中共聊城地委党史资料征集研究委员会编：《鲁西北革命史》，山东大学出版社 1991 年版，第 313 页。

下辖冠县、临清、馆陶、邱县、堂邑、莘县、阳谷、朝城、观城九县）抽调干部较多，有 300 余人，其中多数为鲁西北籍，少数为东北籍。

与山东分局挺进东北干部通过海运、陆路并举，以海运为主的方式不同，鲁西北北上东北干部，全部通过陆路出关，一路上可谓艰辛备尝。鲁西北地区调出的北上干部由地委副书记杨易辰（东北籍干部）、专员周持衡带领，步行前往山海关，进入东北。北上干部团快到山海关时，"国民党军队由美国军舰载运在秦皇岛登陆。干部不能从山海关去东北，只好沿长城里侧往西走，绕道出古北口，经热河省到绥中县乘上火车到达沈阳"。经过一个月行程，终于到达沈阳，此后由东北局负责鲁西北北上干部的工作分配问题。[①] 抗战胜利后鲁西北地区北上东北干部大大充实了党在东北的组织力量，为东北地区的解放和建设事业做出了重要贡献。

"进军东北的部队和干部，以顽强的毅力，克服了路途遥远、风吹雨打、道路泥泞、风大浪高、供给不足等种种困难，胜利完成了进军东北的战略任务，为建立巩固的东北根据地、发展壮大人民军队以及粉碎国民党的军事进攻奠定了基础。"[②]

山东，是中国共产党改变国共两党力量对比，通向全国胜利的跳板。山东干部北上东北的战略意义及其历史贡献是非常重大的。[③]

（二）南下中原

"1947 年 6 月，中共中央确定了举行全国性反攻，将战争引向国民党区域的战略方针。刘邓大军奉命抢渡黄河天险，跨过陇海路，挺进大

---

① 李英华：《回忆北上干部情况》，中共聊城地委党史资料征集研究委员会编印：《一切为了前线（上）聊城地区党史资料第 15 辑》，1988 年，第 113 页。
② 《中国人民解放军军史》编写组：《中国人民解放军军史》第 3 卷，军事出版社 2010 年版，第 17 页。
③ 〔加〕赖小刚：《通向成功的跳板：抗战时期中共在山东的崛起》，《文化纵横》2015 年第 5 期；Sherman Xiaogang Lai, *A Springboard to Victory: Shandong Province and Chinese Communist Military and Financial Strength, 1937–1945*, Leiden：Brill，2011。

别山。"①"刘邓大军南下反攻","自六月三十日至七月二十二日共歼灭蒋军七个整旅两个整团,平均三天歼灭一个旅"。②晋冀鲁豫中央局根据中央指示,从冀鲁豫、冀南、太行、太岳各区抽调1850名干部组成南下干部支队,跟随刘邓大军南下。其中冀鲁豫、冀南区的部分地区属于今山东省范围,大体在鲁西北、鲁西南、湖西地区,这些地区各县多有干部调出。

以冀鲁豫六地委(又称运东地委,辖地在鲁西北)南下中原干部为例。当时,冀鲁豫区南下干部被编为晋冀鲁豫南下干部支队第一干部大队,冀鲁豫六地委被编为第一大队的第一中队,共计51人,从地委机关及下辖各县抽调而来,中队长梁久让(茌平县委副书记),指导员孟筱澎(筑先县委书记),中队副傅毅远。③下辖四个班,一班为茌平县干部,班长张一正;二班为齐禹、长清县干部,班长李泽民;三班为平阴、东阿县干部,班长孟月山;四班为阳谷、筑先(聊城)县干部,班长杜治国。"由于战争环境的紧张,全部是男同志,年龄一般二十多岁,少数大的三十多岁,小的十八九岁,女同志暂不南下。"④7月,被调干部在阳谷县进行了短期集中训练,训练内容主要是:充分认识党中央毛主席决定南下的重要意义。轻装上阵,实行军事化管理。服从命令听指挥,遵守军事纪律、群众纪律。据六地委南下中队负责人梁久让回忆:8月底,南下同志由阳谷县骆驼巷出发,从寿张县孙口强渡黄河,经山东、河南、安徽,到达大别山,在七里坪停驻三天,领导干部一律降低一级分配职务,冀鲁豫干部与其他各区干部实行打乱混合分配。⑤部分干部

① 《山东干部南下》,第5页。
② 《刘邓大军南下反攻及豫北钳形攻势图》(1947年7月24日),河北省档案馆藏,案卷号:0102-001-0001-0002。
③ 梁久让:《英明的决策——1947年南下江汉的回忆》,《一切为了前线(上)聊城地区党史资料第15辑》,第120页。
④ 梁久让:《英明的决策——1947年南下江汉的回忆》,《一切为了前线(上)聊城地区党史资料第15辑》,第120页。
⑤ 梁久让:《英明的决策——1947年南下江汉的回忆》,《一切为了前线(上)聊城地区党史资料第15辑》,第121—125页。

被分配到豫东、皖西大别山区工作。① 其他干部分配到江汉军区第二分区（鄂中分区）继续前进，终于到达鄂中地区。他们历时 3 个月，历经4 省 31 个州县，行程 3500 华里，翻越大别山，曲曲折折，走走停停，最终到达湖北省中部江汉地区工作。② 又如在冀鲁豫二地委（即运西地委，在山东西南部），"前曾抽调郓城等八县区村干部千余人集中学习，检查过去一段土地改革运动，及今后如何贯彻复查，彻底消灭地主阶级。半月来，学员情绪很高，解决了对地主阶级认识上的糊涂观念。七月三日，学校提前结束，随军南下，学员闻讯，莫不兴奋异常，决心为农民复仇。各队遂分别星夜南渡。临行时，学员将全部节约米约十五万元全数献出支援前线"。③ 又如冀南区一地委跟随刘邓大军南下的干部，元朝县 ④25 名，由元朝县委书记张延积（山东肥城人）带队；冠县 30 余名，由冠县县长王相卿带队；临清 30 多名，由杨培建带队；馆陶 30 多名，由李力员带队。1947 年 7 月初到河北省武安县报到，经过短暂集训，跟随二野二纵队南下，最终到达大别山区工作。冀南区一地委干部主要分配到大别山区的安徽金寨县工作，张延积任金寨县委书记，王相卿任县长。⑤ 他们在二野部队的配合下，克服没有后方支持的重重困难，突破敌人重兵围剿，开始了艰苦的开辟大别山根据地的工作。大别山是原红四方面军根据地，1932 年失守，遗留下不少红军军烈属。南下后担任金寨县委书记的张延积回忆，他们充分利用大别山老苏区的优势，广泛动员群众，建立贫雇农组织，粉碎了国民党新桂系军队的多次进攻，"歼灭了国民党很多地方民团、小保队等反动武装，为支援前线做出了

---

① 中共东阿县委党史资料征集研究委员会编：《中共东阿县党史大事记（1933—1949）》，山东省出版社总社聊城分社 1990 年版，第 107 页。

② 梁久让：《英明的决策——1947 年南下江汉的回忆》，《一切为了前线（上）聊城地区党史资料第 15 辑》，第 125—126 页。

③ 《冀鲁豫二分区　千余干部南下》，《人民日报》1947 年 7 月 25 日，第 2 版。

④ 元朝县设于 1945 年 5 月，冀鲁豫中央分局确定以元城（今河北大名县卫河以东地带）和山东莘县、朝城县各一个区组建元朝县，同时成立中共元朝县委。1949 年 8 月，元朝县撤销，部分地区划归山东莘县，部分地区划归河北大名县。

⑤ 聊城地委党史办：《解放战争时期鲁西北地区的干部北上南下述略》，《一切为了前线（上）聊城地区党史资料第 15 辑》，第 184 页。

应有的贡献"。①

1947年10月,冀鲁豫区部分干部再次被抽调南下大别山区。《人民日报》专门报道了冀鲁豫六地委东阿县欢送南下干部情形:"十月廿五日早晨,'欢送南下干部'的消息,传遍东阿县的各机关。'祝南下干部顺利到达长江'、'南下干部是民族勇士、人民的支柱'两条用布制成的大标语,早已拉在了街的两头。当艺联的喇叭响起来的时候,小孩、闺女、七八十的老大娘和机关同志,都已拥在街上,各个南下的同志都在忙着找自己的熟人话别;'你南下?''南下!''我随后就跟上,大别山见面呀!'……"②

此外,中共中央华东局也在津浦路以东的山东解放区抽调干部,组成南下大队,下属三个中队,九个分队,共1000多人,先在渤海区惠民县整风,后南下到大别山区,分配在豫西、陕南和江汉地区。③

由于跃进大别山是无后方依托的作战,遭到国民党重兵集团的围追堵截,跟随刘邓大军跃进大别山的不少山东干部在此后的艰苦斗争环境中英勇奋战,很多人牺牲在了他乡。

1947年秋,刘(伯承)邓(小平)、陈(毅)粟(裕)、陈(赓)谢(富治)三路大军分别在大别山、豫皖苏和豫陕鄂作战略展开之后,歼灭了国民党军大量兵力。但刘邓大军长期在无后方依托条件下连续作战,处境困难;华野及陈谢兵团与国民党军形成拉锯状态,处境也较困难。为改变中原战局,中共中央和中央军委于1948年1月27日电示华野:以第一、四、六纵组成第一兵团,由粟裕率领,在适当时候渡江南进,以吸引国民党20个至30个旅回防江南。2月2日,中央又进一步做了南进后的部署。④此后,华东局从鲁南、滨海、鲁东、胶东、渤海等区抽调党政干部、公安干部、新闻记者、报社编辑和从事出版、印刷工作的干部职工陆续在山东惠民集结、学习,约

---

① 张延积:《开辟大别山解放区的及时雨》,中共金寨县委宣传部编:《立夏节烽火 革命斗争回忆录》,安徽人民出版社1980年版,第316—318页。
② 《欢送南下干部》,《人民日报》1947年11月9日,第2版。
③ 《山东干部南下》,第6页。
④ 《解放战争时期的中原支队》,中国人民政治协商会议河南省宝丰县委员会学习文史委员会编:《宝丰文史资料》第9辑,1994年,第1页。

有 1 万人。4 月上旬，经过精减，共 6000 人左右编队南下，离开山东惠民，前往河南濮阳。[1]5 月上旬，先期抽调其中 1000 人左右随军南下，赴苏、皖及豫东工作。[2]其余同志仍暂留随营学校继续学习。5 月 21 日晚，"陈毅司令员在濮阳附近的王助镇向全体准备南下干部作报告，他首先讲了国内的形势，指出：中央原打算今年打过长江去，现在考虑到国民党在江北的几个主要兵团还有一定的战斗力，我们一过长江，他会跟过去。到国民党占领区作战，远离解放区后方基地，给我们歼灭敌人会带来许多困难。因此，中央决定，今年不过长江，争取把国民党军队的主力消灭在江北，然后渡江，过江之后，就可长驱而入，用不了多长时间，就可解放全中国。为了适应这一战略上的改变，中央决定从山东调来原打算随军渡江去苏、浙、赣的干部，除少数随军去苏、皖、豫东外，其余全部去中原地区。他说：中原战场的地位十分重要，历为兵家必争之地。我们必须首先巩固中原地区，作为军队渡江作战的基地。去中原的同志，大约工作半年左右后，还要到江南去"。[3]6 月 1 日，南下中原的 5400 余名干部，编为中原支队，由金明同志任支队长兼政委，周季芳同志任副支队长兼副政委。6 月上、中旬，中原支队从濮阳向中原局所在地豫西进发，陆续被中原局安排在豫西、陕南、桐柏、江汉等地工作。这批山东南下中原干部，于 1949 年渡江战役前又接到新的任务，很多从中原调出继续南下：一部分担负起了接管长江中游中心城市武汉的重任；一部分干部渡江南下，参加了湖南省的接管工作。[4]

① 尹子明、李文祥、王宜捷：《从鲁中到豫西——对中原支队的片断回忆》，中共泰安市委党史资料征集研究委员会编：《泰安党史资料 总第 18 期 纪念中国共产党成立七十周年专刊》，1991 年，第 103 页。

② 尹子明、李文祥、王宜捷：《从鲁中到豫西——对中原支队的片断回忆》，《泰安党史资料 总第 18 期 纪念中国共产党成立七十周年专刊》，第 104 页。

③ 尹子明、李文祥、王宜捷：《从鲁中到豫西——对中原支队的片断回忆》，《泰安党史资料 总第 18 期 纪念中国共产党成立七十周年专刊》，第 104 页。

④ 中共临沂市委党史研究室编著：《沂蒙南下干部》，济南出版社 2017 年版，第 86 页。

（三）支援平津

抽调山东干部支援、接管平津的工作是在 1948 年下半年开始的。在山东地区主要涉及华北局的冀鲁豫区、冀南区。1948 年下半年，"由于解放战争形势飞速发展，新解放区和城市不断增加，为了满足新区和城市对干部的需要"，华北局"从各解放区抽调干部去中央党校学习"。如冀鲁豫六地委 150 多名干部在地委书记马盛斋、武装部长郭乐天的带领下，于 8 月到达河北平山中央组织部，"12 月底，平津解放在即，奉命开赴平津地区，分别参加了北平和天津的接管工作"。[①] "这批干部原是储存起来准备南下的，后来华北、平津形势发展很快，1948 年 12 月底，在平山县城里由薄一波同志动员后开赴平津地区，一部分去接管北平，一部分去接管天津。"[②] 又如冀南区二地委（夏津地委，地委驻地山东省夏津县，管辖区域主要在今山东德州地区），在 1948 年北平、天津两大城市解放在即的情况下，为了解决城市接管干部紧缺问题，中央军委从各解放区紧急动员干部。上级指示二地委抽调干部，由一名县委书记和县长领队，北上支援解放平津的战役。夏津地委抽调了 40 名干部，主要来自平原、恩县等县（都属今山东德州地级市），其中平原县抽调 23 名干部，夏津、恩县抽调少数干部，分别由平原县委副书记孙芳山和恩县的张海光同志带队北上北平、天津做城建工作。[③]

应该说，此前的历次"北上""南下"工作，在山东老区均未如 1948 年底至 1949 年初的"南下"动员那样引起广泛而强烈的社会反应与心理变动。

---

① 《中共东阿县党史大事记（1933—1949）》，第 118 页。

② 聊城地委党史办：《解放战争时期鲁西北地区的干部北上南下述略》，《一切为了前线（上）聊城地区党史资料第 15 辑》，第 186 页。

③ 李玉春：《我在夏津时的回忆》，中国人民政治协商会议山东省夏津县委员会文史资料研究委员会编：《夏津文史资料》第 4 辑，1993 年，第 93 页；《解放战争时期平原县、平北县、恩县的干部南下北上情况》，中共平原县委党史资料征集研究委员会编：《平原县党史讲座（革命传统教材）》（1921 年 7 月—1949 年 10 月），1989 年，第 119—120 页。

第一章 部署与原则：山东地区干部
南下的工作安排

进入 1948 年后，人民解放战争形势迅猛发展。为了将革命进行到底，实现全国彻底解放，1948 年秋，中共中央决定从北方老解放区抽调大批干部南下，准备接管南方新解放区。华北局和华东局布置了在山东的调干任务。根据中央和华北局、华东局的相关要求，结合任务的紧迫性与地方实际情况，山东地区的南下干部选调确立了一定的标准，形成了一定的调动原则与选调方式。

一 中央"南下"指示的发布

为了尽快夺取全国革命的最终胜利，1948 年 9 月，中共中央政治局在河北平山县西柏坡召开会议，对两年解放战争、三年来党的工作做出全面总结，并指明了今后的工作和任务。鉴于当前解放战争胜利形势，会议把夺取全国政权、建立新民主主义国家的任务，明确地提上了全党工作的重要日程。其中，为夺取全国政权准备所需要干部的问题是这次会议的重要议题之一。1948 年 10 月 10 日，中共中央发布由毛泽东起草的《关于九月会议的通知》。其中指出："夺取全国政权的任务，要求我党迅速地有计划地训练大批的能够管理军事、政治、经济、党务、文化教育等项工作的干部。战争的第三年内，必须准备好三万至四万下级、中级和高级干部，以便第四年内军队前进的时候，这些干部能够随军前进，能够有秩序地管理大约五千万至一万万人口的新开辟的解放区。中国地方甚大，人口甚多，革命战争发展甚快，而我们的干部供应甚感不足，这是一个很大的困难。第三年内干部的准备，虽然大部分应当依靠老的解放区，但是必须同时注意从国民党统治的大中城市中去吸收。国民党区大城市中有许多工人和知识分子能够参加我们的工作，他们的文化水准较之老解放区的工农分子的文化水准一般要高些。国民党经济、财政、文化、教育机构中的工作人员，除去反动分子外，我们应当大批地利用。解放区的学校教育工作，必须恢复和发展。"[①]

1948 年 10 月 28 日，中共中央针对即将开始的新区（尤其是长江以南的广大国民党统治区）的接管工作，发出《中共中央关于准备五万三千个干部的决议》，指出：

（一）中央政治局九月会议，讨论了为了夺取全国政权所需要的干部问题。战争的迅速发展，业已将此项任务紧急地提到了我党面前。如果我党缺乏此项准备，势必不能适应战争发展的需要，而使我党处于被动的地位。因此，中央特根据九月会议的方针，作出本决议。

（二）估计在战争第三、第四两年内（一九四八年七月至一九五零年六月），人民解放军可能夺取的国民党统治区域，大约将包含有一万万六千万左右的人口，五百个左右的县及许多中等的和大的城市，并在这些新的区域建立政权。这些新的区域的最广大部分将是第四年夺取的，而在第三年则夺取一个较小的部分。这个估计可能夺取的区域所包含的人口数和县市数，和战争第二年末尾即一九四八年六月时期我们所有的人口数及县市数大体上相当。就是说到战争第四年末尾，即一九五零年六月时间，我们可能从现有

---

① 《中共中央关于九月会议的通知》（1948 年 10 月 10 日），中共中央文献研究室、中央档案馆编：《建党以来重要文献选编（1921—1949）》第 25 册，中央文献出版社 2011 年版，第 557 页。

的一万万六千八百万人口和五百八十六个县市发展到三万万三千万左右的人口和一千个左右的县市。我们应从这个可能的发展前途来准备我们的干部。我们必须准备夺取全国政权所需要的全部干部。这个决议所说的是准备战争第四年所需要的干部。战争第三年所需要的干部，因为战争尚在现有五大解放区附近不远的地方进行，除已经调派者外，应由各区自己设法解决。战争第五年及其以后所需要的干部，中央将另作决议。

（三）根据过去发展新区的经验，每一个新开辟县，至少需要县级及区级干部七十五人左右（在老解放区，平均每县脱离生产的干部，包括村级干部在内，约有二百至三百人，最大的县有多至四百人者）。五百个县，则需干部三万七千五百人左右。平均五个县设一地委，每一地委至少需干部六十人左右，五百个县有一百个地委，共需干部六千人左右。平均三十个县设一区党委，每一区党委至少需干部八十人左右，五百个县有十七个区党委，共需干部一千三百六十人左右。五百个县左右的地区需成立四个中央局，每一中央局至少需干部三百人左右，共需干部一千二百人左右。此外还需准备七千左右的干部在大城市工作。以上所需中央局、区党委、地委、县委、区委等五级及大城市的各项干部，共约五万三千人左右。①

此外，中央还具体分配了各大区需要准备的干部数目，"此五万三千个左右的干部，分配华北一万七千人，华东一万五千人，东北一万五千人，西北三千人，中原三千人"，②并规定，"上述五万三千个干部，以工作性质区分，则应包括军事工作（为建立军区、军分区及地方

---

① 《中共中央关于准备五万三千个干部的决议》（1948 年 10 月 28 日），常连霆主编，中共山东省委党史研究室、山东省中共党史学会编：《山东党史资料文库》第 25 卷，山东人民出版社 2015 年版，第 224 页。
② 《中共中央关于准备五万三千个干部的决议》（1948 年 10 月 28 日），《山东党史资料文库》第 25 卷，第 224 页。

部队所必须的军事及政治工作干部），党务工作，机要工作，政府工作，工农青妇等民众团体工作，经济工作（管理工业），财政工作，银行工作，贸易工作（管理贸易局），通讯社及报纸工作，以及为办大学和党校用的学校教育工作等项干部，不可缺少。每项工作干部的比例，亦须适当配备"。[①]

1949 年 1 月 8 日，中共中央政治局会议又通过《目前形势和党在一九四九年的任务》，明确"党在一九四九年的任务"："夏秋冬三季，我们应当争取占领湘、鄂、赣、苏、皖、浙、闽、陕、甘等九省的大部，其中有些省则是全部"；[②]"平津、淮海、太原、大同诸战役以后，几个大的野战军必须休整至少两个月，完成渡江南进的诸项准备工作。然后，有步骤地稳健地向南方进军"；[③]"一九四九年夏秋冬三季需要随军使用的五万三千个干部，必须及时地征调和训练好"。[④]

1949 年 2 月 3 日，中共中央发布《中央关于军事形势和准备渡江南进干部的指示》，针对人民解放军即将渡江南下，解放全中国的胜利形势，对南下干部工作提出新的要求："（甲）华东、华中调动集中及训练一万五千干部的工作，应立即动手去做，并于二月底在徐州集中待命。（乙）华北局所担任的一万七千干部，亦应于二月底集中八千人于石家庄，加以训练待命，交华东局率领随华野、中野向江南前进。"[⑤]

---

① 《中共中央关于准备五万三千个干部的决议》（1948 年 10 月 28 日），《山东党史资料文库》第 25 卷，第 224—225 页。

② 《目前形势和党在一九四九年的任务》（1949 年 1 月 8 日中共中央政治局会议通过），《建党以来重要文献选编（1921—1949）》第 26 册，第 26 页。

③ 《目前形势和党在一九四九年的任务》（1949 年 1 月 8 日中共中央政治局会议通过），《建党以来重要文献选编（1921—1949）》第 26 册，第 28 页。

④ 《目前形势和党在一九四九年的任务》（1949 年 1 月 8 日中共中央政治局会议通过），《建党以来重要文献选编（1921—1949）》第 26 册，第 26 页。

⑤ 《中央关于军事形势和准备渡江南进干部的指示》（1949 年 2 月 3 日），中央档案馆编：《中共中央文件选集》第 18 册（1949 年 1 月至 9 月），中共中央党校出版社 1992 年版，第 106 页。

二　山东南下干部的选调数量及标准

（一）选调干部的数量任务

解放战争时期至新中国成立初期，山东的行政区划变动较为频繁。1948 年末山东干部南下新区工作全面开始时，今山东省所辖地域范围，分别隶属中共中央华北局和华东局。具体而言，大体以津浦铁路为界，津浦路以西为中共中央华北局所辖的冀鲁豫区、冀南区管辖；津浦路以东为中共中央华东局所辖的渤海区、胶东区、鲁中南区等管辖。华东局方面，此时中共中央山东分局已撤销建制，原属山东分局管辖地区（主要在津浦路以东）直接归中共中央华东局管辖。此后，随着解放战争的节节胜利，1949 年 3 月华东局南下的同时，山东分局又重建。华北局方面，根据中央安排，1949 年 8 月，今山东省区域内的原属华北局的鲁西、湖西等地 45 个县与河南新乡、安阳等 20 个县市及河北省 5 个县，合并组建新的"平原省"，省会驻新乡市，其中原山东省区域占该新成立省份区域的大半。1952 年 11 月，平原省建制撤销，该省区域范围重新划归山东、河南两省。①

华北局、华东局在山东的干部南调工作虽然是在各自管辖区域分别进行，但南调干部的基本程序、原则标准等差别并不是很大，都遵循了中共中央的基本要求。

1.华北局在山东的调干任务

1948 年 10 月 29 日，华北局制定了《关于外调 17000 干部及补足干部缺额的决定》，指出："为了争取 5 年左右从根本上打败国民党，特

---

① 崔乃夫主编：《中华人民共和国地名大词典》第 5 卷，商务印书馆 2002 年版，第 7786 页。1952 年 11 月，中央人民政府撤销平原省时，"原为河北省旧辖之南乐、清丰、濮阳、东明、长垣等五县，为治黄之便，亦划归河南省属，不再归回河北省"，故平原省撤销后，其原有区域全部划归山东、河南两省。参见中共平原省委《平原省委关于正确执行中央撤销平原省建制的指示》（1952 年 11 月 16 日），聊城市档案馆藏，案卷号：4-7-2-15。

别是为了准备战争第四年度之大发展，中央最近给予了华北党一项极为光荣而艰巨的任务，即在战争的第三年度内，准备好 17000 干部，于战争第四年度的开始（明年 7 月后），派到南方新解放区工作。"① 华北局辩证地分析了华北干部南调的有利条件和困难之处，指出"华北党有久经战斗考验的 100 余万党员，有八九万具有相当高度政治觉悟与丰富工作经验的在职干部，有全国即将胜利、令人十分兴奋的政治环境，有中央的正确指导和华北局的全盘计划，这一任务是可能而必须完成的。但亦必须认识到困难的方面，这主要的是时间短（实际上只有半年时间），数量大（17000 人），而大多数农民干部均不愿远离家乡，特别是华北各级领导机关（主要是县区两级），均不满员（全区按编制约缺 14000 人）。因之全华北党必须以最严肃负责的态度，克服各种困难，发挥一切有利条件，以全力完成中央所给我们外调 17000 干部的伟大任务"。②

为了有组织、有领导地进入新区工作，中央要求"所调干部均应组成完整的区党委架子（从区委到区党委），整体调出"。华北局具体规定："每个区党委为 30 个县，每县以 7 个区计，每 6 县组成一个地委"，"每县并应配足精干而武装弹药齐全之民兵 40 人左右，随干部同时南下"。这 17000 名干部在华北局下属各区的具体分配如下："除已给中原调走近千人（包括最近即将出动的华北局党校干部 700 人在内）及华北大学准备两千学生于明年南调外，其余 14000 人，拟作如下分配：即北岳、太行、冀中、冀南、冀鲁豫五个区党委，各配齐一个区党委架子，再由太岳和晋中两区党委共同配足一个区党委的架子外，其余不足数，均由华北局党校准备。"③

为了补充缺额及准备外调干部（两项合计约近 3 万人），华北局要

---

① 《华北局关于外调 17000 干部及补足干部缺额的决定》（1948 年 10 月 29 日），中共贵州省委党史研究室冀鲁豫组编印：《从冀鲁豫到贵州——南下支队和西进支队专辑》，1991 年，第 51 页。

② 《华北局关于外调 17000 干部及补足干部缺额的决定》（1948 年 10 月 29 日），《从冀鲁豫到贵州——南下支队和西进支队专辑》，第 51 页。

③ 《华北局关于外调 17000 干部及补足干部缺额的决定》（1948 年 10 月 29 日），《从冀鲁豫到贵州——南下支队和西进支队专辑》，第 52 页。

求各区党委应加强下列工作：

（1）大胆提拔村干部及较好的党员参加区级领导工作。其条件应为党性坚强，作风正派，有工作经验，能联系群众者，并适当注意其阶级成分。只要具备上述条件，经过短期训练，即可逐渐提拔为一般区级干部，以解决初级干部之困难。全区在 8 月至 9 月两月内共抽训党员及村干约 10 万以上，提拔近万人脱离了生产，这是很大的成绩，应继续贯彻这个方针。

（2）各级党政领导机关增设副职（如副书记、副专员、副县长、副部长、副科长等），扩大党委会人数。此种副职之增加，其主要目的，在于培养锻炼领导干部能力，以便在大量外调干部后，不致使原地工作遭受影响。抽调干部时，必须留下一定数量之领导骨干，避免过去有些地区全面调出以致青黄不接，而使工作受到不应有的损失之教训。

（3）全党加强对于党校工作的领导。区党委党校主要轮训区级主要干部（如区委常委一级）及县级一般干部（如县府科长、县团体委员等）；地委党校主要训练区级一般干部及确定提拔之村级党员干部；华北局党校则主要集中训练县委及地委两级干部。党校教育方针，完全遵照中央关于党校工作指示执行，以提高与统一对马列主义及党的政策与策略观点的水平。

（4）行署华府①两级政民系统，尽可能的开办专业性的及政治性的、包括非党人员在内的干部训练班，尤其在新解放区及新解放

---

① 华府，即华北人民政府，1949 年相关资料中往往简写为"华府"，是中央人民政府的前身，1948 年 9 月在原晋察冀边区政府和晋冀鲁豫边区政府的基础上建立起来的。1949 年 10 月 27 日，中央人民政府主席毛泽东发出给华北人民政府主席董必武的命令，指出："中央人民政府业已成立，华北人民政府工作着即结束。原华北人民政府所辖五省二市改归中央直属。中央人民政府的许多机构，应以华北人民政府所辖有关机构为基础迅速建立起来。"参见《毛泽东年谱（一九四九—一九七六）》第 1 卷，中央文献出版社 2013 年版，第 31 页；《华北人民政府月底结束 华北五省两市遵令归中央直属》，《胶东日报》1949 年 10 月 29 日，第 1 版。

之城市，这一工作更为切要。①

在具体南下名单的确定问题上，华北局规定，"北岳、太行、冀中、冀南、冀鲁豫 5 个区党委的外调干部（包括外调区党委在内）"，由各区党委根据本区情况"自行配备"。"地委以上名单，统限于 1949 年 1 月初旬报华北局审查。区党委书记、行署主任统限于今年 12 月中旬报华北局审查。"② 在南调时间上，规定"一切南调干部，均拟于明年 3 月后逐渐集中于各区党委党校，进行短期学习，由决定南下之区党委及地委负责同志参加领导，借以统一思想，熟悉干部"。同时，为解决南下干部后顾之忧，华北局要求，"凡调出华北区工作之地方干部及民兵，其家属一律以革命军属待遇"。③

冀鲁豫边区是抗日战争时期中国共产党在山东的两大战略区之一（津浦路以东为以沂蒙为中心的山东分局领导的根据地，路西为冀鲁豫分局领导的根据地）。抗战时期，山东莘县红庙曾是冀鲁豫边区党委驻地和冀鲁豫分局（平原分局）驻地，也即冀鲁豫边区党政军首脑机关所在地。冀鲁豫边区为山东和全国的抗日战争、解放战争事业做出了重大贡献。

1948 年底，中共中央华北局下辖的冀鲁豫区包括山东、河北、河南、安徽、江苏五省的部分地区，以今山东省和河南省地区为主，包括今山东西部聊城、菏泽、济宁三个地级市的大部分地区。山东是冀鲁豫边区的核心区域。根据中共中央及华北局的干部南下指示，冀鲁豫区党委于 1948 年 12 月 25 日至 1949 年 1 月 5 日召开有各地委组织部长参加的联席会议，"根据干部情况各地委自报公议外调干部数目（数目大体

---

① 《华北局关于外调 17000 干部及补足干部缺额的决定》（1948 年 10 月 29 日），《从冀鲁豫到贵州——南下支队和西进支队专辑》，第 52～53 页。

② 《华北局关于外调 17000 干部及补足干部缺额的决定》（1948 年 10 月 29 日），《从冀鲁豫到贵州——南下支队和西进支队专辑》，第 54 页。

③ 《华北局关于外调 17000 干部及补足干部缺额的决定》（1948 年 10 月 29 日），《从冀鲁豫到贵州——南下支队和西进支队专辑》，第 54 页。

差不多），区党委最后确定少有增加"。^① 区党委公布"各地委调南下干部任务分配"如下：

二地委——[1 个] 地委级机关架子 4／5 的干部（即 53 个干部），4 个县架子，28 个区架子，共 437 人。

三地委——1 个地委级机关架子，5 个半县架子，37 个区架子，共 580 人。

四地委——半个地委级机关架子，3 个县架子，14 个区架子，共 251 人。

五地委——半个地委级机关架子，3 个县架子，21 个区架子，共 322 人。

六地委——1 个地委级机关架子，5 个半县架子，38 个半区架子，共 595 人。

七地委——1 个地委级机关架子的 1／5（共 14 个干部），2 个县架子，14 个区架子，共 206 人。

八地委——1 个地委级机关架子，4 个县架子，35 个区架子，共 521 人。

九地委——1 个地委级机关架子，3 个县架子，22 个半区架子，共 370 人。

区党委——80 人。^②

其中，今地级聊城市包括原冀鲁豫六地委所辖大部分县份（茌平、博平、东阿、聊阳、筑先、齐禹、河西、徐翼八县），冀鲁豫九地委的四个县（阳谷、寿张、南峰、观城）；今地级菏泽市包括原冀鲁豫二地

---

① 《冀鲁豫区党委关于南调干部工作布置报告》（1948 年），中共冀鲁豫边区党史工作组办公室编：《中共冀鲁豫边区党史资料选编（第三辑）·文献部分》（下），山东大学出版社 1989 年版，第 330 页。

② 《冀鲁豫区党委关于南调干部工作布置报告》（1948 年），《中共冀鲁豫边区党史资料选编（第三辑）·文献部分》（下），第 330—331 页。

委所辖大部分县份（郓城、郓北、郓巨、甄城、南华、菏泽六县），冀鲁豫三地委（又称湖西地委）的四个县（单虞、单县、巨南、城武），冀鲁豫五地委（又称鲁西南地委）的五个县（东明、曹县、齐滨、定陶、复程），冀鲁豫七地委的两个县（昆山、巨野）；今地级济宁市包括原冀鲁豫三地委的两个县（金乡、鱼台），冀鲁豫七地委的三个县（南旺、汶上、嘉祥）。

　　此外，菏泽城自1945年11月起即成为冀鲁豫边区首府，1946年9月被国民党军占领。1948年9月30日菏泽城重获解放后，10月1日至10日，冀鲁豫区党委、冀鲁豫行署、冀鲁豫军区机关再次进驻菏泽，菏泽再次成为冀鲁豫边区的首府和政治、经济、文化中心，菏泽晁八寨也是全部冀鲁豫区南下干部的集合、训练地。1948年底，冀鲁豫边区在山东30多个县（及区党委、行署机关）共征调南下干部及勤杂人员近5000人。带领冀鲁豫干部南下的主要领导班子，除傅家选（南下前任冀鲁豫军区副司令员兼参谋长，原红四方面军干部，参加过长征）外，其他领导人如徐运北（南下前任冀鲁豫区党委副书记，山东聊城人）、万里（南下前任冀鲁豫区党委秘书长，山东东平人）、申云浦（南下前任冀鲁豫区党委宣传部长，山东阳谷人）、郭超（南下前任冀鲁豫区党委组织部长，山东濮县人）等均为山东籍干部。冀鲁豫区调出的南下干部规模很大，是按照南下新区后有力量接管一个完整的省份的各级党政军组织所需干部来配备的。

　　中共中央华北局下辖的冀南区党委（行署），在1949年初共辖5个地委（专署）、45个县（市），总面积3万多平方公里，涉及山东、河北两省，总人口700多万。[①] 冀南区组织了1个区党委、6个地委、36个县委、200个区委，各类干部3591人，勤杂人员1323人随军南下，[②] 到即将解放的南方新区进行接管建政工作。

　　根据《中国共产党山东省组织史资料（1921—1987）》载，"冀南

---

① 中共湖南省委党史研究室、湖南省中共党史联络组编著：《南下湖南》，中共党史出版社2014年版，第61页。

② 《南下湖南》，第108页。

区党委所辖现属山东省区划的有鲁西北地委和二地委"。[①] 其中所称"鲁西北地委",原为冀鲁豫七地委,1945 年 10 月归冀南区后,改称"冀南一地委",因地委驻地在山东临清市,又称"临清地委",又因该地委的管辖地域在鲁西北地区(多属今山东聊城地级市),当时"各地委通常以地名称谓",[②] 故称其为"鲁西北地委"。从今日山东省行政区划看,1949 年南调干部时的冀南区,包含鲁西北地区,即聊城、德州两地级市的大片区域。今聊城市范围在 1949 年初属冀南区管辖的,主要是冀南区一地委的大部分县份(冠县、元朝、莘县、临清、武训、永智六县大部及临清市),以及冀南区二地委的高唐县;今德州市范围在 1949 年初属冀南区管辖的,主要是冀南区二地委的大部分县份(武城、恩县、夏津、平原等)。1948 年底开始的南下新区组织工作中,冀南区在鲁西北征调南下干部及勤杂人员将近 1400 人。

需要注意的是,此次调动干部南下新区,与此前山东地区数次南调干部最大的不同是一开始就是按级别〔中央局(即华东局、华北局)、区党委(行署)、地委(专署)、县委(政府)、区委(政府)〕成套、较完整地调出干部。1948 年 12 月 20 日,华北局转发了《中央关于南调各项干部的最低基数规定》(中央 12 月 15 日来电),规定:"中央关于准备五万三千干部的决议中,关于各级主要的与一般的干部的数目已总的规定。为了便于具体配备到新区去的各级党、政、军、民领导机关完整的机构□[③]。兹将各级所需各项干部的最低基数,大致作如下的规定。望各级在抽调与训练配备干部时,遵照这个基数配备。"[④]

(一)区党委一级干部共八十人,应包括主要干部二十六人。即:

---

① 中共山东省委组织部等编:《中国共产党山东省组织史资料(1921—1987)》,中共党史出版社 1991 年版,第 276 页。

② 《中国共产党山东省组织史资料(1921—1987)》,第 276 页。

③ 原件中若干字无法辨识,以"□"代替。下同。

④ 《华北局转发〈中央关于南调各项干部的最低基数规定〉》(1948 年 12 月 20 日),中共湖南省委党史研究室、湖南省中共党史联络组编:《南下入湘干部历史文献资料汇编》,湘新出准字(2013)第 36 号,第 21 页。

（甲）党委：书记一，秘书长一，组织部部长一，干部及组织科长各一，宣传部长一，干部及教育科长一，民运负责干部三。

（乙）政府：行署主任一，秘书长一，财经三，税收二，粮食二，公安局长、科长共计民政一文教二。

（二）地委一级干部共六十七人（包括主要干部在内）。即：

（甲）党委：书记一，秘书长一，组织部部长一，科长或干事二，宣传部部长一，科长或干事二，民运干部二。

（乙）政府：专员一，财经干部四十（内有各市镇关卡、收税干部），公安五，文教□。

（三）县一级干部共廿六人。即：

（甲）党委：书记一，秘书一，组织部长一，组织干事一，宣传部长一，宣传干事一，群众团体□。

（乙）政府：县长一，秘书一，武装科长一，武装干事二，公安局长及干事共三，财经干部一，文教科长一，文教干事一。

（四）区一级干部共十人。即：

（甲）党委：书记一，组织一，宣传一，民运干部二。

（乙）政府：区长一，武装二，助理员二。每县以七个区计，县区干部共九十六人。

（五）关于各级军区干部配备问题：一级军区之司令员、政委开始可由野战军司令员、政委兼。二级军区可不设。三级军区及军分区之政委亦由区党委书记及地书兼。此外的主要干部配置：

（甲）一级军区：副司令员一，参谋长一，参谋处长及作战、侦察、通讯科长各一，政治部主任一，组织、宣传、保卫部长各一，供给、卫生部长各一。

（乙）三级军区：司令员一，参谋长一，参谋处长一，政治部主任一，组织、宣传、保卫部长各一，供给、卫生部长各一。

（丙）分区：司令员一，参谋长一，参谋处长兼作战参谋一，政治部主任一，组织、宣传、保卫科长或干事各一，供给处长一。

以上各级军区干部仅系按最低配备一部分。其实际需要不敷之数，由野战军及时补充。①

当然，以上各级干部配置只是中央规定的"最低基数"。各区党委
（行署）、地委（专署）、县、区调干部类型及数目均不应少于中央规定
的"最低基数"。

2. 华东局在山东的调干任务

1948 年 12 月 25 日，华东局发布《中共华东中央局关于执行中央
准备五万三千干部决议的指示》，指出："为迎接和争取全国胜利，中央
政治局九月会议通过了'关于准备五万三千干部的决议'。其中规定华
东地区要准备一万五千人，并须于明年三月即要集中待命出发。中央指
出：'战争的迅速发展，业已将此项任务紧急的提到了我党面前，如果
我党缺乏此项准备，势必不能适应战争的需要，而使我党处于被动地
位。'我各级党委，应该发挥高度的负责精神，从思想上、政治上、组
织上动员起来，克服一切困难，为完成此项任务而努力。"②"我们要完
成一万五千干部的任务虽有困难"，"但华东现有约一百万党员，约有
二十万干部，有许多干部长期在一个岗位上而尚未提拔，在许多新的城
市中，吸收了一些产业工人和青年知识分子参加工作，各地各部门均
举办了一些学校和训练班，同时中等学校亦大大的增加了等等，因此
我们干部的数量仍是雄厚，我们不仅可以准备好中央所要求于华东的
一万五千名干部，而且还可以提拔大批干部补充本区，使华东解放区本
身的工作仍能继续发展和巩固"。华东局要求"各级党委、各部门的负
责同志，应加紧进行思想的政治的组织的动员，配合反对无纪律无政府
状态的教育，应在党委统一领导和布置之下，通过组织部门有计划的、
有步骤的分工合作来完成准备干部的任务，克服过去干部调动时的简单
化与单纯任务观点的错误。我们必须既做到调出一万五千干部都很健全，

---

① 《华北局转发〈中央关于南调各项干部的最低基数规定〉》（1948 年 12 月 20 日），《南下
入湘干部历史文献资料汇编》，第 21—22 页。

② 《中共华东中央局关于执行中央准备五万三千干部决议的指示》（1948 年 12 月 25 日），
《山东党史资料文库》第 25 卷，第 452 页。

都能称职，都自觉自愿的到新区去，又要做到原有各级党政军民各项组织仍能健全的发展工作"。①

华东局随后指出：

我们注意到目前华中的干部（尤其中级和高级干部）特别缺乏，因此准备一万五千干部规定完全由山东来负责。同时我们按照中央指示原则，即（及）根据过去发展新区的经验，每一个新开辟县至少要县级及区级各项工作干部七十五人，其中担负县级主要工作责任的干部约需七人；平均五个县设一个地委及专署、军分区，每一地委级的各项工作干部至少需六十人，其中担负主要工作责任的干部约需十人；平均三十个县设一个区党委及行署、军区，每一个区党委级的各项工作干部至少需八十人，其中担负主要工作责任的干部约需十五人；一百二十个县左右需成立中央局，中央局级至少需干部三百人左右，中央局担负各项工作责任的主要干部四十人左右。各级各项工作干部，包括党务、军事、政府、民运、经济、财政、银行、贸易、机要、通讯、报纸以及办学校等等干部。我们对调出一万五千干部，包括区党委级至县委的全套架子，具体分配如下：

（甲）鲁中南配备：一套区党委级，十套地委级，四十套县区委级，共调干部三千六百八十人。其中各级各项干部：党务、民运一千七百六十六人，政府、财粮一千一百九十人，军事七百二十四人；担负各级各项主要工作责任的干部，区党委级十五人，地委级一百人，县级二百八十人。

（乙）胶东配备：一套区党委级，七套地委级，四十二套县区委级，共调干部三千六百五十人。其中各级各项干部：党务、民运一千七百七十八人，政府、财粮一千六百零四人，军事二百六十八

---

① 《中共华东中央局关于执行中央准备五万三千干部决议的指示》（1948 年 12 月 25 日），《山东党史资料文库》第 25 卷，第 452—453 页。

人；担负各级各项主要工作责任的干部，区党委级十五人，地委级七十人，县委级二百九十四人。

（丙）渤海配备：一套区党委级，五套地委级，四十一套县区级，共调干部三千四百五十六人。其中各级各项干部：党务、民运一千七百一十五人，政府、财粮一千五百一十七人，军事二百二十四人；担负各级各项主要工作责任干部，区党委级十五人，地委级五十人，县委级二百八十七人。

（丁）济南配备：一套区党委级，两套地委级，五套县区委级，共调五百七十六人。其中各级各项干部：党务、民运二百三十九人，政府、财粮二百四十八人，军事八十九人；各级各项主要干部，区党委级十五人，地委级二十人，县委级三十五人。

（戊）昌潍特区配备：半套地委级，五套县区委级，共调干部四百零四人。其中各级各项干部：党务、民运二百零六人，政府、财粮一百七十八人，军事二十人；各级各项主要干部，地委级五人，县委级三十五人。

（己）潍坊市配备：三套县委级，共调干部二百二十五人。其中各级各项干部：党务、民运一百二十人，政府、财粮九十九人，军事六人；主要干部，县委级二十一人。

（庚）华东局直属机关配备：一套中央局级，一套区党委级，五套半地委级，十五套县委级外，另配备城市工作干部一千四百七十五人，共为三千零九人。其中各级各项干部：党务、民运六百八十人，政府、财粮六百七十二人，军事一百八十二人；各级各项主要干部，区党委级十五人，地委级五十五人，县委级一百零五人。

各地应抽调之干部，分作两期集结。今年十二月底为第一期，共调三千人，计：鲁中南六百人，胶东一千人，渤海七百人，华东区直属机关七百人。明年二月底为第二期，共调一万二千人，计：鲁中南三千零八十人，胶东二千六百五十人，渤海二千七百五十六人，济南五百七十六人，昌潍四百零四人，潍坊二百二十五人，华东局直属机关二千三百零九人。①

按照华东局要求："目前华中的干部（尤其中级和高级干部）特别缺乏，因此准备一万五千干部规定完全由山东来负责。"②也即华东局的南调干部全部在山东调出。实际上，最终华东局在山东调出的南下干部数目远高于这一原定数字，根据1949年4月底中共中央山东分局关于《调一万五千干部南下的情况补充报告》，华东局此次在山东调出的南下干部数目，"据不完整的统计，南下干部总数22968人"。③

1949年1月24日，面对大规模动员干部南下新区的紧迫任务，山东《大众日报》头版发表《社论：提拔和培养大批干部 迎接全国革命胜利！》，详细陈述了华东局对于南下干部工作的态度：

> 一九四九年人民解放军将向长江以南进军，为要完成一年左右从根本上打倒国民党反动统治，在全国范围内建立无产阶级领导的以工农联盟为主体的人民民主专政的共和国的伟大历史任务，必须准备大批品质优良又有才干的干部去担负工作。
>
> 中央早就告诉我们："要求我党迅速的有计划的训练大批的能管理军事政治经济文化教育等项工作的干部。"华东局根据中央指示也决定了我华东地区要很快准备好各级各项工作的大量的干部，以便到长江以南去接管广大新的解放区和新的大小城市。这个任务实在是光荣伟大而且是紧迫的。
>
> 我们有没有把握在短时期内完成集中大批的优秀的干部到新区去工作呢？我们认为是有充分条件和信心的：第一、我华东地区现

---

① 《中共华东中央局关于执行中央准备五万三千干部决议的指示》（1948年12月25日），《山东党史资料文库》第25卷，第453—454页。

② 《中共华东中央局关于执行中央准备五万三千干部决议的指示》（1948年12月25日），《山东党史资料文库》第25卷，第453页。

③ 参见《山东分局组织部调一万五千干部南下的情况补充报告》（1949年4月29日），山东省档案馆藏，案卷号：G046-01-0200-009；另据《中共山东编年史》第6卷第279页记载的数目与原始档案材料完全一致。

有一百万党员，二十万以上以革命为职业的干部，还有三十万以上的村干部在家乡一面生产一面工作，可以说我们可以提拔和培养的现成的干部是十分雄厚的。第二、我们每一次每项革命运动中都生长了大量优秀的干部，如土地改革中提拔了大批的雇贫中农成份的新干部，普遍的提高了全体干部的阶级觉悟，深刻的考验了我们的老干部。空前规模的支援战争中涌现了成千成万的新干部和积极份子，而且使数百万的农民完成了几百里以至几千里的长征（其中有的跑了几个省份），过了累月经年的军事化的集体生活，这是一种极伟大的革命学校，提高了他们的政治水平和工作能力。如生产救灾治河与水利办合作社等等运动中，也曾培养了大批干部和建设人才。再如整编党的队伍、开展党内思想斗争、加强纪律性的运动中，大大提高了党员干部的思想作风，提高了政治水平，提高了纪律性和统一性。第三、我们正处在革命高潮和全国胜利的时候，在革命胜利鼓舞之下，不论是党员干部和群众都充满了信心和积极性。同时我们解放了和继续将解放许多中等城市和大城市，这里有大批的产业工人，有大批的青年知识分子。他们都能很快的接受革命思想，愿意参加共产党领导下的革命工作。第四、我们办了许多中等以上的学校和专门的训练班，这里有很多人才。我们有如此良好条件，我们认为是一定能够如期完成准备干部的任务的。

可是我们不要盲目乐观，我们准备干部问题上还有很多困难，如目前我们需要干部的数量十分巨大，如支援战争、如扩军运动、如俘虏敌军官兵的管理、如解放了广大的新区和新城市的接管、如生产建设等等，都要大批的干部去工作的。革命胜利的猛烈发展，我们的干部是深感不足的。我们某些党政军民中，还存在某种程度的无纪律无政府状态，地方主义游击习气，以及某些干部中存在着落后的狭隘的地方观念，不愿远离家乡等倾向。我们不少当地工农干部还须兼顾家庭生活，因而这些干部还有牵累还有顾虑。但是这些困难是胜利中的困难，是能够克服的。

　　各级党委各级政府各群众团体以及所有党员干部，必须最负责很快的完成大批干部到新区工作的光荣伟大任务。我们必须充分利用有利条件，必须积极克服困难问题，必须充分注意过去调动干部中的经验教训，防止和避免调动干部到新区工作中发生偏差。我们必须加紧进行思想的政治的组织的动员，配合反无纪律无政府状态的教育，在党委统一领导和布置之下，通过组织部门有计划的、有步骤的分工合作起来完成准备干部的任务。我们必须既做到调出大批干部都很健全，都很称职，胜任愉快的到新区去工作，又要做到原有各级党政军民各项组织仍能健全的发展工作。[①]

　　《大众日报》社论表达了华东局充分意识到组织干部南下新区、解放全中国战略任务的重大意义，也陈述了华东局在山东进行干部南调任务所具备的优势及可能遭遇的困难，同时展现了"一定能够如期完成准备干部的任务"的坚定信心与决心。"方针政策决定之后，就是'干部决定一切'。各级党委必须迅速的、有计划的训练和提拔大批干部，以迎接全国革命的胜利。我华东全体党员、干部及革命同志必须以高度的热情，响应这一号召，在没有被调的时候，应该在原工作岗位上，安心工作，加紧学习，提高自己；在被调的时候，就应该愉快的接受，踊跃的应调，为解放南京、上海和全中国而斗争。"[②]

（二）选调标准

　　中共中央及华北局、华东局关于南下干部的选调文件，对南调干部的人数、级别以及成套调出时的班子配置等做了规定，确立了南调的基本标准，没有对所调干部的家庭出身、阶级成份、革命表现（"斗争历史"）、思想状况等在当时及之前的土改、整党工作中较看重的一些标

---

① 《社论：提拔和培养大批干部　迎接全国革命胜利!》，《大众日报》1949年1月24日，第1版。
② 《社论：提拔和培养大批干部　迎接全国革命胜利!》，《大众日报》1949年1月24日，第1版。

准做出规定或限制，也没有对南下干部的年龄、性别、籍贯等做出明确规定。应该说，对南下新区干部调动标准、要求，总体来说是较为宽松的，原因主要出于两点：一是此次南调新区干部的数量巨大，加之此前山东地区已多次抽调大量干部北上、南下，如果具体规定了南下干部的职务级别、年龄、家庭出身成份等比较具体的要求，则会面临很难满足南调干部数量的状况。二是南调动员工作时间紧张，如华东局要求，12月底各区就应就动员 3000 名干部到华东局党校学习，其他干部也必须在"明年（1949 年——引者）二月底"完成调动。[①]南下标准如果过于细致，在较短的动员集结时间中，各地区是不易具体操作与贯彻的。因此，总体来说，"需按干部现有水平及干部发展的观点上着眼，不能要求过苛"。[②]

在实践中，山东地区对干部南下的选调形成了一些具体标准，大体有以下几类。

1. 性别及身体状况

华北局及华东局在调干部期间，未对调干条件进行非常严格的限制，但各区党委根据一般常识做出了规定，主要是针对干部性别及身体条件（不适应长途行军状况的干部不调）。性别及身体状况，在山东南下干部的选调中，是较为普遍的限制条件。

（1）妇女干部问题。妇女干部问题是山东地区南下新区工作中较为复杂或者说棘手的问题，各级组织多次专门进行了强调。从现有资料及各地实际调出情况看，各地、县并没有明文规定女干部不能调出。在具体执行中，各地由于地区差异、领导认识不同等各方面原因，实际调出妇女干部的数量差别很大。但各地对于调出女干部的基本认识是一致的，即调出的女干部必须是"已经脱离生产的妇女干部"，身患疾病、生育小孩及"小脚"的不调。最终实践中，各地实际调出的干部以男干部为

---

① 《中共华东中央局关于执行中央准备五万三千干部决议的指示》（1948 年 12 月 25 日），《山东党史资料文库》第 25 卷，山东人民出版社 2015 年版，第 454 页。

② 鲁中南区党委：《关于执行华东局准备一万五千名干部外调任务的指示》（1949 年 2 月 1 日），山东省档案馆藏，案卷号：G030-01-0055-001。

主，女干部总体来说较少，且"对女干部的选调主要在被选调的干部配偶中进行"，①即夫妻均为干部，共同调出南下。

以冀鲁豫区党委为例，在南下新区干部调动期间，先后发布了多个文件来规定妇女干部的调动问题。1948年11月16日冀鲁豫区党委发布《对调南下妇女干部补充通知》：

> 关于调南下干部之爱人问题，规定于十二月五日到区党委组织部集中，其条件除依区党委组织部十一月七日通知外，如有单独工作能力之女同志依规定有保姆照顾其小孩，对工作影响不大者，亦可前去。
>
> 上述条件必须严格遵守，不得有任何迁就，因南下环境与物质条件限制，还不能允许所有南下干部的爱人马上南下，那里既无适当医院，又无华北区之保健保育规定，有的是游击战争，背行李跑路，勉强前去有害无益。大批妇女干部南下，尚须待至明春，看环境决定。
>
> 这次南下妇女干部，一律集中行动，不准零星出发，望各地委组织部，各总支认真执行。②

1949年2月5日，冀鲁豫区党委在《南下干部集中整训办法》中指出："身体健康不带小孩之妇女干部，相当于南下干部条件者，均可以南下。"③

1949年3月，冀鲁豫区党委向华北局报告称，"有的是严格妇干条件不够，将小脚、怀孕、有病及不够工作员条件都带来，经审查减去

---

① 朝泽江：《山东南下干部入甬纪实》，中共泰安市委党史征集研究办公室编：《泰安南下干部纪实》，中国文史出版社2013年版，第78页。

② 冀鲁豫区党委：《对调南下妇女干部补充通知》（1948年11月16日），山东省档案馆藏，案卷号：G052-01-0064-002。

③ 冀鲁豫区党委：《南下干部集中整训办法》（1949年2月5日），山东省档案馆藏，案卷号：G052-01-0073-005。

160 人"。①冀鲁豫区党委对该区九地委已调出的南下干部情况回复道，"你们南下的妇女干部，绝大多数得回去或到党校学习"。②

从冀鲁豫区的情况看，在南调动员阶段，各县是调出了一定数量女干部的。但由于一些县对调出女干部的标准不严，有的达不到干部条件，有的"小脚、怀孕、有病"等无法适应长途行军及南下新区后的复杂状况，因此，在冀鲁豫区党委驻菏泽集结整训期间，区党委对各地、县调出的多数女干部进行了审查与劝返。

又如胶东区的东海地委在《关于完成南下干部集结的决定》中规定："关于南下干部是否带爱人的问题，区委指示仍按前次区组会议确定的原则执行：即是凡不带小孩身体健康，并且是脱离生产的妇女干部者，均可以一同随往，到新区工作。各县必须以此为准绳，切实避免将身体有病、小脚妇女，或是不脱离生产的妇女也一同调往。"③

有个别县区实际调出的女干部较多，达到了南下干部总数的 10%，考虑到南下长途行军的艰苦性、任务的艰巨性及南方新区环境的不确定性，地委对于调出女干部较多的地区表示了忧虑。如上例中的胶东区东海地委，"这次南下干部 627 人（勤杂、警卫武装 175 人不在内），计地委级 4 人，县级 60 人，区级 403 人，区干事级 133 人，工作员 27 人，（内有女干部 78 人）……在按套配备干部方面，个别县因为带走女干部较多，因而在编制内有些充数，乳山即有 17 人，区助理员 8 人，全系妇女"。④东海地委指出，南下调出的女干部：

1.总数系 78 人，比职别多 18 人，因海阳文登未有分开什么

---

① 《冀鲁豫区党委就南调干部问题向华北局的报告》（1949 年 3 月），《中共冀鲁豫边区党史资料选编（第三辑）·文献部分》（下），第 510 页。

② 冀鲁豫区党委组织部：《对九地委组织部南下工作报告的回复》（1949 年 3 月 20 日），聊城市档案馆藏，案卷号：2-1-46-8。

③ 东海地委：《关于完成南下干部集结的决定》（1949 年 2 月 7 日），山东省档案馆藏，案卷号：G024-01-0332-002。

④ 东海地委组织部：《南下干部简单情况汇报》（1949 年 2 月 25 日），山东省档案馆藏，案卷号：G024-01-0332-003。

职责，故差18人。

2.除海阳文登外，共去60妇女干部，中计县级1人，区级32，干事级27。

3.这次昆嵛未去一个妇女干部，但乳山去妇女干部不算少，而都确定在编制内，恐到新区对战勤工作是有些困难。①

（2）身体状况问题。各地对于身患"无法适应长途行军及南方新区工作的疾病或残疾，而无法南下"的同志一般不予进行调动。当然在实际动员中，对身患疾病的认定上，各地在实践中均曾产生一定争议。不少地区专门规定，干部是否患有不适合南下的疾病，或其身体状况能否适应南下，干部本人可以提出，对于"本人确有疾病……且已正式提出，因而未服从者"，组织上可以酌情考虑，"但本人不能以此为借口"。②

表1-1为胶东区北海地委对该地委20名"不够条件"而留下的南下干部的情况统计。

表1-1　北海地委"南下因不够条件而留下的情况统计"

单位：人

职务	有小孩的	年老的	有病者	怀孕者	账目不清楚	其他	合计
部长							
委员			3	3	1	2	9
干事	1	1		1	1	7	11
共计	1	1	3	4	2	9	20

*"其他是指多少有病和地方工作中有问题而言。"（原文如此——引者注）
资料来源：北海地委组织部：《南调干部工作总结》（1949年2月27日），山东省档案馆藏，案卷号：G024-01-0332-012。

---

① 东海地委组织部：《南下干部简单情况汇报》（1949年2月25日），山东省档案馆藏，案卷号：G024-01-0332-003。
② 《冀南区党委关于贯彻整顿干部思想及解决南调遗留问题的通知》（1949年4月7日），德州市委党史研究室编：《光荣的使命　德州干部随军南下简史》，党建读物出版社2002年版，第371—372页。

该地委所发现的"不够条件"而"一律留下"的干部，除了身体上有不适合南下的之外，还有个别涉及"账目不清楚"和"地方工作中有问题"的干部，也没有允许其南下。共计 20 名不够条件的，"我们都一律留下，留下之后，由于我们原来有几名多准备的干部和蓬莱、北招（县）多带了十几名干部，所以留下之后，大体仍保持定数，缺也只是个别的"。[①]

2.各地自行制定的具体标准

为确保顺利完成南调任务，山东各地区根据实际情况，对于如何具体确定本地南下干部的名单，制定了一些相应的标准与条件。总结相关资料，除了上述身体状况等外，各地的具体标准主要是考虑干部出身、家庭、思想状况、南下意愿等。

如鲁中南区党委在该区《关于执行华东局准备一万五千名干部外调任务的指示》中规定："外调主要干部应根据季米特洛夫的四个标准选拔，一般干部应忠实可靠为人民服务，身体健康，但需按干部现有水平及干部发展的观点上着眼，不能要求过苛，组织部门应调查研究熟悉了解干部情况，防止单纯从材料上及从印象上出发，草率决定的简单化方式。"[②]

渤海区二地委德县等宣布了六点南下条件：（一）出身好，政治上可靠；（二）思想觉悟高，具有将革命进行到底的事业心；（三）工作能力强，能够较快适应新的工作环境；（四）年纪较轻，身体健康；（五）有不怕困难、不怕牺牲的革命精神；（六）有到新区工作的强烈要求和愿望。[③]渤海区四地委无棣县"当时提出了三项条件：一、自觉自愿；二、身体强壮，无疾病者；三、能遵守党的纪律和各项政策法令"。[④]

---

① 北海地委组织部：《南调干部工作总结》（1949 年 2 月 27 日），山东省档案馆藏，案卷号：G024-01-0332-012。

② 鲁中南区党委：《关于执行华东局准备一万五千名干部外调任务的指示》（1949 年 2 月 1 日），山东省档案馆藏，案卷号：G030-01-0055-001。

③ 庞文明、苗春华：《匡五县、德县干部南下综述》，《光荣的使命 德州干部随军南下简史》，第 184 页。

④ 《组织干部南下支援新解放区》，无棣县政协文史资料研究委员会编：《无棣文史资料》第 2 辑，1989 年，第 144 页。

胶东区党委指出，此次南下新区干部，"除根据干部的能力质量强者调往新区外，在作风上、身体上与政治情况，也适当的注意到适合开展新地区的干部调往新区工作"。[①]

冀鲁豫区党委对南下干部的选调，特意强调了各县必须"知人善任"，充分调查干部思想状况，并解除其思想顾虑后再调出，"哪些干部能走，哪些干部确不能调，哪些干部坚持工作，哪些调出"，"要作细致的组织准备工作，统一计划"，[②]以免调不动（"调垮"）。如五地委召开县委组织部长及地直部门组织干部工作会议，要求批准干部南下时，"要了解到能否调走，要批准能调走的。地委可明确分配数目的标准——根据干部数目的多少，干部质量的高低（能否调动），调后能否生长、补充，完成南调任务，坚持调后工作"。[③]六地委聊阳县、东阿县要求研究干部"出身家庭思想等"，考虑"干部平日一贯的表现，及其服从性的大小"。聊阳县要研究干部的情况，如"出身家庭思想等"，"了解干部的思想真象，最后根据新老区工作需要，初步提出对象，再分别从侧面动员，最后慎重确定名单，防止潦草从事，盲目的确定公布名单，结果调不动要垮，影响了后方工作"。[④]东阿县指出："第一步先根据各区干部平日一贯的表现，及其服从性的大小，找出对象。第二步才分头动员，及动员成熟后，再公开指定，以激励别人，防止动员不动影响别人。"[⑤]

需要指出的是，部分地区规定了考虑干部出身、平日一贯表现、服从性大小等条件，一方面是为了保障南下干部的质量，使其在新区更好地开展工作，更重要的是为了"防止调垮"，尽量避免一旦公布名单

---

① 胶东区党委组织部：《南下干部的准备情况》（1949年2月20日），山东省档案馆藏，案卷号：G024-01-0305-005。

② 《冀鲁豫区党委关于南调干部工作布置的报告》（1948年），《中共冀鲁豫边区党史资料选编（第三辑）·文献部分》（下），第332—333页。

③ 冀鲁豫五地委组织部：《动员南下干部工作总结报告》（1949年3月15日），山东省档案馆藏，案卷号：G052-01-0098-008。

④ 《聊阳县政府南调干部工作总结》（1949年2月27日），聊城市档案馆藏，案卷号：14-27-225-4。

⑤ 《东阿县关于一九四九年南下的干部情况总结》，聊城市档案馆藏，案卷号：14-27-230-1。

后干部不去，即"调着又不去""调不动"（在各县又称"调垮""论堆""弯腰""躺倒"等）的现象发生，以致影响南调任务的完成。

当然在具体实践中，由于时间紧、任务重，涉及调动人员面广，不少县份是"走一留一"，抽调了全县三分之一到半数的脱产干部，加之地方上遇到的具体问题千差万别，因此各地选调干部总体来说比较灵活，以能够顺利完成调干任务为主要目标，并未完全按照之前提出的标准进行选调。

三 南下干部的调动原则

关于 1949 年山东地区南下干部的调动原则，结合南调中的相关文件及其具体实践，大体可归纳为以下三个主要原则。

（一）兼顾南下新区与照顾本地工作，以新区为主

兼顾南下新区与照顾本地工作，并以新区为主，是 1949 年山东地区干部南下工作的重要原则之一。

1948 年 10 月，华北局在《关于外调 17000 干部及补足干部缺额的决定》中指出，在完成南调任务的同时，"抽调干部时，必须留下一定数量之领导骨干，避免过去有些地区全面调出以致青黄不接，而使工作受到不应有的损失之教训"。[1]1948 年 12 月，华东局在《中共华东中央局关于执行中央准备五万三千干部决议的指示》中指出，"既做到调出一万五千干部都很健全，都能称职，都自觉自愿的到新区去工作，又要做到原有各级党政军民各项组织仍能健全的发展工作"。[2]南调新区工作初步结束后，重新恢复建制的山东分局在对华东局及中央组织部并各区党委各直属市委地委关于《调一万五千干部南下的情况补充报告》中也

---

[1] 《华北局关于外调 17000 干部及补足干部缺额的决定》（1948 年 10 月 29 日），《从冀鲁豫到贵州——南下支队和西进支队专辑》，第 52 页。

[2] 《中共华东中央局关于执行中央准备五万三千干部决议的指示》（1948 年 12 月 25 日），《山东党史资料文库》第 25 卷，第 453 页。

明确指出：本次干部南调工作"打破了历史的本位主义，在执行中贯彻照顾新区，发展为主，又照顾老区巩固的原则"，在领导上掌握两个环节，即首先应打破地方的、历史的本位主义，"坚决执行照顾新区为主，又照顾老区的原则，有些地区在开始布置动员时尚未确定谁走之前，强调照顾大局，照顾全党，明确指出接管新区与巩固老区的关系，反对不愿调好干部到新区的本位观念。这是领导上掌握的第一个环节"。其次，兼顾本地工作，不能因为南下而对老区工作和老区社会产生严重影响。"在宣布谁走之后，紧接着要防止某些干部临走时乱抓干部而不照顾老区的偏向，这是领导上掌握的第二个环节。"①

各地区在执行中尽量遵循这一原则，既要完成南调任务，又要努力减少南调对本地工作带来的影响。如鲁中南区党委在该区《关于执行华东局准备一万五千名干部外调任务的指示》中指出，"在执行外调干部的任务方面，必须坚决执行华东局所指出的：'既做到调出干部都很健全，都能称职，都自觉自愿的到新区去工作，又要做到原有各级党政军民各类组织仍能健全的发展工作。'掌握以接收新区为主、兼顾老区的原则，既反对保守本位，又要反对抓一把。必须从党的整体利益出发双方兼顾。在配备干部上不仅要如数完成，而且要胜任其职，防止滥竽充数，外调及原有机构皆须注意配备一定数量骨干，同时做到去者愉快、留者安心"。②潍坊市在南下干部抽调过程中提出要兼顾新区工作与本地工作："公布了调干方案。方案是本着调、留两个方面提出的，既保证按中共中央抽调干部的要求，配足三个县级领导机关的干部，又照顾到本市工作，防止顾此失彼。抽调的具体规定，除部分领导干部由组织指定外，一般采取个人自愿与组织批准相结合的办法。"③胶东区党委1948年12月底在召开地委书记、组织部长会议研究部署南下工作时强调，

① 《山东分局组织部调一万五千干部南下的情况补充报告》（1949年4月29日），山东省档案馆藏，案卷号：G046-01-0200-009。

② 鲁中南区党委：《关于执行华东局准备一万五千名干部外调任务的指示》（1949年2月1日），山东省档案馆藏，案卷号：G030-01-0055-001。

③ 《潍坊南下干部大队》，中国人民政治协商会议潍坊市潍城区委员会文史资料委员会编：《潍城文史资料》第8辑，1993年，第3页。

"要严格执行华东局'以新区为主，照顾老区'的原则，打破保守思想，树立全国一盘棋的观念，保证南下干部的质量，并大胆提拔使用干部"。① 正如1949年1月华东局指出："我们必须既做到调出大批干部都很健全，都很称职，胜任愉快的到新区去工作，又要做到原有各级党政军民各项组织仍能健全的发展工作。"②

当然，由于干部南下是具有全局性、战略性的工作，加之各地干部数目有限，能力、素质不一，在南下新区工作与保证老区工作发生矛盾时，多数地区坚决执行了以新区为重，以大局为重，"打破地方主义"的原则，优先保证南调干部的数量与质量，宁可暂时影响老区工作，也要优先保证新区工作。这种原则在一些地区（如渤海区一地委，即沧南地委）被概括为"先前方后后方的调干精神"。③又如胶东区东海地委调出南下干部627人，外加勤杂、警卫人员175人，"按新老区干部配备情况，还是服从了新区，照顾了老区工作，初步打破了地方主义与保守主义的思想倾向"。④北海地委"一般的作到了南下干部比留下的干部是强些的，但也照顾了现在的工作，不过个别县区照顾是不够好的，县委的主要干部大部走掉，留在家的大都是新配备的"。⑤山东干部大规模南下新区，虽然一时会给山东老区社会管理和日常工作生活带来一定困难，但是山东各级党和政府以及广大干部群众，发扬"先前方后后方""舍小家顾大家""听党指挥，勇于奉献"的精神，克服困难，优先保证了新区工作、全局任务的顺利进行。

---

① 中共威海市委党史研究室:《中共威海地方史》第1卷，中共党史出版社2005年版，第314页。

② 《社论：提拔和培养大批干部　迎接全国革命胜利!》，《大众日报》1949年1月24日，第1版。

③ 沧南地委:《南调五十个区级干部的情况报告》（1949年2月13日），山东省档案馆藏，案卷号：G026-01-0123-007。

④ 东海地委组织部:《南下干部简单情况汇报》（1949年2月25日），山东省档案馆藏，案卷号：G024-01-0332-003。

⑤ 北海地委组织部:《南调干部工作总结》（1949年2月27日），山东省档案馆藏，案卷号：G024-01-0332-012。

（二）干部自觉自愿南下与服从组织调动相结合

推动干部自觉自愿南下与服从组织调动相结合，是山东地区干部南下工作的主要原则之一。山东分局在给华东局及中央组织部并各区党委各直属市委地委的《调一万五千干部南下的情况补充报告》中总结指出，此次干部南下工作，"贯穿着领导上强调，启发干部的自觉自愿，与本人强调服从组织，适应全国形势的需要，既不勉强南下，又不放任自流"，[①] 兼顾了干部自愿与组织服从的原则。冀鲁豫区党委组织部长刘晏春在 1949 年 1 月 8 日全区各地委组织部长联席会议上指出，"要保证完成组织接受华北局给外调干部任务"，"对真正思想自觉，愿意南下的，应加以鼓励，但要使其听候组织批准。对一部分干部能服从组织决定调动者，亦应该说是好的，因一个党员干部能接受组织调动，是作为布尔什维克的条件之一，不应使其精神受压。同时决定调动这批干部时，更应考虑工作及其个人条件。这次各级组织能做到绝大部分干部服从决定与调动，则其组织工作应认为是成功的"。[②] 鲁中南区党委在《关于执行华东局准备一万五千名干部外调任务的指示》中指出，南下工作应"达到干部的自觉自愿，防止欺骗与迁就落后意识"，同时，"全党同志以敢于胜利的决心，到新区为人民服务，树立正确的发展新区的观点，同时加强纪律性的教育，反对无组织无纪律状态，去留服从组织决定，防止私人活动、非党的非组织的现象的发生"。[③]

当然，在实际执行中，由于此次南调干部规模空前，时间紧，任务重，各地各级组织不可能单纯完全贯彻干部"自觉自愿"原则。此外，由于此次南调要过长江，距离遥远，很多干部认为"南下就回不来了"，要"抛家舍业"，不少人对南方和新区工作不了解甚至存在误解，加之

---

① 《山东分局组织部调一万五千干部南下的情况补充报告》（1949 年 4 月 29 日），山东省档案馆藏，案卷号：G046-01-0200-009。

② 《刘晏春同志在地委组织部长联席会议上的总结报告（节录）》（1949 年 1 月 8 日），《中共冀鲁豫边区党史资料选编（第三辑）·文献部分》（下），第 374 页。

③ 鲁中南区党委：《关于执行华东局准备一万五千名干部外调任务的指示》（1949 年 2 月 1 日），山东省档案馆藏，案卷号：G030-01-0055-001。

部分干部由于参加工作的时间短，思想觉悟尚不高，小农意识、家庭观念严重，配偶、父母的"拉腿"，以及其本身参加革命动机不纯等复杂原因，针对南下有各种各样的态度与表现。因此，要使得所有参加革命工作的同志都做到"自觉自愿"，也是不可能的。客观而言，面对如此远距离、大规模的干部调动，数万山东老区干部要调往与其家乡语言、饮食、习俗等差别很大的长江以南广大地区，难免在心理上会产生种种波动，甚至在行动上出现反复。因此从一些地区实践看，干部自觉自愿南下与服从组织调动在有的时候是存在一定矛盾的。然而，1949 年初的"南下"动员工作是中央统一部署的具有全局性、整体性的重要战略任务。完成这一战略任务、服从组织调动对于每一个参加革命的同志来说是必须的。对各级党组织尤其是基层党组织来说，就需要进行大量艰苦、细致的思想动员工作以解除干部顾虑；另一方面也要以相应的组织纪律对一些南下中"弯腰""论堆""躺倒"（即"调垮"）的干部进行约束、惩戒，以严肃组织纪律、严明社会风气。正如冀鲁豫区党委在《关于南调干部工作布置的报告》中说：我们应"严禁强迫命令欺骗等办法。在未确定谁去前要慎重考虑，做好动员工作，到既经组织确定时就必须服从组织。对少数不服从者要执行纪律，以严明是非。完成这一任务的基本环节在于提高干部的思想觉悟，组织纪律保证是扶助"。[①]

（三）将政治动员与帮助干部解决具体问题相结合

山东地区干部南调工作贯彻了"将政治动员与帮助解决具体问题适当的结合"的原则。[②] 即各地应一方面进行广泛、深入而行之有效的政治动员，提高认识，鼓舞信心，开阔眼界，使广大老区干部和革命青年充分认识到"将革命进行到底""打过长江去、解放全中国"的战略意义，充分意识到赶赴南方进行新区接管与建设工作的重要性，转变"小

---

① 《冀鲁豫区党委关于南调干部工作布置的报告》（1948 年），《中共冀鲁豫边区党史资料选编（第三辑）·文献部分》（下），第 333 页。"扶助"，原文如此。
② 《山东分局组织部调一万五千干部南下的情况补充报告》（1949 年 4 月 29 日），山东省档案馆藏，案卷号：G046-01-0200-009。

农意识"、"地方主义"、家庭观念、乡土情结和种种"怕困难"的思想；
另一方面也应切实解决干部具体问题，如父母照料、子女安置、配偶问
题、代耕问题，以及南下干部的被服、粮食、警卫、通讯、医疗保障等
实际问题，关心其生活，使广大干部真正做到"走者愉快，留者安心"。
华东局在《中共华东中央局关于执行中央准备五万三千干部决议的指示》
中明确要求："必须关心干部，具体解决干部的困难问题，如注意干部
的身体健康，注意疾病医药，如照顾调往新区工作干部的家庭困难，减
少干部的顾虑。凡过去及今后调往新区工作的地方干部，其家庭一律按
军属待遇，各地政府应明文公布；对过去一切已经外调的地方干部的家
庭，应即按军属待遇。""因此对调往新区工作干部家庭的爱人孩子，必
须很好暂时安置，必须迅速以地委为单位设立新区干部家属管理处，以
照顾其生活、教育与将来集中行动，其所需经费，可做预算报告上级政
府，由政府供给之。"① 各地区对照顾干部实际困难方面也都做了相关要
求。如鲁中南区党委规定：南下准备方面，应"首先深入了解干部思想
情况，正面的进行形势与阶级教育，提高干部的政治觉悟，加强组织观
念，解决干部的各种困难与顾虑"。② 冀鲁豫区党委指出，"严格纪律和
适当地解决干部家庭问题、私人问题密切结合，是完成调干任务的重要
保证"。③ 应"调查解决干部的家庭生活、生产代耕等各方面的具体困难，
以减少干部的顾虑。并要求普遍地核查优军代耕工作，将此工作提高一
步"。④ 各地南调实践也证明，只有将思想政治的动员教育与解决干部
的实际困难（尤其是家庭困难）相结合，才能使干部真正"走得安心"，
也更有利于干部南下后山东社会的稳定。当然，解决干部实际困难不是

① 《中共华东中央局关于执行中央准备五万三千干部决议的指示》（1948 年 12 月 25 日），
《山东党史资料文库》第 25 卷，第 455 页。
② 鲁中南区党委：《关于执行华东局准备一万五千名干部外调任务的指示》（1949 年 2 月 1
日），山东省档案馆藏，案卷号：G030-01-0055-001。
③ 《冀鲁豫区党委就南调干部问题向华北局的报告》（1949 年 3 月），《中共冀鲁豫边区党
史资料选编（第三辑）·文献部分》（下），第 512 页。
④ 《冀鲁豫区党委关于南调干部工作布置报告》（1948），《中共冀鲁豫边区党史资料选编
（第三辑）·文献部分》（下），第 333 页。

没有底线与原则的。各地对南下动员中一些人提出的超出底线原则的不合理要求，是不应只以完成南下任务为目的而随意答应的，否则也会给山东老区遗留很多社会问题。

四 南下干部的选调方式

此次南下调动涉及干部数量巨大，从党政层级上看，涉及区党委（行署）、地委（专署）、县、区四级的大量干部，此外还有华东局、华北局直属机关及其他一些专业部门的干部和军分区干部。在调动前，华东局、华北局的文件对各区党委需要调出的成套班子具体编制系统做了明确规定。如 1948 年 10 月 30 日，华北局向下辖各区下发《华北局关于外调干部配备的通知》，详细说明如下："（一）每个区党委的架子应包括 5 个军分区，每个军分区为 6 个县，共计 30 个县。每县 7 个区，共 210 个区。（二）每区 6 人（区书 1、区组或区宣 1、区长 1、武装 1、助理员 2）。（三）每县 19 人（县书 1、县组 1、县宣 1、县委秘书 1、县长 1、政府秘书 1、武装 3、公安 2、财经 6、群众工作者 2）。（四）每一军分区级 58 人（地书 1、地组 1、地宣 1、组干 2、宣干 1、秘书长 1、专员 1、武装 5、财经 40、公安 5）。全军分区连县区两级干部在内共计 424 人（军分区 58、6 个县共计 366）。（五）每个区党委 65 人（除同地委级各职别干部外，增加下列 7 人，即宣干 2、民政 2、教育 2、司法 1）。一个区党委全部干部共 2185 人（区党委 65、5 个军分区共计 2120）。"[1]这就为各区党委、地委、县、区调动干部提供了基本框架任务。

关于区党委南下干部的具体人选，由各区党委自行拟定配备，并报上级（华北局、华东局）审查批准。如华北局规定："北岳、太行、冀中、冀南、冀鲁豫 5 个区党委的外调干部（包括外调区党委在内），由

---

[1] 《华北局关于外调干部配备的通知》（1948 年 10 月 30 日），《从冀鲁豫到贵州——南下支队和西进支队专辑》，第 55 页。

各区党委自行配备……区党委书记、行署主任统限于今年（1948年——引者注）12月中旬报华北局审查。"①

关于地委级南下干部名单，由区党委指名提出后，经地委酝酿，报区党委，由区党委再报上一级（华北局或华东局）批准。如华北局的冀鲁豫区党委组织部长刘晏春在给下辖各地委组织部长召开联席会议布置南下任务时明确指出："回去后，地委应召集县委组织部长会议，时间一般5天，将任务具体布置到县委。地委南下名单，由区党委指名提出后进行酝酿，其结果于1月12日报区党委，以便请示华北局。"②华北局1948年10月29日规定："地委以上名单，统限于1949年1月初旬报华北局审查。"③华东局的渤海区党委在南下组织过程中向三地委发文，点名指定三地委的地委级应调名单："1.地委级着调王乐山、胡庆山、陈淮提、魏伯雨、刘冠英、刘博泉、王耕野、王文烈诸同志南下。2.王耕野同志调四地委一同南下，刘冠英同志调区党委一同南下。"④地委各机关的干部名单，由地委自行决定，报区党委批准。如前述渤海区党委在给三地委的发文中，首先点名调出地委级干部，其次指出，对于"地委机关及县级、区级干部，区党委同意地委配备意见，请按指定日期集合"。⑤

从调动人数及实际调动过程看，1949年南下所调出的绝大多数干部是地委以下的干部，也即县及以下各区干部，具体组织动员工作实践中也是以县为单位（个别地区以市为单位），围绕县开展的。可以说，县是此次南调干部的主体单位。古人言，"郡县治，则天下安"，"郡县

---

① 《华北局关于外调17000干部及补足干部缺额的决定》（1948年10月29日），《从冀鲁豫到贵州——南下支队和西进支队专辑》，第54页。

② 《刘晏春同志在地委组织部长联席会议上的总结报告（节录）》（1949年1月8日），《中共冀鲁豫边区党史资料选编（第三辑）·文献部分》（下），第375页。

③ 《华北局关于外调17000干部及补足干部缺额的决定》（1948年10月29日），《从冀鲁豫到贵州——南下支队和西进支队专辑》，第54页。

④ 《渤海区党委关于抽调干部随军南下有关问题的通知（1949年2月14日）》，中共东营市委党史研究室编：《南下往事》，中共党史出版社2009年版，第322页。

⑤ 《渤海区党委关于抽调干部随军南下有关问题的通知（1949年2月14日）》，《南下往事》，第322页。

治，天下无不治"，县级政权自古以来便在中国政治管理体系中占据着绝对基础与核心地位。直至今天，县域仍为治国理政的重要基石。在1949 年的山东老区，县级政权作为中央、华北局（及华东局）、区党委、地委各级精神与指示的具体执行单位和社会治理体系的基层单位，是南下组织动员的基层实际执行者。山东南下干部以县为基本单位成套调出，是为了在南方新区能够完整接管一个县的各项工作。县级党和政府作为功能完备的一级政权，在此后的南方新区接管工作中也将发挥最为广泛、最为基础的作用。那么，山东各县的南下干部名单具体是采取何种方式确定的呢？

（一）各县自主确定选调名单，报地委决定批准

1949 年 1 月 8 日，冀鲁豫区党委组织部长刘晏春在给全区各地委组织部长开会时，要求各地委："地委对县委南下名单，不一定用千篇一律的方式指明提出"，各地委将"任务布置到县后，往下即不进行具体的布置，但要作准备工作，加强形势及思想教育"。[①] 也即同意各县自主确定调出干部的具体名单。各县调出哪些干部，由该县负主要责任，根据本地实际情况决定。但是各县调出南下干部名单需要报地委及区党委批准同意。从实践中看，地委将各县须调干部名额、编制直接分配给各县，由各县具体负责确定南下人员名单并进行动员，是这次赴新区工作南下干部人选确定的主要方式。

对于县委书记、县长、副县长及县委部长以上干部的调出人选，可由各县拟定后，经地委讨论，报区党委批准。县民政、财政、教育、建设、秘书、工商、公安、税务等各科局及仓库、银行等各单位科局长（副）、科员，县以下各分区区长、区书、区委、民助、财助等干部，由各县拟定南调名单，名单报地委批准同意。以冀鲁豫区为例，冀鲁豫区党委明确下文要求各地委："南下干部配备，应按区党委组织部南调干

---

① 《刘晏春同志在地委组织部长联席会议上的总结报告（节录）》（1949 年 1 月 8 日），《中共冀鲁豫边区党史资料选编（第三辑）·文献部分》（下），第 375 页。

部编制表执行。"[1]"县委南下名单争取于 1 月 25 日（至迟 1 月底）前送到区党委以便审查、批准。"[2]各县根据地委要求的编制人数调出干部。在冀鲁豫五地委，由"县委会召开区书组织委员会，传达形势及南调干部重要性，分配各区数字及动员号召酝酿报告"，"再开全体干部会，传达动员号召酝酿报名南下，再开分委会，打通分委级思想，由分委到各区去号召酝酿报名"。干部"报名之后，分委分析每个报名干部的真实情况，是否能南下，批准谁，留下谁，向县委报告，县委会再以研究批准。县委再将批准名单□调后，区的配备干部意见交地委最后决定，回去宣布，进行鉴定"，干部"回家处理个人问题，各县廿四号集中，廿八号集中到地委进行编制，欢送、会餐、演戏……"[3]

正如胶东区要求："县委部长以上干部均经地委讨论报告区委批准，分区委员以上干部经县委讨论报告地委批准，地委以上干部经区党委研究报告华东局批准，并收新老区干部同时对比研究。"[4]

在南下干部名单确定与发布过程中，有的县是开会座谈后，直接公布领导已定好的南下名单，然后再做动员工作。如胶东区下辖各县公布南下名单的方式有三种：第一，有的县由"领导上公布走与留的名单"，"公布名单后，即以调新区与留老区干部为单位集体进行座谈讨论，有什么困难需要解决，有不愿南下者可提出意见，经过这样讨论座谈，没有问题以后，南下干部须进行准备工作，留老区干部即进行安心工作稳定情绪的教育，并布置工作"，没有突出干部自愿报名的环节。[5]第二，"另外有的地区（如滨北）将干部名单逐渐公布，先对分区书记公布，

① 冀鲁豫区党委：《南下干部集中整训办法》（1949 年 2 月 5 日），山东省档案馆藏，案卷号：G052-01-0073-005。

② 《刘晏春同志在地委组织部长联席会议上的总结报告（节录）》（1949 年 1 月 8 日），《中共冀鲁豫边区党史资料选编（第三辑）·文献部分》（下），第 375 页。

③ 冀鲁豫五地委组织部：《动员南下干部工作总结报告》（1949 年 3 月 15 日），山东省档案馆藏，案卷号：G052-01-0098-008。

④ 胶东区党委组织部：《南下干部的准备情况》（1949 年 2 月 20 日），山东省档案馆藏，案卷号：G024-01-0305-005。

⑤ 胶东区党委组织部：《南下干部的准备情况》（1949 年 2 月 20 日），山东省档案馆藏，案卷号：G024-01-0305-005。

让其思想上早作准备，然后再集体全面公布"。第三，"也有的县份（乳山）是在全体干部会采取自报公议、领导批准的方法，其实领导上早已研究好"。[①] 应该说从相关原始材料看，多数县都有干部自报南下的程序，即各县对南下新区任务进行初步动员或者大会宣讲后，由干部自愿报名南下。干部自报南下这一步骤是相当重要的，一方面符合上级关于"严禁强迫命令欺骗"等要求，[②] 另一方面由于这样调出的南下干部多是自觉自愿的，因此普遍心情愉快、精神饱满、斗志高昂，"调着又不去"或途中开小差的情况少。

一些县份自报南下的干部数目还很多，甚至超过了专署（地委）要求该县南下的干部人数，如冀鲁豫九地委观城县[③]召开全县干部大会时，"当场就有自动报名的了，总计在全县三百左右的干部中就有 156 个自报南下的"。[④]渤海区四地委无棣县"全县各级干部经过领导动员和小组座谈讨论，明确了当前的形势，激发了革命热情，纷纷表示服从党的利益，服从广大人民群众的翻身解放事业。哪里需要我们，我们就到哪里去。占百分之九十以上的干部都报了名"。[⑤]

在各县干部调动名单确定过程中，地委与各县始终保持联系，如冀鲁豫六地委在"调动中间"，"地委除经常用电话与各县联系外，并根据干部的思想变化情况给县委提出意见及解决问题的方针和工作方法，特别在干部变化的关节（如回家时）强调各县务作艰苦与细致的说服动员工作等"。各县"县委按照地委指示，根据过去一段工作中了解的具体情况，除县委做了研究讨论外，有的县立即召开分书会议，进一步结合

① 胶东区党委组织部：《南下干部的准备情况》（1949 年 2 月 20 日），山东省档案馆藏，案卷号：G024-01-0305-005。
② 《冀鲁豫区党委关于南调干部工作布置的报告》（1948 年），《中共冀鲁豫边区党史资料选编（第三辑）·文献部分》（下），第 333 页。
③ 观城县，县城旧址位于今山东莘县观城镇，1953 年与朝城县合并组建观朝县。1956 年 3 月，观朝县建制撤销，辖区南部划归今河南范县，北部划归山东莘县。
④ 观城县政府：《南下干部情况报告》，山东省档案馆藏，案卷号：G052-01-0228-007。
⑤ 张炳德：《组织干部南下支援新解放区的经过》，中共无棣县委党史资料征集研究委员会编：《难忘的岁月——无棣县革命斗争回忆录专辑》（一），山东省惠民地区新闻出版局 1991 年印，第 415 页。

下属情况，根据双方照顾的原则"，具体研究讨论，决定调干对象。①

由于南调动员时间紧，有的县对南调干部名单确定较为匆忙，如冀鲁豫六地委东阿县在南下工作总结中检讨指出："对南下干部，县府未能预知南调干部的数目，所以更没有计划根据政府组织机构的具体情况，确定南下对象。"②

（二）由行署（区党委）、专署（地委）直接点名调出

这种方式多是对一些县级主要干部及部分工作能力强的干部，行署（区党委）、专署（地委）直接点名调其来行署（区党委）或专署（地委）集合，准备南下。

如1949年2月，冀鲁豫行政公署向冀鲁豫六专署下文，直接调该专署部分干部及六专署下辖的东阿县公安局局长房建平同志、徐翼县③县长吴欣斋同志、分区指挥部副司令员孙子方同志、秘书科科长张武云同志、齐禹县副县长刘影同志、东阿县副县长武鸣家（即武健民）同志等十人赴行署集合待命，进行南下新区准备工作：

> 冀鲁豫行政公署 训令：令第六专署专员 陶东岱
>
> 为了适应胜利形势的迅速发展，完成军队向前进的战略任务，开展新解放区的各项建设工作，兹决定调该专署秘书副科长王佑先同志，财政科副科长车民同志，工商局行政科科长孙玉民同志，教育科科长谢彭年同志，东阿县公安局局长房建平同志，东阿县县长吴欣斋同志，分区指挥部副司令员孙子方同志，秘书科科长张武云同志，齐禹县副县长刘影同志，徐翼县副县长武鸣家同志等十人南下赴新解放区工作，除呈报华北人民政府备案外，仰即转饬该员迅

① 冀鲁豫六地委：《南调干部工作总结》（1949年3月），《一切为了前线（上）聊城地区党史资料第15辑》，第91页。

② 《东阿县关于一九四九年南下的干部情况总结》，聊城市档案馆藏，案卷号：14-27-230-1。

③ 徐翼县于1947年秋成立，为纪念抗战时期阳谷县县长徐翼烈士而定名为"徐翼县"，1949年8月该县撤销，县境分别划归阳谷县和东阿县。

速交代工作，办理南下手续，限于二月廿八日前来本署集合待命南下，合行令仰即遵照为要。①

此外，行署直接调县级干部南下时，往往先对该干部进行职务提升，再调其南下。如 1949 年 2 月 7 日，冀鲁豫六专署按照冀鲁豫行署电示，向筑先县、齐禹县训令，调筑先县张佃一、齐禹县刘影升职并待命南下：

> 兹奉冀鲁豫行政公署电示：调该区齐禹、筑先县武装部长刘影同志、张佃一同志升任该县副县长职，参加南下，在此仰即迅特转同志到职待命南征，并在目前妥为准备为要！②

同日，冀鲁豫六专署按照冀鲁豫行署电示，调徐翼县民政科长武鸣家升任东阿县副县长，"迅即来署报到新职，组织南征"，升徐翼县副县长吴欣斋为徐翼县县长，"在县组织南征"。专署的训令称：

> 兹奉冀鲁豫行政公署电示："调该区徐翼县副县长吴欣斋同志升任县长，参加南下，并该县民政科长武鸣家同志升任东阿副县长，参加南下。仰迅转到职。"□以该县县长吴欣斋同志在县组织南征，但武鸣家同志迅即来专署报到新职，组织南征，该两同志须妥为准备，仰即转饬遵照办理为要！③

而这也是符合当时实际并有利于工作开展的。正如 1949 年 1 月

---

① 《冀鲁豫行政公署训令 为调王佑先同志等南下工作由》，聊城市档案馆藏，案卷号：14-27-161-6。注：原件中"东阿县县长吴欣斋"，"徐翼县副县长武鸣家"为笔误，笔者查阅相关史料，应为"徐翼县县长吴欣斋"，"东阿县副县长武鸣家"。
② 《冀鲁豫第六行政区督察专员公署训令 民干字第四三号》（1949 年 2 月 7 日），聊城市档案馆藏，案卷号：14-27-160-13。
③ 《冀鲁豫第六行政区督察专员公署训令 民干字第四四号》（1949 年 2 月 7 日），聊城市档案馆藏，案卷号：14-27-160-14。

《大众日报》头版在动员南下的社论中说："广大党员干部以及一般的革命干部参加过抗日战争、解放战争、减租减息、土地改革等民族斗争与阶级斗争，以及生产救灾等的考验，在考验中表现忠实勇敢、完成任务有功绩，并在人民中有威信者，都应迅速的有计划的正确的按级提拔起来。另外各级党政军民组织中，很多干部在一个职位上做了多年的工作（如三年五年的村长、支书，及区长、区书，五年八年的县委书记、地委书记和县长、专员等），其经验丰富品质优良者更应积极提拔，以充实和加强各级组织。"①

　　总体来看，山东地区对此次南调中涉及人数最多、涉及面最广的县及以下干部，主要采取了由县选调为主体，区党委（行署）、地委（专署）直接调动为辅的方式进行。

---

① 《社论：提拔和培养大批干部　迎接全国革命胜利！》，《大众日报》1949年1月24日，第1版。

第二章 准备与教育：山东地区干部南下的动员工作与选调步骤

1948 年底，华北局、华东局下辖各区党委接到南下任务后，立即着手进行动员工作。从实践中看，山东地区的南下动员工作的基本程序是由区党委传达精神与任务，地委进行布置与安排，以县（市）为单位具体开展本地区的南下动员工作。各地、县根据上级要求，结合本地干部情况和社会实际迅速行动，进行了卓有成效的动员工作。

一 山东地区的南下干部动员工作

山东各地、县（市）发挥主观能动性，采取了诸多动员方式，以发动广大干部群众，完成调动干部南下新区战略任务。

（一）提前掌握干部思想及政治状况

1948 年底，各县接到地委分配的南下干部配置及数量要求后，迅速开展动员工作，为保证南下调干顺利进行，不少县份通过各种方式提前了解干部思想状况，以确定南调干部人选。

提前掌握干部政治及思想状况，对南调工作的顺利开展是十分重要的。由于当时山东不少地区新解放不久，加之此前历次干部北上南下工作，相当多工作经验丰富的干部已被调出省，留在老区的很多干部是近几年土改、整党等工作中提拔的新干部，不少干部文化程度还较低，家庭出身各不相同，参加工作动机、对革命的认识等也较复杂。如冀鲁豫区党委在"南调干部工作布置"中指出，"目前农民干部占绝大多数，有的县占 70% 至 90%，特别是区级干部更多，有些区全区只有区书、区长、财助能写信。这些干部多是在土改、复查、游击当中提拔出来的，其工作动机又极其复杂，脱离生产后领导上对干部的管理教育注意不够，使干部的政治觉悟与阶级觉悟没有得到应有的提高。因此在干部思想上存在着几种严重的错误思想"，[①] 如果没有对干部思想状况进行摸底与了解，就贸然宣布南下名单，很可能会对干部心理及现有工作造成一定冲击，也可能影响南调任务的顺利进行。因此，不少地、县将提前掌握干部思想状况作为南下动员的重要准备工作。如山东东阿县有的放矢，"第一步先根据各区干部平日一贯的表现，及其服从性的大小，找出对象"；"第二步才分头动员，及动员成熟后，再公开指定，以激励别人"，防止一些干部不仅"动员不动"，反而"影响别人"。[②] 山东博平县（属冀鲁豫六地委）"自接到南调干部的通知后，即在县委会议上首先作了具体的研究（即按外调编制表）对照各区干部思想及政治质量，能力的强弱分析，随后县委直接分工深入到各区了解情况，个别动员，鼓起了南下空气，在干部思想上对南下有了酝酿。有的即作了思想准备，奠定了南下的思想基础"。[③] 冀鲁豫六专署（地委）在总结本次南调经验教训时指出："当在确定干部调动之前，必须充分的分析干部的各方面情况，以求决议恰当正确与实现，否则率而决定，结果本人不通，或因此垮掉，决议也不能实现，同时也影响别人的。"[④]

1949 年 1 月山东《大众日报》的《社论：提拔和培养大批干部

① 《冀鲁豫区党委关于南调干部工作布置报告》（1948 年），《中共冀鲁豫边区党史资料选编（第三辑）·文献部分》（下），第 331 页。

② 《东阿县关于一九四九年南下的干部情况总结》，聊城市档案馆藏，案卷号：14-27-230-1。

③ 《博平南下干部工作汇报情况》（1949 年 2 月 22 日），聊城市档案馆藏，案卷号：4-11-4-12。

④ 冀鲁豫六专署：《南下干部总结》（1949 年 3 月 1 日），山东省档案馆藏，案卷号：G052-01-0213-003。

迎接全国革命胜利！》指出，"为迅速实现大量地培养训练和提拔干部，各级党委和政府、军区，必须具体进行下列工作"："切实调查研究，熟悉自己的干部。必须进行研究党员干部的优点和缺点（特别着重研究各级各项担负主要工作责任的干部），熟悉他们是否忠实执行中央的正确路线政策，其组织观念及遵守纪律的精神，身体健康，家庭生活情况等等。只有熟悉了干部，才能正确的提拔与培养干部，正确的分配与使用干部。"① 因此，各级组织熟悉干部优缺点，提前掌握干部思想及政治状况，是山东地区南下干部动员工作顺利进行的重要保证。

（二）学习"将革命进行到底"文件，克服"和平"与"稳定"思想

1949 年元旦，人民解放战争形势一片大好。在淮海战场上国民党杜聿明集团陷入重围，士气低落，缺衣少食，已成瓮中之鳖；在北平，中国共产党与傅作义集团就和平解放古都北平的最后谈判正紧锣密鼓地进行，国民党在长江以北统治的崩溃已成定局。迫于形势极端不利状况并为其军队争取时间，蒋介石于元旦公开发表了"求和"声明。蒋介石集团"求和"声明的内容对山东解放区不少干部是具有一定迷惑性的。当时的山东干部中比较典型的思想是"和平"与"稳定"。山东战事基本结束，家乡已经解放后，干部们普遍心态放松，不少干部认为参加革命的目的就是解放家乡，而对"过江南下""将革命进行到底"认识不足，他们说"蒋介石打倒了，任务就完成了"，一些人被蒋介石的"和平"阴谋蒙骗，有的准备"享福"，有的要求复员回家。如胶东区东海地委一些干部"对蒋介石的和平阴谋，从阶级本质认识不足。"② 正在此时，新华社、《人民日报》发表毛泽东所写《将革命进行到底——一九四九年新年献词》，毛泽东同志针锋相对地提出了一个口号——将

---

① 《社论：提拔和培养大批干部　迎接全国革命胜利！》，《大众日报》1949 年 1 月 24 日，第 1 版。

② 东海地委组织部：《南下干部简单情况汇报》（1949 年 2 月 25 日），山东省档案馆藏，案卷号：G024-01-0332-003。

革命进行到底！社论指出，1949年解放军将向长江以南进军，将要获得比1948年更加伟大的胜利。1949年，将要召集没有反动分子参加的政治协商会议，宣告中华人民共和国的成立，并且组成共和国的中央政府。社论着重论述了反动派的"和平"阴谋和中国人民与一切民主党派应当抱的态度。社论揭露说：中国反动派和美国侵略者，现在一方面正在利用现存的国民政府来进行所谓和平的阴谋，另一方面又正设计使用某些既同中国反动派和美国侵略者有联系，又同革命阵营有联系的人，叫他们力求混入革命阵营，构成革命阵营中的所谓反对派，以便保存反动势力，破坏革命势力。"现在摆在中国人民、各民主党派、各人民团体面前的问题，是将革命进行到底呢，还是使革命半途而废呢？"毛泽东引用古希腊《伊索寓言》中"农夫与蛇"的故事，尖锐地指出："中国人民决不怜惜蛇一样的恶人。"社论号召全国人民、各民主党派和人民团体，和中国共产党一起，用革命的方法，坚决、彻底、干净、全部地消灭一切反动势力，驱逐美帝国主义的侵略势力出中国，将革命进行到底。①

山东各地迅速抓住时机，结合新年献词，批判"和平"与"稳定"思想，揭穿国民党蒋介石"假和谈，真内战"的阴谋。在冀鲁豫七地委（今菏泽、济宁地区），"宣传部指示各县贯彻'将革命进行到底'的教育，克服干部中'歇歇'思想"，指出：首先，"宣传伟大的胜利形势，奠定人民的全国胜利观念，使大家都知道，一年左右要把国民党反动政府从根本上打倒，建立中华人民民主共和国"。其次，"揭穿美蒋'和平'阴谋"，"努一把劲，将革命进行到底。因此，必须克服在干部中生长着'太平'安逸思想，在群众中存在着的'歇歇'思想"。②

山东寿张县（当时属冀鲁豫九地委）在南下动员中首先"从学习上进行思想的发动"，"看到1949年新年献词《将革命进行到底》，曾提出蒋介石反动派的求和阴谋，并提出现在摆在中国人民，各民主党派，各人民团体面前的问题，是将革命进行到底呢，还是半途而废呢。并提出

① 《将革命进行到底——一九四九年新年献词》，《人民日报》1949年1月1日，第1版。

② 《七地委宣传部指示各县　贯彻"将革命进行到底"的教育　克服干部中"歇歇"思想　努力完成各项任务》，《冀鲁豫日报》第1543期，1949年，第2版。

1949 年的三大任务。我们即召开了干部会议，将革命进行到底文件的精神，做了启发报告，并定位阴历年前一段的学习材料，如将革命进行到底，则应以什么姿态去将革命进行到底，以什么姿态去完成 1949 年的三大任务。在学习这个文件上，学习的比较深刻，都作了酝酿和讨论，结合了实际联系了自己。一般的同志在学习这个文件的时候，都表明了将革命进行到底的态度，这个文件的学习在阴历年关，进行了测验"。①阴历正月初十，寿张县"以县委名义，召开了县区干部四百人的大会（党内外干部均有），先作了形势报告，并分组讨论了形势，多数干部表明了南下态度，大会作了典型汇报；二区武装部王作亮同志说：'1940年参加八路军，起初当兵，以后提升为连长，在部队受伤回家，土地改革时村里群众不起劲，我又参加了区武装部工作，我认为蒋介石是代表官僚资产阶级利益，共产党是代表无产阶级反对他们的，蒋介石不会实行真和平的。从他的历史看也是不会和平的，我们不能上他的当。我对把革命进行到底，我的思绪认为首先革自己的命，克服地方主义，加强国家观念，服从调动，只要组织上叫我去，我愿意南下。'第二区副区长曹金辉说：'蒋介石的和平是假的，蒋介石的骨头就是反动的，蒋介石曾提过，对共产党宁杀一千，不许漏网一个共产党，这样是将革命进行到底呢，还是半途而废呢？没有问题我是要将革命进行到底，是听从调动，但我们是贫农，家有老母妻子，就是无劳力，起初是想照顾家庭，但又一想，个人生活的改善是谁给的呢？是共产党，经过斗争以后，个人仍是坚定了决心，丝毫问题没有的服从调动，高兴南下。'这个典型汇报时间，约有一个半钟头，大家都是争着说，自始至终热烈发言到底，在这样表明南下的热潮中，即休了会，仍是分组酝酿，大会开了三天，最后大会结束时，宣布了南下名单，被宣布的同志，一般的说，表现还不错，谁也没提出不去的意见"。②这样，该县成功克服了"和平"

---

① 《寿张县调动政权干部南下工作总结报告》（1949 年 3 月 3 日），山东省档案馆藏，案卷号：G052-01-0229-005。
② 《寿张县调动政权干部南下工作总结报告》（1949 年 3 月 3 日），山东省档案馆藏，案卷号：G052-01-0229-005。

与"稳定"的思想，驳斥、揭穿了蒋介石"求和"阴谋，使广大干部确立了正确的南下观念。

《冀鲁豫日报》1949年3月5日以《小张同志南下了》为标题，生动描述了该报社校对科工作人员"小张同志"学习了"将革命进行到底"文章后的南下思想转变历程：

> 小张同志在三年多的工作中，一直都积极负责，调到校对科当通讯员后，天天半夜里都跑上好几里路来往送□，无论下雪下雨，从没有打过折扣。他常常这样说："叫我干啥，我干啥。"任劳任怨。他不但工作积极，而且学习也很好，在家只读过一年小学，现在能够看报了，写信写的也满好。
>
> 这次干部南下的风声传到小张的耳朵里，他也提出要求南下，他说："南下这个光荣不能叫您都沾了，我也得去。"这个十九岁的通信员这样热情的要求南下，于是上级就批准了。在二月二十七日欢送报社南下同志的晚会上，大家欢迎小张讲话。他便很自然的笑着向大家讲话了。他说："去年于主任动员我南下，我不通。今年怎么通的呢？就是起头学习'将革命进行到底'，才知道现在是把革命进行到底呢？还是半途而废呢？又想起那个老农夫叫蛇咬死了 ①，我心里想：这不能给蒋贼拉倒！这就教育了我的思想。"旁边听他讲话的干部同志，都点点头："对！问题的中心环节就是这！"小张同志继续说下去："蒋介石历来都很坏，大前年他进攻咱解放区，占了很多城，杀了很多人，烧了许多房子，奸淫妇女，抓壮丁。打了两年半，咱现在到处都打胜仗，最近淮海战役一仗，消灭敌人六十多万，天津、北平也解放了，都知道再有一年左右就能根本打倒蒋介石。这时候不问他说什么，也不能给他和，就得南下给他干到底。头几天我家里来信，叫我回家娶媳妇（笑声），这时候

---

① 那个老农夫叫蛇咬死了，即《将革命进行到底——一九四九年新年献词》中引用的《伊索寓言》中"农夫与蛇"的故事。

年纪还不大，晚不了（笑声）。我不回家，我要过江，到新区去宣
传咱们老解放区的群众怎样翻的身，好好的工作，等到全国胜利后
我再回家娶媳妇，那时我才二十多岁，也不错。"小张同志的话讲
完后，全场立即响起了掌声。①

"华北解放区各专署、县、区干部，在学习了'将革命进行到底'
等文件以后，纷纷要求南下解放江南广大人民。许多共产党员响应党的
号召，推动了这一工作"，如《人民日报》报道冀鲁豫区一个自愿南下
的干部说，"抗战前的红军多为南方人，为了解放咱华北人民，曾经过
两万五千里长征，八年抗战，二年多解放战争的英勇斗争，咱这里人民
才得到解放，现在咱应该帮助江南的劳苦群众翻身"。②

（三）搭建"双套班子"，健全完善组织机构

1947 年彻底粉碎国民党对山东解放区的重点进攻后，人民解放军
在山东取得了连续不断的胜利。1948 年 9 月华东野战军攻克国民党重
兵把守的省会济南，活捉国民党山东省政府主席、第二绥靖区司令官王
耀武，大大提振了全省、全国军民的士气，至 1948 年底，全省除青岛
外，几乎全部获得解放。新的解放区域急速扩大，新的工作不断增加，
所需要干部的数量、素质也亟待增加与提高，山东各级党和政府的组织
机构也亟待完善。然而很多地区尤其县及以下党政机构在长期游击战争
中损失了很多干部，机构编制缺员严重，在当时山东是较为普遍的现象，
这给南下调动工作带来了重大考验。如冀鲁豫五地委在"二年多的游击
战争干部损失共计 1600 人，根据现有干部，和编制应有数相差很多；
县级干部按编制数相差 1/2，区级干部差 3/7，工作员干部差 1/2，干部
本来就差很多，很难完成南调任务，非提拔干部不能完成南调任务"。③

① 《小张同志南下了》，《冀鲁豫日报》第 1575 期，1949 年，第 4 版。
② 《华北各地党员干部　踊跃参加南征》，《人民日报》1949 年 4 月 10 日，第 1 版。
③ 冀鲁豫五地委组织部：《动员南下干部工作总结报告》（1949 年 3 月 15 日），山东省档
　案馆藏，案卷号：G052-01-0098-008。

因此，迅速完善组织机构、充实提拔干部成为当务之急。南下任务公布后，各县以南下动员为契机，展开了健全完善组织机构的工作，一些县民、财、教、建、公安、银行、仓库各科局人员、职务长期配备不到位，在南下动员中得到了迅速配备。

为顺利完成南调干部任务且不致使老区工作因大量干部的成套南调而瘫痪，加紧各党政机构配备副职，搭建"双套班子"，是当时各地、县、区单位最为常用的组织机构完善举措，而这也是中央及华北局、华东局的明确要求。

中共中央及华北局、华东局均要求各地为准备干部南下而加紧配备副职。《中共中央关于准备五万三千个干部的决议》指出，"中央局（分局、工委）、区党委（省委）、地委、县委、区委等五级各种重要工作岗位，一律增设副职。挑选区、村两级的一批干部到县级担任副职，挑选一批县级干部到地委一级担任副职，挑选一批地委一级干部到区党委或省委级担任副职，挑选一批区党委或省委一级的干部到中央局或分局或工委一级担任副职，使各级担任副职的干部能在实际工作中得到锻炼，以备将来提拔使用"。[①]1948 年 10 月，华北局在《关于外调 17000 干部及补足干部缺额的决定》中进一步指出，"各级党政领导机关增设副职（如副书记、副专员、副县长、副部长、副科长等），扩大党委会人数。此种副职之增加，其主要目的，在于培养锻炼领导能力，以便在大量外调干部后，不致使原地工作受影响。抽调干部时，必须留下一定数量之领导骨干，避免过去有些地区全面调出以致青黄不接，而使工作受到不应有的损失之教训"。[②]1948 年 12 月 25 日，华东局在《中共华东中央局关于执行中央准备五万三千干部决议的指示》中转述了中共中央关于"中央局（分局、工委）、区党委（省委）、地委、县委、区委等五级各种重要工作岗位，一律增设副职"的规定，要求各地积极落实，"此项

---

① 《中共中央关于准备五万三千个干部的决议》（1948 年 10 月 28 日），《山东党史资料文库》第 25 卷，第 225—226 页。

② 《华北局关于外调 17000 干部及补足干部缺额的决定》（1948 年 10 月 29 日），《从冀鲁豫到贵州——南下支队和西进支队专辑》，第 52 页。

设立副职的办法，应成为准备干部的最重要的方法之一"。①

各地执行上级指示，尽快配备副职，或搭建"双套班子"，从农村基层干部、积极分子中提拔一批新干部充实到各级领导机构中。从县到区，各级领导班子都要"一分为二"。如华东局的渤海区党委要求各县、区的党、政、军、群机关都要配备两套领导班子，一套留下坚持当地工作，一套随军南下接管新解放区。②

在华北局的冀鲁豫六地委，"组织干部南下，一要先配好'双套班子'。在此以前，我们的各级领导班子基本上不设副职，县委只设一名书记，下设几名委员；县政府只设一名县长和一名秘书，下设几个科。为了配备县、区领导班子，我们组织部门就要深入下去，到各县、区挑选、配备干部。经过一段时间后，基本上配齐了六地委六专署当时所属的聊城、聊阳、博平、茌平、徐翼、东阿、齐禹、河西等八个县的县、区两级的双套班子"。③该地委下辖的筑先县原县委班子，在南下前被一分为二，干部一分为二，枪支也一分为二，两个建制（即留下一半，南下一半）。段缄三被任命为聊城南下县委书记，沈廷梅任副书记，訾瑞林任组织部长，孟景侠任宣传部副部长，办公室主任袁令明，张佃一任县长，还抽调了一些科局长，如齐振邦、刘洪山、赵玉山、明耀中、李晋卿等。同时还决定每区抽调干部五人至七人，勤杂三人，组成六个区，即聊城县南下干部中队的六个班，区委书记有王万里、姜梦斗、张清田、刘庆超、李吉民、张玉振，区长有周明轩、杨中正、王炳晨、郑惠彬、陈赖晨、张兴鲁，共抽调干部 82 人，行政勤杂 24 人，总计 106 人。④

胶东区的北海地委在南下准备中，"让各县根据上级的要求及北海

---

① 《中共华东中央局关于执行中央准备五万三千干部决议的指示》（1948 年 12 月 25 日），《山东党史资料文库》第 25 卷，第 454 页。

② 李晓黎主编：《中共渤海区地方史》，中央文献出版社 2000 年版，第 541 页。

③ 姚传德：《组织干部随军南下》，《山东革命斗争回忆录丛书》编写组：《光岳春秋》（下），山东人民出版社 2014 年版，第 451 页。

④ 李吉民、王万里：《对四八年聊城县干部随军南下的片断回忆》，《聊城市党史资料》第 5 期，第 279—280 页。

现有干部基础，作一统盘打算，一般的要求起码配备两套"，"根据各县进行的情况，在春节前一般的都能按新编制配备齐全，目前正在大量的向外提拔村干部，现已了解已就职工作者，北招一百六十余名，南招、蓬莱、福山、龙口、黄县各一百四、五十名，区里主要干部一般的是配备了正副职，至于县里的主要干部也大部分是配备了正副职"。① "根据各县来批的情形来看，现有干部一般是都提拔了，起码提半级，大部分是提一级，同时为了培养核心干部，都扩大了党委会。各区党委会委员最多是九个，一般的是七—五人，最少者三人。"②

需要明确的是，配备副职虽然是山东各地南下准备工作的重要内容，但并不等于所有调出的南下干部都是"副职"。有的回忆史料称当时南下干部主要是副职组成的，应该说在多数地区是不准确的。山东相当一部分县调出的南下干部是直接由原县委书记或县长带队的，县以下各区也有很多是原区委书记、区长（非南下前新配备）带队南下。实际的情况是，"如批准正职留下，则副职南下；如批准副职留下，则正职南下"。③ 各地在动员中也都特别强调了兼顾新区、老区，反对地方主义、本位主义（有的地方称"保守主义"）的原则。如胶东区在抽调干部过程中，"各级党委坚决贯彻落实华东局的指示精神，打破本位主义，确保南下干部的质量。东海地委书记宫维桢，南海地委书记梁岐山、副书记辛少波，滨北地委书记张彦、副书记李仲林等一大批主要领导干部都在南下之列"。④ 在胶东区的北海地委对南下是选强留弱，"干部在年关前普遍执行规定，我们配备了两套干部，一般的作到了⑤南下干部比留下的干部是强些的，但也照顾了现在的工作"，不少地区"县委的主

①　北海地委组织部：《关于南下干部准备情况的报告》（1949年1月14日），山东省档案馆藏，案卷号：G024-01-0332-011。

②　北海地委组织部：《关于南下干部准备情况的报告》（1949年1月14日），山东省档案馆藏，案卷号：G024-01-0332-011。"七—五人"，原文如此。

③　郭晓峰：《禹城干部队南下散记》，中国人民政治协商会议禹城县委员会文史资料委员会编：《禹城文史资料》第7辑，1991年，第109页。

④　中共山东省委党史研究室编：《中共胶东地方史》，中共党史出版社2005年版，第447页。

⑤　原文如此。

要干部大部走掉，留在家的大都是新配备的"。[①]

当然，干部配备并非没有标准。冀鲁豫区党委在向各地委布置南下任务时明确指出：配备干部，"要注意干部优缺点及全部历史，发扬干部的长处。要从工作全局出发，审查干部的全部历史，避免简单化和单纯、片面只看干部一时表现好坏之观点。同时要注意到干部的优缺点是在长期工作中，经过考验锻炼逐渐转变和提高的，所以对干部人事不要有固定的圈子"。"选择干部的主要条件是：工作好，立场稳，执行政策路线正确，党性坚强，作风正派。"[②]

正如 1949 年 6 月华北局在总结《关于南调干部中的几点主要经验教训》中指出："成套调动干部的办法是好的，比过去分散的抽调再配备的作法简便易行，可省去下面许多的不必要的麻烦，把原有一套干部配备为两套，这种作法的本身，就照顾了留去双方，彼此熟悉了解，在干部使用配合及今后工作上，诸多方便。"[③]

（四）加大干部储备，大胆提拔新干部

根据《中共中央关于准备五万三千个干部的决议》，"地、县两级，应即普遍开办短期训练班，训练区、村干部。县委办的训练班，应轮训村级干部，并从其中挑选一批人，脱离生产，以一部分补充区级缺额，一部分送地委或区党委或省委办的党校去学习"。[④]

华北局、华东局也对提拔新干部以满足南下需要进行了指示。华北局 1948 年 10 月指出："为了完成补充缺额及准备外调干部"，应"大胆提拔村干部及较好的党员参加区级领导工作。其条件应为党性坚强，作风正派，有工作经验，能联系群众者，并适当注意其阶级成份。只要具

---

① 北海地委组织部：《南调干部工作总结》(1949 年 2 月 27 日)，山东省档案馆藏，案卷号：G024-01-0332-012。

② 《刘晏春同志在地委组织部长联席会议上的总结报告（节录）》(1949 年 1 月 8 日)，《中共冀鲁豫边区党史资料选编（第三辑）·文献部分》(下)，第 376—377 页。

③ 《关于南调干部中的几点主要经验教训》，《建设》第 28 期，1949 年，第 7 页。

④ 《中共中央关于准备五万三千个干部的决议》(1948 年 10 月 28 日)，《山东党史资料文库》第 25 卷，第 225 页。

备上述条件，经过短期训练，即可逐渐提拔为一般区级干部，以解决初级干部之困难。全区在 8 月至 9 月两月内共抽训党员及村干约 10 万以上，提拔近万人脱离了生产，这是很大的成绩，应继续贯彻这个方针"。[①]华东局在动员干部南下指示中指出："必须正确、积极大胆提拔干部。广大党员干部是参加过抗日战争、解放战争、减租减息、土地改革等民族斗争与阶级斗争，以及生产救灾等的考验，在考验中表现忠实勇敢，完成任务有功绩，并在人民中有威信者，都应迅速的有计划的正确的按级提拔起来。另外各级党政军民组织中，很多干部在一个职位上做了多年的工作（如三年五年的村长、支书及区长、区书，五年八年的县委书记、地委书记和县长、专员等），其经验丰富品质优良者更应积极提拔，以充实各级组织。"[②]

　　除了加紧提拔新干部，华北局、华东局还要求迅速做好干部培训教育工作。1948 年 11 月，《中共中央华北局关于在职干部教育的决定》发布，指出为适应新形势，"要求我们党能供给更多有能力的在政治上和理论上有较高知识的干部才能负担目前的工作。又由于人民解放军继续向全国范围推进，革命日益接近全国的胜利，也要求华北党的组织供给更多的有能力的在政治上和理论上有较高知识的干部，到其他各地去工作。为了上述目的，所有党员和干部都必须努力地迅速地提高自己的理论水平、政治水平、政策与策略思想水平"。"决定"要求干部"必须学习理论""学习文化"，"必须学习时事与政策"，"必须建立学习制度"，"在调动干部时应将干部学习程度正式填入鉴定表。学习时间，保证平均每周十二小时为原则"，并开具了"理论"类学习书目，包括马列主义及毛泽东同志经典著作，"时事与政策"类学习书目，包括《目前形势和我们的任务》等 14 个文件和解放社编《国际形势》。[③]

[①] 《华北局关于外调 17000 干部及补足干部缺额的决定》（1948 年 10 月 29 日），《从冀鲁豫到贵州——南下支队和西进支队专辑》，第 52 页。

[②] 《中共华东中央局关于执行中央准备五万三千干部决议的指示》（1948 年 12 月 25 日），《山东党史资料文库》第 25 卷，第 454 页。

[③] 《中共中央华北局关于在职干部教育的决定》，《新华文摘》第 4 卷第 1 期，1949 年，第 17—19 页。

根据上级要求，山东各地迅速加强了干部提拔、培养工作。如华北局的冀鲁豫区党委"有准备有步骤地完成华北局所给调干任务。第一是发出为迎接全国胜利大量提拔培养干部的指示，配备副职。12月一个月共提拔地委和相当于地委（级）干部32人，县（委）书记25人，县委（干部）134人。第二是于12月底召开地委组织部长联席会，具体研究调干任务"。[1] 冀鲁豫五地委"十月曾发出大量提拔培养干部指示：各县大量办训练班，在此精神下提了2个县委正书记，2个县委副书记，14个县委15个县级副职，245个工作员，181个区级干部，副职是一面充实组织机构，一面学习工作，将来调出后易于接受工作，使工作不因南调受到多大影响。我们认为这样作是有成绩的，但做的还很不够"。[2]《人民日报》1949年2月报道冀鲁豫区各地集训干部胜利完成，"由（1948年）八月至十二月底为止，全区共开办训练班一百五十一期，共训练了三万三千八百四十八人"。"以六专区（即鲁西北——引者注）为例"，"训练的程序上，一般是先从讲形势，整党目的入手……解除顾虑，稳定情绪。接着再讲政策，联系实际，检查工作，达到学用结合。然后讲党员基本知识与整党教育，并结合进行检查反省，提高觉悟。最后再进行总结、测验、鉴定。训练时间多为半月左右，较长者三周至四周，最短者十天。参加学习的学员，一般的均获得很大收获"，学员来时"有的挂家怕提拔，怕外调等等。经过进行整党教育和党的基本知识教育后，认识了治病救人的目的，启发了觉悟，开展了批评与自我批评，检查了错误。郓城在结合基本知识的教育中，讲了长征及李大钊、方志敏等同志的壮烈事迹，学员被感动得哭的很多，诉苦表功的思想也一笔勾消了。从诉苦表功很快转向了检查自己，并激发了责任心与工作情绪……从训练班中提拔了一批小区干部，据不完全的统计：东阿、筑先等八县，已提拔脱离生产的干部有一百七十五人，半脱离

① 《冀鲁豫区党委就南调干部问题向华北局的报告》（1949年3月），《中共冀鲁豫边区党史资料选编（第三辑）·文献部分》（下），第512页。

② 冀鲁豫五地委组织部：《动员南下干部工作总结报告》（1949年3月15日），山东省档案馆藏，案卷号：G052-01-0098-008。

生产的十五人"。①

一些地、县通过县学（党训班）等提拔干部。华东局在南下新区工作指示中明确要求："各地委和县委应开办区村干部训练班，训练大批区村干部，提高区村干部的思想作风、政策水平和工作能力，以便提拔大批村干部来建设乡级的党支部和乡政权的组织，并提拔大批区村干部来充实区县党政军民的组织。"② 如胶东区北海地委提拔新干部，"最基本的是两种方式，一种是通过县学，一种是通过日常工作提拔之。但无论用哪一种方式，都是必须在深入战争动员后思想提高的基础上，用自报公议或公报公议评比，最后领导批准的群众路线的做法。现各县提拔村干部大部分是都采取了以上的办法。但这种方式不仅适用于提拔新干部，也适用于提拔脱离生产的老干部，如龙口有几个区在区干会上用评比的办法开展了争论，充实了区的机构，同时在组织上无论用什么方式提拔，但最基本的问题——也可以说是关键，就是深入战争动员，使群众认清形势，明确前途，提高阶级觉悟，明确战争性质，使群众自觉的要求工作。只有在这种思想基础上提拔干部，群众路线容易发挥，才能使干部工作有效的争出主动，干部政策也容易掌握。如有的县区是掌握了以上的办法与关键，不仅很快的充实了机构，而且所提拔的干部一般的质量都是好的，有的县区单纯的任务观点，即便挖出个来，思想上也很勉强，没有把握"。③ 该地委下辖"各县县学第一期早已结业的受训的学员一般的是 150 到 200 名，从中提拔的干部一般的是 20 到 50 名，余者回村有的仍就原职，有的将村支干部调正一下子。第二期又将结业。为了春耕前普训完，在这期有的县份招了 300 到 400 学员，如黄县、北招、蓬莱等县便是。关于地委党训班第三期于十二月廿八号结业，共结业学员 215 名，留地委 39 名，参加了工作，现已到蓬莱帮助工作。至

---

① 《冀鲁豫各地 集训干部胜利完成》，《人民日报》1949 年 2 月 16 日，第 2 版。
② 《中共华东中央局关于执行中央准备五万三千干部决议的指示》（1948 年 12 月 25 日），《山东党史资料文库》第 25 卷，第 455 页。
③ 北海地委组织部：《关于南下干部准备情况的报告》（1949 年 1 月 14 日），山东省档案馆藏，案卷号：G024-01-0332-011。

于第四期计划招收三百名，本月十五号开学，这三百名内新提拔的干部30%，粮食干部19%，分区委员9%，其余者是调一般干部，时间是两个月"。①

在渤海区，1948 年 10 月，区党委发出《关于县学问题给各地委县委的指示信》，指出："县学（即党训班）是培养乡村干部的短期训练班，要求以时事教育、党的基础知识、划阶级定成份政策和生产政策为主要教育内容，使学员初步树立为人民服务的思想和正确的工作方法。据此，一、二地委迅速布置各县委在今年冬季普遍举办'县学'，培养乡村干部，为抽调干部到新区工作奠定了基础。"②"广饶、利津、垦利三县组织的第一期县学，共培训党员干部约 450 人。通过举办县学，各县培养了一大批新干部，为以后抽调大批干部南下和补充新干部奠定了基础。"③

在滨海地委，"为适应形势迅速发展及当前工作的需要"，1948 年12 月专门召开全区组织会议，"对提拔培养干部问题进行了详细讨论"，总结了迅速提拔干部的五大经验：一是开办县训练班。"选择好的村支书及支委到县训练学习，进行时局前途及党性教育，结合讲解党的各种基本政策及作风教育。""第一期训练班 54 个学员中，已提拔为区乡干部的有 50 人。第二期 107 个学员中，经审查合乎条件能提拔 87 人。"二是"县区根据干部标准规定，直接提拔至区乡工作"。三是"成立乡支委会，增加不脱离生产乡支委员，其方法是选拔或吸收较好村支书、支委参加，既能健全组织开展工作，亦能培养提拔村干"。四是"带徒弟方式。即抽调有发展前途之村干，一面工作一面培养教育"。五是"注意在支前民工中有计划的培养提拔干部"，如莒南、日照等县已开始在支前担架队、运输队中选择提拔对象。会议同时批评了"若干偏向"，如有的地区"认为在土改运动中才能提拔干部，没有认识到生

<hr />

① 北海地委组织部：《关于南下干部准备情况的报告》（1949 年 1 月 14 日），山东省档案馆藏，案卷号：G024-01-0332-011。

② 中共德州地委党史资料征集研究委员会编：《中共德州地区党史大事记（1921 年 7 月至1949 年 9 月）》，山东人民出版社 1990 年版，第 234 页。

③ 薄文军等编著：《垦区——山东战略区的稳固后方》，中共党史出版社 2005 年版，第233 页。

产、支前也是群众运动，同样可提拔干部"，"有的对新提拔的干部只使用，不注意培养教育，使新干部缺乏工作信心"。"会议最后进行总结，指出：由于形势迅速发展，今后必须大量培养提拔干部，以适应形势和工作需要。"①

在今淄博市的各县区（当时分属渤海区三地委，鲁中南区淄博特委和二地委），"通过举办党员和党外知识分子训练班选拔。1949 年初，一些地方召开培养新干部会议，针对新干部'怕远调''工作犯愁'等思想包袱，县委要求区委以老带新，对新干部加强整体教育和形势教育，既分配任务，又交待方法，使新干部树立解放全中国的信念，并采取集中学习、共同解决的方法，使新干部迅速成长"。②

同时，"为了避免发生偏差"，各地在提拔新干部时强调了干部提拔批准的程序，所有干部也都应做好南下准备。"县委部长以上干部均经地委讨论报告区委批准，分区委员以上干部经县委讨论报告地委批准，地委以上干部经区党委研究报告华东局批准，并收新老区干部同时对比研究。即以此次调新区之干部还是执行了华东局决定的原则。除根据干部的能力质量，强者调往新区外，在作风上身体上与政治情况，也适当的注意到适合开展新地区的干部调往新区工作。"③

当然，南下前进行的迅速提拔新干部让其南下的工作，在实践中，也存在有些干部思想上不通的情况。如冀鲁豫六地委徐翼县有的干部南下"论堆"④不去，其理由是"确定区长没三天没接交即南下"，"如果任职一个月叫南下，也没啥问题"。⑤这就要求基层政权不仅运用组织手段（如组织提拔）激励干部，更应切实进行思想教育以提高干部觉悟。

---

① 《滨海前段生产支前中 培养提拔干部千余名》，《大众日报》1948 年 12 月 16 日，第 2 版。

② 中共淄博市委党史资料征集研究委员会：《中共淄博地方史》第 1 卷，山东人民出版社2001 年版，第 512 页。

③ 胶东区委组织部：《南下干部的准备情况》（1949 年 2 月 20 日），山东省档案馆藏，案卷号：G024-01-0305-005。

④ "论堆"在山东方言中指"自甘落后"的意思。

⑤ 《徐翼县政权南下不去论堆的干部情况》，聊城市档案馆藏，案卷号：14-27-225-3。

（五）结合"反对无纪律无政府状态"，展开动员

"反对无纪律无政府状态"，在山东地方党的文献资料中又称"反对无组织无纪律状态"或"反对无组织无纪律无政府状态"，是解放战争中后期中央针对党内产生的一些较为严重的无纪律无政府状态而发起的一场整顿干部作风的运动。在山东地区以及整个华北的南下动员中，各地普遍结合了这场"反对无纪律无政府状态"运动来开展南调动员工作。

1948 年 9 月，中共中央在河北省平山县西柏坡召开政治局扩大会议。毛泽东在会上做了关于国际形势、战略任务、经济统一以及加强党的组织纪律性的报告。会议以"军队向前进，生产长一寸，加强纪律性，革命无不胜"为中心议题，做出了《关于执行请示报告制度的决议》，要求用最大的努力克服无纪律和无政府状态，克服地方主义和游击主义，这是党中央在新形势下发出的战斗号召。① 以往学界对该运动研究较少。那么，什么是无纪律无政府状态呢？"纪律是什么？在一个组织里边，必须有一定的制度和规矩，要大家都来遵守。这种制度和规矩，就是纪律。比如军队里有军纪，机关里有机关的工作纪律和生活纪律。共产党的纪律就是：个人服从组织，少数服从那个多数，下级服从上级，全党服从中央。为什么要有纪律？因为我们要完成革命事业，全党必须同心协力，几百万党员说话、做事，要整齐得像一个人，这样才不会乱七八糟，才能力量坚强，战胜敌人。无纪律无政府状态，就是在工作当中，生活当中，违犯纪律的现象。无论看问题、做事情，都是从个人出发，或者从本单位、本地出发，不照顾大局，不服从组织，不服从多数，不服从上级，不执行党的政策。"② 为什么必须克服它？"无纪律无政府状态，对革命事业害处很大，妨碍领导统一，分散我们的力量，政策不能贯彻，工作容易发生错误。现在解放战争大胜利，解放区已经

---

① 魏明铎主编：《中国共产党纪律检查工作全书》，河北人民出版社 1992 年版，第 1218 页。

② 《什么是无纪律无政府状态》，《江海大众》第 2 期，1948 年，第 7 页。

联成一片，局面大大发展了。整个工作联系更要密切，一切政策的办法，都需要统一。再说，我们快要在全国得到胜利，敌人将要完全消灭，在这紧要关头，我们也必须加强力量，反对无纪律无政府状态，才能彻底消灭敌人，取得全国胜利。"①

"无纪律无政府状态的表现很多"，包括"一、对党的政策和上级的指示，不好好的研究，不认真的去执行，平日连报纸都不看，甚至把政策和指示扔在一边，自己想怎样就怎样干。二、碰到大的问题，有关原则和政策的，自己随随便便的处理，不向上级反映，有时候还欺骗上级，把自己的缺点掩盖起来，或是把自己的成绩夸大。三、工作疲疲塌塌，任务不抓紧完成，发生问题不立刻解决，只是拖来拖去，应付差使，不负责任，甚至轻视工作，重视私人的家常事情。四、不顾全大局，不照顾整个的工作，只看见自己的或本部门的工作。五、不服从组织调动，不安心工作。比方不愿离家，调他到别处工作，他就闹别扭，不高兴，甚至公开抗拒"等。②"无纪律无政府状态"在当时山东各地干部南调工作及其他日常工作中有所体现。

两大中央局（华东局、华北局）对南下组织动员结合反对"无纪律无政府状态"都有明确要求。

华东局在1948年12月《中共华东中央局关于执行中央准备五万三千干部决议的指示》中指出："各级党委、各部门的负责同志，应加紧进行思想的政治的组织的动员，配合反对无纪律无政府状态的教育，应在党委统一领导和布置之下，通过组织部门有计划的、有步骤的分工合作来完成准备干部的任务，克服过去干部调动时的简单化与单纯任务观点的错误。"③1949年1月《大众日报》社论指出了华东局的南下动员面临的困难及其举措：对于动员南下干部问题，"我们不要盲目乐观，我们准备干部问题上还有很多困难……我们某些党政军民中，还

---

① 《什么是无纪律无政府状态》，《江海大众》第2期，1948年，第8页。

② 《什么是无纪律无政府状态》，《江海大众》第2期，1948年，第7页。

③ 《中共华东中央局关于执行中央准备五万三千干部决议的指示》（1948年12月25日），《山东党史资料文库》第25卷，第453页。

存在某种程度的无纪律无政府状态，地方主义游击习气，以及某些干部中存在着落后的狭隘的地方观念，不愿远离家乡等倾向"。"我们必须加紧进行思想的政治的组织的动员，配合反无纪律无政府状态的教育，在党委统一领导和布置之下，通过组织部门有计划的、有步骤的分工合作起来完成准备干部的任务。"①

华北局在 1949 年 1 月 29 日《华北目前形势与一九四九年的任务》中指出，一方面，"中央所分配南下的一万七千干部，保证及时征调，并给以必要的思想和政策的训练"；另一方面，"党内应继续开展反对无纪律、无政府状态的斗争。一九四九年任务繁重，必须继续反对无纪律、无政府状态，才能保证任务的顺利完成。半年来，各地对此，都有成绩，但不平衡。中央规定军队团委以上，地方县委以上于 3 月底以前，做出关于此事的决议，必须按期完成，并将反对无组织、无纪律、无政府状态的斗争贯彻到今后一切工作中去。实行毛主席的指示，不骄不躁，谨慎谦虚，实事求是。继续保持艰苦奋斗的传统。今后党的任务更繁重了，必须努力学习，把新民主主义国家建设好"。②

1948 年秋至 1949 年春，山东各区党委在南下动员工作中基本都明确要求结合这场"反对无纪律无政府状态"（有的地方称"反对无组织无纪律状态"或"反对无组织无纪律无政府状态"）运动来教育干部，推动南下动员工作。可以说，将南下动员工作与"反对无纪律、无政府（无组织）状态"相结合，是山东各区在南下新区动员工作中的一个特点。

鲁中南区党委在《关于执行华东局准备一万五千名干部外调任务的指示》中要求："全党同志以敢于胜利的决心，到新区为人民服务，树立正确的发展新区的观点，同时加强纪律性的教育，反对无组织无纪律状态，去留服从组织决定，防止私人活动、非党的非组织的现象的发

---

① 《社论：提拔和培养大批干部　迎接全国革命胜利！》，《大众日报》1949 年 1 月 24 日，第 1 版。

② 《华北目前形势与一九四九年的任务（接受中央一月政治局会议决定的决定，一月二十九日华北局委员会通过）》，《建设》第 15 期，1949 年，第 3 页。

生。"①济南市委在《关于抽调南下干部问题的总结》中指出，市委在南下动员工作中特别强调了"反对无政府无纪律状态，加强纪律性，本单位服从组织的统一分配，个人服从组织调动"。②

　　冀鲁豫区党委 1948 年 10 月 15 日在《冀鲁豫区党委关于无纪律无政府状态的检查给华北局的报告》中认为，"（一）历史根源：8 年游击战，2 年多的爱国自卫战，长期游击与根据地被分割的环境，造成一种分散主义、地方主义、游击习气，形成无纪律、无政府状态。（二）工作上的经验主义，不调查研究，忽视学习理论，形成政治上麻痹。（三）个人主义，党性不纯，群众观念不强"，③导致该区存在较为严重的无纪律无政府状态，决定将有关文件复印发到地委、旅委，以身作则，自上而下地进行学习检查，"为有效地进行反对无纪律无政府状态，区党委拟于 10 月下旬，在（黄）河南召开各地委、旅委、分区党委主要负责干部会议，报告传达讨论"。④10 月 18 日，冀鲁豫区党委正式发布《冀鲁豫区党委关于开展反对无纪律或无政府状态的指示》，认为"无纪律无政府状态在我区是比较普遍的存在"，基于以上检查，"区党委认为有必要在我区党内、军内、政府、民众团体及一切机关、学校中，从现在到年底，结合中心工作，开展有组织、有领导、有系统地反对无纪律无政府状态"。⑤11 月 14 日，区党委书记潘复生在区党委扩大会议上的总结报告中说："反对无纪律无政府状态，建立统一集中的，有战斗力的党，争取全国胜利，就必须下级服从上级，全党服从中央，少数服从

---

① 鲁中南区党委：《关于执行华东局准备一万五千名干部外调任务的指示》（1949 年 2 月 1 日），山东省档案馆藏，案卷号：G030-01-0055-001。

② 济南市委组织部：《关于抽调南下干部问题的总结》（1949 年 3 月 13 日），济南市档案馆藏，案卷号：1.4.10。

③ 《冀鲁豫区党委关于无纪律无政府状态的检查给华北局的报告》（1948 年 10 月 15 日），《中共冀鲁豫边区党史资料选编（第三辑）·文献部分》（下），第 235 页。

④ 《冀鲁豫区党委关于无纪律无政府状态的检查给华北局的报告》（1948 年 10 月 15 日），《中共冀鲁豫边区党史资料选编（第三辑）·文献部分》（下），第 235 页。

⑤ 《冀鲁豫区党委关于开展反对无纪律或无政府状态的指示》（1948 年 10 月 18 日），《中共冀鲁豫边区党史资料选编（第三辑）·文献部分》（下），第 241 页。

多数，个人服从组织；反对个人主义，地方主义与闹独立性。"①

革命战争年代，中国共产党特别强调干部的组织纪律性。具体到各县，在南下动员工作中结合反对无纪律无政府状态，要求干部提高思想站位，对上级要求与指示不能"打折扣""不报告"，克服"地方主义""个人主义""本位主义"，健全党的领导，消灭南下动员中出现的无纪律无政府现象。如冀鲁豫九地委南峰县（即朝城县，今属山东莘县）指出，"虽然我们过去反对无纪律无政府状态，但很多同志在这方面接受的很差，如不加强组织观点的教育，我们很难完成调干的任务，因此我们又强调了加强组织观点的教育，使大家讨论什么是组织观点，弄通思想后，表明对调干的态度，因此有些干部认识到服从调动是党员起码条件，上级调动绝不打折扣，也了解到不因南下而影响工作"。②该区九地委阳谷县委，"在干部动员大会上开始结合处理某些干部的无组织无纪律的行为以教育干部，表扬了南下光荣，批判了某些地方观念的调动自私自利的错误观念，树立了方向，教育了干部"。③观城县政府在《南下干部情况报告》中指出："由于时局的飞跃发展，和领导上响亮的提出反对无组织无纪律和无政府状态，同时加强干部的学习。我县领导上特别注意起来，响应了上级的号召，具体建立了学习组织，划分了学习单位，指定了学习材料，规定了学习制度，加之领导人的带头认真，在一二两个月的时间中，干部一般来说阶级觉悟上政治水平上都提高了一步，每个干部都认识到今后我们不论对上对下不管那个部门全要正规起来，我们就要很快的胜利，要解放全中国，管理各个大城市和全国的农村，我们需要干部，需要很多的干部，天津解放、北平和平解决，我们要过江，救出江南的广大人民来，这些问题是每个干部脑子里天天周旋的东西，服从革命利益呢，还是服从个人利益呢？是不断的斗争着。总

---

① 中共河南省委党史工作委员会编：《潘复生同志在区党委扩大会议上的总结报告》（1948年11月14日），中共河南省委党史工作委员会编：《风雨春秋 潘复生诗文纪念集》，河南人民出版社1993年版，第112—113页。

② 《南峰县二月份组织工作月终报告》，聊城市档案馆藏，案卷号：2-1-38-4。

③ 冀鲁豫九地委组织部：《南调干部工作总结及调整组织训练培养干部的意见》（二月份报告），聊城市档案馆藏，案卷号：2-1-46-9。

之，一般干部因为局势的猛进在精神上是兴奋的，思想方面在现有的基础上提高了一些，如家庭观念、地区观念由大变小、由小变无，仍有百分之五十的由这一段才确定了革命人生观。"④

菏泽县在南下动员中，以"反对无纪律无政府状态"为抓手，由县委会召开"全县干部活动分子大会"，"（1）讲形势，使每个同志对形势有个清楚的认识。（2）由县委会作反无纪律无政府状态示范报告，对干部有个大的启发，后根据部门人之间熟识划分小组，首先对部门进行深刻检讨往前所犯的无纪律无政府状态后，联系到本身特别强调了反无纪律不服从调动。（3）号召每个同志都作南下准备，说不着摊着谁，并说明不服从调动坚决以纪律制裁"。⑤很多干部尽管家庭困难很大，仍表示要坚决克服无政府无纪律状态，克服地方主义、游击主义，既然上级做出了决定，对于参加革命工作的同志来说，应该无条件地服从。

（六）结合年关鉴定，进行干部教育

干部年关鉴定工作，是中国共产党干部考核的常态化工作。在每年年关（多为旧历年），各级组织部门要对全体干部进行年关鉴定工作。鉴定的主要内容包括干部的思想认识、工作作风等，对每个人一年来工作、学习情况进行总结，明确干部优缺点与未来努力方向。鉴定结果要填表存入档案。由于此次干部南下动员工作时间正好与旧历年关重合，因此年关鉴定工作成了南下动员工作的必备步骤之一。

各地年关鉴定方式不尽相同，有的以自上而下方式为主。冀鲁豫区党委明确规定："南下干部在集合前必须进行鉴定，有组织问题者，可根据材料作出适当结论，材料不足者可以保留，每人必须自带整党登记表及鉴定表，有嫌疑问题者，不准自带材料，由组织带走。"⑥一些县的

---

④ 观城县政府：《南下干部情况报告》，山东省档案馆藏，案卷号：G052-01-0228-007。

⑤ 《菏泽县南下干部总结》（1949年3月），山东省档案馆藏，案卷号：G052-01-0237-008。

⑥ 冀鲁豫区党委：《南下干部集中整训办法》（1949年2月5日），山东省档案馆藏，案卷号：G052-01-0073-005。

年关鉴定以组织上的集中审查和评定为主要方式，冀鲁豫九地委在"南调干部工作总结"中指出："年关，各县干部都作了鉴定，审查了每个干部的思想与立场，审查和评定每个党员的条件，结合学习怎样作一个共产党员，检查无组织无纪律，结合南调任务，表扬好的，批评坏的，分是非，明确方向，树立党员个人无条件的服从组织的原则。各县在这一工作上也是贯彻把干部在政治上思想上提高一步的精神上进行的，不是为鉴定而鉴定，单纯找出几个错误的问题，重视和强调通过这一工作，把干部的思想提高一步，这一工作以观城县委贯彻的较好，阳谷、寿张、濮县贯彻的较差，观城县委曾在一月廿四、廿五、廿六日三天内以区为单位，县委分头作鉴定动员和掌握这一工作，批评和自我批评开展的也较好，好些问题在干部思想上划清了界限，明确了是非。年关鉴定在各县干部中都已在政治上思想上纪律上提高了一步，也奠定了干部自觉南下的思想基础。"[1] 冀鲁豫六专署在《南下干部总结》中指出：在十五天的南下准备工作中，"通过年关鉴定进行组织与纪律教育；在鉴定中以加强国家观念，个人利益服从革命利益，反对地方观念、家庭观念、保守自私为鉴定之一项"，年关鉴定是南下干部动员工作的重要步骤。[2]

　　一些县将自上而下的审查鉴定与个人反省相结合，并结合"反对无组织无纪律状态"，积极营造南下动员氛围。如冀鲁豫五地委"各县普遍都做了年关鉴定干部，清算一年来错误思想及行动，主要是检查无组织无纪律思想及行动，增强组织观念，检查和平思想，加强斗志，将革命进行到底，树立革命人生观。到江南去解放全中国引导南下思想进行酝酿，不作具体人的动员，不报名"。在南下动员中发现，"有许多干部个人利益和群众利益弄不清，没有确定革命人生观，个人和组织关系是组织观念薄弱，在这样情况之下调大批干部南下是困难，不解决这两个问题就不能完成南调任务"，为此，地委进行"两个结合"工作，一是

---

① 冀鲁豫九地委组织部：《南调干部工作总结及调整组织训练培养干部的意见》（二月份报告），聊城市档案馆藏，案卷号：2-1-46-9。

② 冀鲁豫六专署：《南下干部总结》（1949 年 3 月 1 日），山东省档案馆，案卷号：G052-01-0213-003。

"结合学习'光荣的岗位在前线'，'将革命进行到底'，求得目前形势有正确了解，树立将革命进行到底并到前线的光荣岗位去，终身为革命事业奋斗到底人生观"，二是"结合学习反对无组织无纪律，在年关鉴定时反省个人无组织无纪律的错误，并提出今后努力方向，加强了组织观念与国家观念"。"经过这一段的思想教育和组织纪律教育之后，干部提高了一步，在年关鉴定时，定陶干部自动报名的有 100 多人，复程①也个别干部报名南下，年关之后仍进行这一思想准备工作。"②

　　一些地区对于鉴定工作采取分组方式，大家互相提意见，个人对领导提意见，以增强干部组织观念，"同样不调的同志也感到是个提高"。如渤海区一地委在南调中的具体鉴定方式是："各组并分头进行鉴定，方式一般是：（1）是个人检讨，但多数是提缺点多，优点少，表示很虚心。这是被调动干部一般的特点。（2）大家互相提，而多数优点多，缺点有的提的不足，有的县个别区（清远城关区）缺乏从分析中提高干部认识缺点，尤是新干部。（3）个人对领导提出意见（对各方面的），大家互相提努力方向——在这一过程中，各县区干部都表现了很慎重虚心，仅个别县因思想领导不充分做的差些，群众性的鉴定不足，个别光是组织上提些意见，表现不够慎重。多数同志在互相感动之下，互相交换意见，介绍情况，表现的很热情"，有的同志"感动的流下泪，他说：'我长出门，家里老的（指父母）也没像这样的嘱托过，我一定为群众服务，向群众学习努力工作，并且叫同志们放心。'"③

　　结合年关鉴定进行南下动员是卓有成效的，促使干部们通过反思、反省，愉快地接受南下任务。1949 年 2 月 14 日《冀鲁豫日报》以《到

---

① 复程县，在山东省西南部，由冀鲁豫边区设立。1943 年 9 月，冀鲁豫边区为纪念在抗日战争中为国捐躯的袁复荣专员和朱程司令员，撤销设在成武县与曹县结合部的成曹县、设在曹县南部的曹县（亦称曹南县），以袁复荣、朱程两位烈士姓名中各取一字，新成立复程县（1945 年 9 月 18 日，曹县城光复，重建曹县）。1956 年，复程县撤销建制，辖地分别划归曹县和单县。

② 冀鲁豫五地委组织部：《动员南下干部工作总结报告》（1949 年 3 月 15 日），山东省档案馆藏，案卷号：G052-01-0098-008。

③ 沧南地委组织部：《南调干部前后的干部工作综合报告》（1949 年），山东省档案馆藏，案卷号：G026-01-0123-009。

江南去帮助未翻身的群众　史殿欣同志的自我反省》为题，刊载了山东观城县一位干部在年关鉴定中"自我反省"的历程：

　　史殿欣同志，是观城一区公安助理员，在党内是分委会委员。在年关鉴定中，从入党动机检查，联系个人翻身斗争及与党的关系，提高了觉悟，靠近了党，今将其叙述过程节录如下：

　　"过去减租减息，二弟当村长领导着干。地主坏人乱反映，按□到政府去告。我那时为了打官司有根，穷人要团结一心，才能和地主干，我便参加了农会，入了党，在村工作很积极，当了村干部，翻了身，打倒了地主顽固分子。

　　前年八月党决议调我脱离生产，那时我一是为了面子，二是怕处分，勉强服从，思想上认为将老蒋打倒后，回家才有理说。既然脱离生产，就得好着干。可是到家去，家里人光拉腿，思想上经常斗争，小孩小，一说我往外调啦，老婆掉泪。因此我一听说调干部，心里也扑通扑通的跳。心里想：往后顶多再干上二、三年。家中能生活就服从调动，不能维持生活就不服从。

　　现在全国要胜利啦，局面大好！到处需要干部，我又怕调我，调远了家中受了灾荒谁照顾呢？我说在观城五区工作没意见，借口家没劳动力，小孩小，再晚上四、五年，小孩十五、六岁啦，那时调我，我才服从。这种□□流通券（即只能在本县工作的意思）思想越想越不对，咱翻身啦，就不管别人的事啦！我的翻身是过去从山西来的老八路军，老干部来领导的。过去我家□地皆无，种老坟地；现在有了地，有了饭吃。但是国民党统治区的人民还没解放哩！咱是党员干部，也得帮助江南的老百姓求得解放。

　　我不愿外调，不愿离家，一是忘本思想，一是家庭落后观念。因此，致使个人不能无条件的服从党，个人恋家，叫党服从个人，这是自私自利思想，如不扭转过来，就和党疏远了。现在党教育了我，提拔了我，给了政治地位，是叫我为人民服务呢，这就对不起党，对不起人民。想起解放军在前方，比咱辛苦得多。现在想起来自己不愿离家，不服从调动是不对的。今后只要革命需要，上级调我，我一定能服从调的，就是家庭拉腿也要说服，家庭真不通，上级决议了也能服从，并能做到调出去能安心工作。"[1]

正如东海地委在总结南下情况时指出：南下干部们"在鉴定中结合打通思想，进一步树立整体观念，全胜观念，提前打下愉快接受任务的思想基础"。[2]

（七）发扬民主、自报公议动员南下干部

有的地区采用了各县动员参军（土改）时使用的主要方法，即发扬民主、贯彻群众路线，"自报公议"，来确定南下干部。如胶东区的乳山县"是在全体干部会采取自报公议、领导批准的方法，其实领导上早已研究好，我们认为这样方法□很好。总之这次抽调干部都还是有组织的进行的"。[3]昌潍特区益都、益临等县"在选调方法上，按照'公开动员、干部带头，自报公议、组织批准'的原则进行，对应选者的实际困难要尽量帮忙解决，以免有后顾之忧"。[4]渤海区四地委无棣县"经过自报公议、组织批准，按照地委分配的人数，抽调了干部一百一十五名，勤杂人员四十四人，共计一百五十九人（其中党员九十五人，非党员六十四人）南下江南"，[5]较快完成了南下动员任务。当然，"自报公议"也有一定缺陷，完全靠自报公议确定南下干部也是不行的。1949 年 1 月 8 日，冀鲁豫区党委组织部长刘晏春在地委组织

① 《到江南去帮助未翻身的群众 史殿欣同志的自我反省》,《冀鲁豫日报》第 1556 期，1949 年 2 月 14 日，第 4 版。

② 东海地委组织部：《南下干部简单情况汇报》（1949 年 2 月 25 日），山东省档案馆藏，案卷号：G024-01-0332-003。

③ 胶东区党委组织部：《南下干部的准备情况》（1949 年 2 月 20 日），山东省档案馆藏，案卷号：G024-01-0305-005。

④ 中共青州市委党史研究室编：《中共青州地方史》第 1 卷，中共党史出版社 2006 年版，第 460 页。

⑤ 《组织干部南下支援新解放区》,《无棣文史资料》第 2 辑，第 145—146 页。

部长联席会议上对各地委提出，"批驳自报公议，但准许自觉自报，上级批准"。刘晏春指出，"自报公议是在超过外调任务时，大家可以评议一下谁可去谁不可去，其目的是为了照顾工作，取得意见一致，是可以的。但在下面执行中容易发生简单化。在干部南下的思想不成熟或任务完不成时公议谁去容易变成强迫，而代替政治思想教育工作。但进行自觉自报上级批准时，必须充分地加强政治思想教育工作，同时在批准时要慎重考虑，切实了解其思想本质，避免批准再不去，到无奈何时执行组织纪律制裁的手段。但既经详尽的分析，慎重的考虑，而决定抽调之后，则必须使之服从组织，否则执行纪律方在所不惜"。①对于有的地方"有本位思想……如对调干顶数和在决定干部人选时不根据工作需要来决定。如八地委举手表决决定干部"南下的做法，区党委进行了批评。②

（八）大会动员、小组座谈、个别动员与模范引导

大会动员、小组座谈、个别动员与模范引导，是各县南下动员中较为常见的几种方式。如华东局的东海地委各县在南下动员中普遍运用了大会动员、小组座谈、个别动员相结合的方式。东海地委在南下动员前即要求："此次调集干部，县委最好结合召开一次区干扩大会，结合布置当前工作，进行深入的广泛的政治动员与战争动员，使调动与留任干部均能做到愉快接受到新区工作和安心在原地工作。"③在动员方式上，"各县一般是召开了县区扩大干部会议，一种是大会动员，小组座谈，酝酿自报，再经组织批准。另一种是讲明目前形势，根据形势开展和工作要求，提出要大批干部南下，接受光荣任务，接着提出南下干部名单，动员后，由小组座谈，主要了解干部思想情况，有那些意见，对接受任

---

① 《刘晏春同志在地委组织部长联席会议上的总结报告（节录）》（1949 年 1 月 8 日），《中共冀鲁豫边区党史资料选编（第三辑）·文献部分》（下），第 374 页。

② 《冀鲁豫区党委就南调干部问题向华北局的报告》（1949 年 3 月），《中共冀鲁豫边区党史资料选编（第三辑）·文献部分》（下），第 511—512 页。

③ 东海地委组织部：《南下干部简单情况汇报》（1949 年 2 月 25 日），山东省档案馆藏，案卷号：G024-01-0332-003。

务的态度，如何保证"。①

大会动员是迅速营造南下氛围的有效方式。这种方式效率较高，易使大批干部受到南下氛围感染，积极自报。很多县常采用这种方式。渤海区一地委振华县②"是年12月初，于县城文庙（现县招待所处）召开了三级干部大会，对全县干部进行动员。会期两天，第一天上午由县委副书记石青作动员报告，下午讨论，晚上各区汇报。第二天上午县委审查核实定案，下午公布走（南下）留（坚持本地工作）名单，接着大会发言表态，做到走者愉快，留者安心。会后，南下干部放假四天，第五天到县集合，这次组织部南下工作，从动员到集中只用了七天时间，全县干部都按时到县"。③

小组讨论、分组座谈等方式，能够更好地使干部剖析、检查自己，解决干部思想上的实际问题。有的地方没有强调举行大会动员，而是在前期思想准备基础上，进行分组动员。如冀鲁豫七专署（济宁地区）"自淮海战役胜利结束后，部队准备过江，在每个干部脑海中，都蕴藏着这一思想，未暴露出来。即至学'将革命进行到底'文件后，每个干部结合研究文件，暴露了自己的思想，一时南下空气非常浓厚，差不多都表示南下无问题，至抽调南下干部任务到来后，专署机关以为有过去思想酝酿的基础，未作总的动员工作（各部门自行动员的）分组酝酿，每个干部自己检查了自己，表明南下态度"。④

有的地方是由大会动员转入小组座谈。胶东区党校总结指出："由大会转入小会组织座谈——这一环节是领导上掌握能否胜利完成任务的重要环节之一，是每个同志思想斗争最紧时与暴露个人问题最具体

① 东海地委组织部：《南下干部简单情况汇报》（1949年2月25日），山东省档案馆藏，案卷号：G024-01-0332-003。

② 振华县，现名宁津县，属山东省德州市管辖。

③ 石青：《宁津县南下干部概况》，中国人民政治协商会议山东省宁津县委员会文史科编：《宁津文史资料》第11辑，1991年，第35页。

④ 冀鲁豫七专署民政科：《调南下干部工作报告》（1949年3月10日），山东省档案馆藏，案卷号：G052-01-213-5。

的时候，也是了解每个同志是否服从调动，表示态度最明显的时候。在小组座谈时提出：'为什么南下'，'南下干什么'，'我们对南下持什么态度？'等，通过这些问题的座谈后"，了解干部态度，坚定干部南下决心。①

在大会动员及分组动员中，往往通过积极分子、骨干分子的主动自报、树立典型来引导多数，增强动员效果。骨干带头自报结合由浅入深的政治动员，在历次动员工作尤其是参军运动中被认为是卓有成效的方法。②很多地区通过事先预备积极分子在大会上积极陈词、主动自报南下，做出表率来影响、鼓舞其他干部自报南下。如胶东区党校在"领导上动员结束后"，"有计划的动员干部在大会上报名，通过这一活动，让已物色与培养成熟的骨干，带头报名，宣布自己的态度"。"党校这次在布置时只让三个支部找出三个同志在大会上表示态度，结果，经过动员后，有二十多人会上报名，形成了群众性的行动。有些原来未有布置的也在会上报名了，表示愿意服从组织分配，要求最好能调南下。"③冀鲁豫九地委寿张县"干部南下情绪表示不错的原因，主要是在学习'将革命进行到底'的文件，对自己有所提高，在干部大会上，分组酝酿，典型汇报，积极分子起了带头，落后分子受到积极分子的带头影响，压倒了落后的一面，个别落后分子只得附和，谁也不肯表露出落后的态度，遭大家的唾弃"。④

冀鲁豫六地委通过组织积极分子在大会上带头报名的办法，使众多干部受其鼓舞表示愿意南下，地委总结指出："这次证明了哪个区有南下的积极分子作骨干的，问题就少；哪个区的南调干部中没有骨干，或

---

① 中共胶东区党校：《对此次动员干部南下的过程与体会》（1949 年 7 月 15 日），山东省档案馆藏，案卷号：G024-01-0400-004。
② 参见《滨北掀起群众性参军热潮　万余青年踊跃从军　由浅入深的政治动员与骨干带头是运动两大特点》，《胶东日报》1949 年 2 月 2 日，第 2 版。
③ 中共胶东区党校：《对此次动员干部南下的过程与体会》（1949 年 7 月 15 日），山东省档案馆藏，案卷号：G024-01-0400-004。
④ 《寿张县调动政权干部南下工作总结报告》（1949 年 3 月 3 日），山东省档案馆藏，案卷号：G052-01-0229-005。

者主要干部思想不通，干群问题就多，不服从调动的就多。"①冀鲁豫五地委总结称："根据各县报告及了解，大致是县委会召开区书组织委员会，传达形势及南调干部重要性，分配各区数字及动员号召酝酿报告，主要干部带头（自愿）支部保证完成任务"，"再开全体干部会，传达动员号召酝酿报名南下，再开分委会，打通分委级思想，由分委到各区去号召酝酿报名，并了解干部思想情况，谁能真南下，谁能听调动，谁真不能南下，待酝酿成熟，主要干部带头报名，不能心急，带头起很大作用。那个区主要干部不报名，其他干部观望不报，如齐滨②范连珠（区书）不报名，全区只有一个妇女同志报名和一个工作员报名。主要干部能报名，能带上一大些。曹县和其他县略有差别，曹县是先以县为单位，集中全县干部先开党员大会，讲形势及南下意义，号召党员起报名南下的带头作用和模范作用，然后开全县干部会议，动员号召报名南下，以上两种方式都贯彻了一个精神，打通各级干部思想，造成南下光荣空气，采取自觉自愿自动报名，主要干部带头支部保证，一般的来说是成功的"。③

个别动员也是重要的动员方式，一般需要在充分营造南下氛围的基础上进行。在前期思想酝酿基础上，通过个别动员，对没有自报南下的干部，或对南下存在种种顾虑、思想不通的干部或意志不坚定的干部进行个别谈话，深入动员，往往能打通个人思想，坚定南下信念，取得较好成果。相反，没有经过南下氛围的营造就直接公布南下名单，根据名单再动员的话，则往往会出现问题，动员不通。如东海地委指出，"文

---

① 冀鲁豫六地委：《南调干部工作总结》（1949 年 3 月），《一切为了前线（上）聊城地区党史资料第 15 辑》，第 95 页。

② 齐滨县，在山东省西南部，同山东西南部的复程、安陵、南华、郓北、郓巨等县类似，均为革命战争期间冀鲁豫区在原数县交界的控制区域新设立县份（"边联县"）。1943 年8 月，鲁西南地委、专署为纪念抗日战争时期病故的鲁西南抗日根据地的主要创建人之一刘齐滨烈士，析曹县西北部地区，新设齐滨县。1949 年 8 月平原省成立，同时撤销一部分在战争期间形成的边联县，将齐滨县并入曹县，1952 年平原省撤销，该县原辖地重新划归山东省。

③ 冀鲁豫五地委组织部：《动员南下干部工作总结报告》（1949 年 3 月 15 日），山东省档案馆藏，案卷号：G052-01-0098-008。

登（县）则先公布提拔及南下名单，然后动员，因而伸腿^①九名"。^②

二 山东地区的南下选调工作步骤

关于山东地区选调南下干部的具体工作步骤，有的区党委做了较为详细的规定，另一些区党委仅做了较为概括的指示，主要由各地在实践中具体把握。如鲁中南区党委对南下选调工作的步骤规定较为简略，主要强调了思想准备与组织准备工作，以及干部南下前需要交接原有工作。有的区党委则规定较为详细。如冀鲁豫区党委规定：

工作步骤：

1. 地委回去在地委会上作详细研究后，召集县委组织部长联席会议，汇报情况，分配任务，作出详细计划带回县委。

2. 在干部中普遍地加强政治教育（形势教育、前途教育）、阶级教育、党的教育，以提高政治觉悟与阶级觉悟。另一方面加强干部的组织管理工作，严格组织生活，加强纪律性，克服乡土观念、地方观念，树立国家观念、组织观念，充分酝酿南下问题，启发自觉性，并适当地解决干部的困难问题。

3. 县委回去详细而慎重地研究制定具体计划，一方面要普遍加强政治教育、阶级教育、党的教育，一方面要作细致的组织准备工作：统一计划干部，调查干部思想并解除其思想顾虑，哪些干部能走，哪些干部确不能调，哪些干部坚持工作，哪些调出，以及调出后的干部配备。这是精密细致的组织工作。再就是调查解决干部的家庭生活、生产代耕等各方面的具体困难，

---

① "伸腿"一词，在1949年山东地区南下动员相关文献中常常出现，其含义指干部不接受组织安排的任务，自甘落后。与之含义相类似的、当时基层文献中常用词语还有"弯腰""躺倒""落水""论堆"等。从地域看，鲁西地区常用"论堆""弯腰""躺倒"等词，鲁东地区常用"伸腿""落水"等词。

② 东海地委组织部：《南下干部简单情况汇报》（1949年2月25日），山东省档案馆藏，案卷号：G024-01-0332-003。

以减少干部的顾虑。并要求普遍地核查优军代耕工作，将此工作提高一步。

4. 在政治动员与组织准备工作以及干部中酝酿成熟时，即召开会议公开动员，自愿报名南下和服从组织调动相结合，分配各区数目并确定人选，然后集中（预计3月中旬）训练。[①]

总的来说，冀鲁豫区要求先进行普遍教育，提高干部觉悟，并解决干部实际困难（包括家庭生活、生产代耕各方面），使干部得到切实的物质实惠与保障，在此基础上，经过充分酝酿，再开始动员工作，确定南下名单。

从冀鲁豫区下辖的各地委、各县向区党委提交的南下总结看，在实际动员中，由于各县情况不一，接到通知的时间不一，手头面临的任务、困难不一，领导要求不一，在具体工作的步骤上差异也很大。

如冀鲁豫六专署汇报称，南下干部的动员工作及方式步骤一般是这样的：

1. 准备工作（约15天）提出南下：

（1）通过学习以新年献词"将革命进行到底"为干部学习材料，其中尤以"一九四九年向长江以南进军"并强调军队向前进工作人员也要向前进，引导大家进入讨论，暴露思想情况，分析与确定南下的干部对象。

（2）负责人（有的是县书或县长）大会作报告，并结合漫谈交谈，个别进行动员。

（3）通过年关鉴定进行组织与纪律教育；在鉴定中以加强国家观念，个人利益服从革命利益，反对地方观念、家庭观念、保守自私为鉴定之一项。

---

① 《冀鲁豫区党委关于南调干部工作布置报告》（1948年），《中共冀鲁豫边区党史资料选编（第三辑）·文献部分》（下），第332—333页。

2. 公布名单:

(1)名单公布之后,因为大部分干部都要回家,因之紧接着提出思想要肯定,意志要坚决,指出家庭后腿的可能性,如何说服家庭,不要为家庭牵扯而动摇,使干部有充分的思想准备。

(2)干部回家以后,估计到有问题的,即抓紧去找,已经为家庭牵扯而声明不能去的,即派有关系的干部去动员家庭。①

具体到冀鲁豫六专署(地委)下辖的各个县,按照专署(地委)要求,各县均须提交有统一格式要求的"南下干部总结",在总结中,首先应回答"(一)怎样动员的,经过什么步骤方式?"这个问题。

筑先县总结如下:

A. 领导上的号召及干部中的酝酿。

B. 根据干部对南下的态度及双方的工作研究对象,确定南下名单。

C. 继续鼓励与坚定南下干部的信心,对发生动摇的干部展开批评教育的思想斗争。②

博平县总结如下:

首先进行个别谈话动员,鼓起南下空气,逐渐形成普遍的酝酿,领导上即深入了解情况摸底,即根据南下编制,对照干部的思想及政治质量南下条件确定目标,进行个别动员打通思想,在方式上主要是:初步以漫谈闲扯进行个别动员,后即□动员打通思想。③

① 冀鲁豫六专署:《南下干部总结》(1949 年 3 月 1 日),山东省档案馆藏,案卷号:G052-01-0213-003。
② 《筑先县南下干部思想总结》(1949 年 3 月),聊城市档案馆藏,案卷号:14-27-225-1。
③ 《博平县府民政科关于南下干部总结》(1949 年 2 月 24 日),聊城市档案馆藏,案卷号:14-27-215-1。

徐翼县总结如下：

在未接受南下干部任务前，即分别下去与每个干部进行扯工作拉思想，了解干部情况，一旦南下有些什么问题，自己用什么方法处理，给他一个思想准备，经这样几次摸底后，才下通知抽调的。[①]

聊阳县总结如下：

1. 先在干部大会上进行形势教育，说明随着形势的发展，需要一批干部到新区工作，这样一个普遍的号召，使干部作下思想准备。
2. 了解干部思想情况，初步不确定对象，然后分别动员。
3. 公布南调干部名单。[②]

河西县总结动员步骤如下：

南下干部走后，因忙于布置参军任务与生产工作，尚未搜得更全面更系统的材料，兹据不系统的了解报告如下，未尽之处，请阅后指示，俾作补充：

一、动员经过、步骤与方式：去年年底奉上级号召干部南下指示后，曾利用各种方式启发干部作南下之酝酿与思想准备，领导上并有计划的配备副职作下组织准备。除组织准备业经呈报不再赘述外，仅将动员经过略述如左：

1. 利用学习联系思想：学习文件以新华社新年献词"将革命进行到底"为主（后又增加毛主席对时局声明），因该献词中曾指出："一九四九年人民解放军将向长江以南进军"，我们即据此启发

---

① 《徐翼县南下干部总结》，聊城市档案馆藏，案卷号：0014-027-225-002。
② 《聊阳县政府南调干部工作总结》（1949年2月27日），聊城市档案馆藏，案卷号：14-27-225-4。

干部：部队要渡江南下，咱们地方干部亦应随军南下，开辟新区工作，并诱导其在学习讨论中暴露思想，借以了解其真实思想情况。

2. 新历年鉴定干部时，强调指出反对地方观念家庭观念与保守自私思想，并将对南下问题的认识与态度，作为鉴定项目之一。从鉴定中了解每一干部有无南下思想与决心。

3. 利用各种会议进行南下动员：旧历年前召开区书及直属机关干部会议，布置年关工作时，曾由张政委作启发动员，年后召开区长民助暨科局长联席会议布置荣军工作时，又由石县长作启发动员。号召干部认清时局及新中国的前途，强调每个革命者都应服从组织，个人利益应服从革命利益，积极清除思想障碍，作南下准备。

此外，并利用一切机会，如小组会议，干部聚谈，个别谈话等，进行启发动员，了解干部思想情况。作了一定时期了解以后，便大体划分了干部的思想类型。最后根据干部思想类型，与才德资兼顾原则，斟酌工作实况，提出了南下干部名单，呈报地委会批准后，乃下令南调。①

东阿县总结步骤如下：

在区是根据平素对干部的了解，及至上级提出南下以后，又对干部一一作了慎重的了解与估计，而后根据我县需要南下的干部数目及那类干部分头一一个别动员。

第一步先根据各区干部平日一贯的表现，及其服从性的大小，找出对象。

第二步才分头动员，及动员成熟后，再公开指定，以激励别人，防止动员不动影响别人。②

---

① 《河西县南下政权干部总结报告》（1949 年 2 月 26 日），聊城市档案馆藏，案卷号：14-27-225-5。

② 《东阿县关于一九四九年南下的干部情况总结》（1949 年 2 月 25 日），聊城市档案馆藏，案卷号：14-27-230-1。

由上可见，六地委各县在向地委提交的"南下干部总结"中针对第一个必须回答的问题，即"（一）怎样动员的，经过什么步骤方式？"各自叙述的详略差别很大，这可能与各县的动员方式及当时主笔人的能力、态度等有关。具体来说，冀鲁豫六地委各县情况：有的县是先进行大会动员，再进行个别动员；有的县是只进行了个别动员，就公布南下名单；有的县既有大会动员，又有小组动员和个人动员。但总体看：一是基本上都有提前摸底，了解干部情况，再公布名单的步骤。二是所有县都进行了形式不一的思想政治动员工作。不过，对比上级（冀鲁豫区党委）所要求的动员步骤，六地委各县在总结步骤中几乎都没有谈到先"调查解决干部的家庭生活、生产代耕等各方面的具体困难，以减少干部的顾虑。并要求普遍地核查优军代耕工作，将此工作提高一步"，再确定南下名单的步骤。也即在南下名单正式公布前，很多干部在实际中尤其家庭生活生产方面的相关困难多数尚没有得到解决，亦即困扰很多干部南下的种种"后顾之忧"还没有解决。这也使得包括冀鲁豫六地委在内的山东很多地区在南下新区干部组织调动过程中遇到了一些情况（尤其是来自家庭方面），不少地区干部由于"南下"产生了各种各样的复杂心态与问题，笔者将在下一章具体论述。

第三章　牵挂与羁绊：南下干部的心态与婚姻家庭问题

在 1949 年山东干部南下的组织过程中，多数干部面临婚姻家庭的制约、顾虑及很多其他实际困难。干部南下消息传来后，在山东老区社会产生了很大的反响，尤其是大量干部家属的思想产生了很大波动。在家庭、亲情和革命任务的复杂纠葛下，不少基层干部曾表现出不同的心态与举动。而在艰难考验面前，他们终究要克服家人故土的羁绊，在革命事业与家庭亲情之间做出抉择，踏上南下征程，在祖国的南方大地挥洒自己的壮志与青春。

一　南下前干部的心态及产生原因

1949 年是中国人民解放战争取得决定性胜利的一年，也是中国近代历史进程发生根本转折的一年。在淮海战役结束前，山东地区的干部曾南下到达桐柏、大别山、苏北一带，而从 1949 年起的南调干部工作，任务与地点都发生了重大转变。由于人民解放军渡江在即，蒋介石嫡系主力已被基本歼灭，此次空前规模干部抽调的目的是过江南下接管南方各级政权，包括国民党统治核心的南方城市政权。虽然 1949 年南调动员期间，江北地区已比较安全，干部在过江之前已不再如此前南下者（尤其是 1947 年跟随刘邓大军南下大别山的干部）一样要担负较艰巨的军事作战任务，但过江后情况具体如何，多数人心中并没有清楚答案；且此次南下路途遥远，南下地在自然环境、习俗、语言各方面均与华北老区差异极大；更关键的是干部担心自己走后家中妻儿父母无人照料；加之抗战胜利后，山东老区干部历经多次大规模抽调，此次南下的干部中相当多是近年新提拔甚至刚参加革命的干部，各级党组织也确实面临着地方干部资源相对枯竭，财力负担沉重，对军工烈属生产、生活保障难以周全等诸多现实问题。因此，1949 年干部南下动员工作，对于山东各级组织，对广大老区干部，尤其是大量农村出身干部来说，是一次重大考验。相当多干部在得知要"过江""南下"的消息后，心理上产生了种种波动，大体可分为以下几种类型。

（一）主动报名、愿意南下的

各地在动员开始阶段有相当一部分干部主动自报，愿意南下。如1949 年冀鲁豫六地委东阿县在南下干部"情况总结"中指出，该县干部思想情况分三种：一是"在南下前有一部分干部在思想上已做了南下准备，并表明了自己南下的决心，如张孝先、宋吉元、张心亭，约占1/5"。二是"也有一部分干部，对南下始终不表示什么态度，他心里是'如决定着呢，再说，决定不着，咱也不强行要求'，约占 3/5"。三是"还有种干部，对南下表示畏惧、怕谈南下，约占 1/5"。[1] 当然，各地方党委、专署认为，主动愿意南下者是值得表扬的，不过仍应具体分析其南下动机，以利于工作的推进。冀鲁豫九地委南峰县政府干部中"自动报名者 13 人，南下动机：1.响应上级号召，完成战略任务 6 名。2.为解决婚姻问题者 1 名。3.游山逛景者 1 名。4.有严重错误愿到外重新作人者 1 名。5.心里不想去，虚荣又报名者 2 人。6.想到南方安家者 1 人"。[2]

大体来看，当时地方党和政府认为自报南下者的动机主要有以下几类。

---

[1] 《东阿县关于一九四九年南下的干部情况总结》（1949 年 2 月 25 日），聊城市档案馆藏，案卷号：14-27-230-1。

[2] 冀鲁豫第九专署：《南下政权干部工作总结报告》（1949 年 3 月 1 日），山东省档案馆藏，案卷号：G052-01-0209-010。

（1）从思想上认识到"南下过江""解放全中国"战略任务的重要性

"近代以来，由于西方列强的崛起和入侵、中国封建统治的腐败与无能，中国社会进入半殖民地半封建状态，昔日的泱泱大国成为任人宰割的对象，遭受山河破碎的欺辱，中华民族到了生死存亡的危难时刻。为了国家的独立、人民的解放，无数仁人志士前仆后继，进行了气壮山河的斗争，谱写了可歌可泣的华章，但最终都以失败结束。在国家危难的时刻，以马克思列宁主义作为指导思想的中国共产党诞生了。"① 经过27 年多的艰苦奋斗，到 1948 年底，中国共产党领导广大人民进行的新民主主义革命终于到达取得最终胜利的前夕。

多数山东地区干部在接到南下指令后，忠于信仰，服从战略任务，从思想上认识到了"南下过江""解放全中国"的重要性。不少县思想动员工作较为充分，为"完成战略任务""忠于党的事业"而自报南下的干部很多。如冀鲁豫九地委"南峰、寿张、范县等县亦都是 50% 以上干部自动报名与表明态度'服从调动'"。② 冀鲁豫六地委河西县有数位干部"都已年过四旬，刚翻了身得胜利果实的老农村干部，他们的爱人都是拉扯着年幼孩子，家中都没有劳动力。他们表示'翻身不忘共产党'的决心，虽经组织劝阻留下工作，他们仍坚决和大家一起南下"。③

在渤海区一地委，"各县都坚决贯彻执行了地委部署的任务，普遍召开了全县干部大会，讲形势、讲任务，组织大家开展热烈讨论。通过广泛发动，迅速掀起了一个报名要求南下热潮。绝大多数同志是真诚要

---

① 李华锋、董金柱：《中国特色社会主义进入新时代的重大意义》，《光明日报》2018 年 8 月 13 日，第 6 版。

② 冀鲁豫第九专署：《南下政权干部工作总结报告》（1949 年 3 月 1 日），山东省档案馆藏，案卷号：G052-01-0209-010。

③ 山东东阿县 1949 年南下干部贾永荣同志为笔者寄送的个人南下回忆资料（手写稿）：《南下干部心向党》，第 6 页。贾永荣同志是 1949 年东阿县南下干部，现居住在贵州省凯里市。1949 年南下黔东南时担任（中国人民解放军二野五兵团）西进支队第四大队政治部营级文印员。笔者于 2016 年 10 月 8 日、10 月 25 日、10 月 30 日多次对他进行电话访谈。贾永荣同志为笔者邮寄了他 2016 年手写的南下回忆资料：《南下干部心向党》（共 36 页）。

求南下的，极少数是随大流的，只有个别人不敢报名，害怕离乡远行。总之，除个别同志外，几乎全部报了名，而后由县委按照实际情况，既要搭配好南下的新班子，又要照顾到留下适当的老班子，逐个审查定员。总的要求是，一个区的干部去留各半，再从县委、县府抽调一些干部，配备南下的县机关。各县在大会上宣布批准名单时，被念到名字的，兴高采烈，喜笑颜开；未念到名字的，表现了失望的神情，有的同志甚至哭哭啼啼要求南下"。①该地委振华县南下干部由县委副书记石青同志组织，石青同志的爱人赵晶云同志（县妇救会主任）亦报名南下，当时他们的孩子刚满周岁，由于不能带孩子南下，即"将刚满周岁的小孩安排给城关妇女干部李开明同志抚养"，毅然南下了。②

　　在渤海区四地委，一些县"南下"名单一经公布，"顿时引起了两种不同的反应：被批准的同志欣喜若狂，有些青年干部还高兴得手舞足蹈，互相奔走相告，感到十分光荣；未被批准的则心急如焚，整日缠着领导苦苦请缨"，"如利津县有位党员干部因年龄稍大未被批准，急得痛哭流涕；蒲台县委有个秘书，原命其留守，后因需要领导上又突然通知他南下，令他连回家道别的时间都没有，但他二话没说，打起包裹跟上队伍就走了"。干部意识到"将革命进行到底"战略任务的重要性，也充分说明"老解放区广大干部群众的革命热情和政治觉悟"高。③在鲁中南区泗县，南下干部回忆，自愿报名南下者很多，大家情绪高涨，"纷纷写决心书，积极报名南下"，"经过自愿报名，县委研究，确定了八十多名南下干部名单。被批准的同志欢天喜地，奔走相告，未被批准的同志死死缠着领导不放，要求批准。记得好几个已经宣布留下的同志硬是不同意，坚决要求南下，弄得领导没办法，只好再开会动员，讲清南下和留下都是党的需要，革命的需要，要听从党的安排，真正做到留

---

① 关器：《渤海区一地委干部南下情况》，乐陵市党史史志办公室编：《中共乐陵地方史　第1卷（1921—1949）》，2008年，第278页。

② 石青：《宁津县南下干部概况》，《宁津文史资料》第11辑，第36页。

③ 贾荣彬：《渤海三支队四大队干部南下历程综述》，《南下往事》，第15页。

者安心，去者愉快"。①

《人民日报》报道，在冀南区一地委临清市，"当一地委号召南征的消息传出后，送往临清市委组织部的信犹如雪片。瑞华银行一封信十九人签名，市府保卫队冀田林的信上只有一个字：去。直接找组织部要求者络绎不绝"。②

但也有一些县委认为此类单纯具有较高革命和政治觉悟的干部数量有限。如菏泽县将南下干部动机分为"完成战略任务者""解决私人问题者""游山逛景者"三类，其中组织认定：真正在思想上出于"完成战略任务"目的而主动自愿报名者有之，而后两种情况，尤其是第二种情况亦多。③

（2）完成个体需求

各地党组织认为，有些干部自报南下是为了完成个体需求。一些没有结婚的青年干部希望通过南下解决自己的婚姻、前途问题。如菏泽县积极自报南下者："区级一名李凤习，思想情况，知道苏杭二州风景好，生活高，在中国最出名的地方，女人漂亮，愿结个婚。"④一些干部一方面有完成战略任务的思想，另一方面也有解决个人问题的考虑，如冀鲁豫三专署城武县⑤七区公助刘某既有觉悟上的认识，也有借此机会实现自己与家里妻子离婚的现实考虑，因此主动"自报南下"。⑥在鲁中南区，"婚姻不合理的男女干部，愿意早调动，达到离婚的目的"。⑦在冀

---

① 王明章：《南下渡江纪实》，中共临沂市委党史研究室编：《沂蒙根据地历史资料汇编》第 15 卷，2016 年临第 013 号，第 163 页。

② 《冀南各地县区干部踊跃报名准备南征》，《人民日报》1949 年 2 月 19 日，第 2 版。

③ 《菏泽县南下干部总结》（1949 年 3 月），山东省档案馆藏，案卷号：G052-01-0237-008。

④ 《菏泽县南下干部总结》（1949 年 3 月），山东省档案馆藏，案卷号：G052-01-0237-008。

⑤ 城武县，1958 年改名"成武县"。

⑥ 冀鲁豫行署：《三专署城武县政权干部南下总结》（1949 年 3 月 8 日），山东省档案馆藏，案卷号：G052-01-135-9。

⑦ 新华社鲁中南分社编印：《情况通报第十二期》（1949 年 1 月 20 日），山东省档案馆藏，案卷号：G046-01-0239-009。

南区，有的干部"为了远走高飞好离婚另找好爱人或摆脱家庭痛苦等，此种干部尚不少"。① 在胶东区北海地委，部分愿意南下者"为了个人的婚姻问题，在当地解决不了，南下就可离婚"。②

部分出身不好，或者曾犯过错误的人，积极要求离开现工作地南下，以利于个人更好的发展。如胶东区南海地委汇报："地主富农出身的干部，一部分要到新地区去锻炼改造自己，免得在当地受别人的刺激。"1949 年 3 月南海地委组织部在《关于南下干部的情况汇报》中指出："南下之党员干部共计 193 名（有 8 名炊事员不在内），198 名中共正式党员，还有两名候补党员是做事务工作的，总计 201 名"，其中"地主 8 名，富农 35 名，中农 115 名，贫农 34 名"。③ 地主富农出身的干部占南下干部比例达 22%，而贫农出身的南下干部比例仅为 18%。也有干部对现在工作不满意，认为南下是改变自己目前工作环境、工作岗位的大好机会："有的为了调动工作的，如聊阳县府宋 ×× 说：'我走了可以不作事务工作了。'"④ 鲁中南区"作事务工作的（如管理员，会计，司务长等）干部想摆脱司务工作，也愿调动改变自己的工作性质"。⑤ 在胶东区的北海地委，部分干部认为"革命多年政治问题没有得到解决，南下可解决政治问题"。⑥

（3）"开开眼界"，"志在四方"

此类动机在一些年轻干部中存在较多。当时相较山东老解放区，江南地区经济发达、风光秀丽，一些干部认为，趁着年轻，"赶紧出去走

① 《冀南行政公署干部科关于南下干部工作的综合报告》（1949 年 5 月 7 日），《南下入湘干部历史文献资料汇编》，第 99 页。
② 北海地委组织部：《南调干部工作总结》（1949 年 2 月 27 日），山东省档案馆藏，案卷号：G024-01-0332-012。
③ 南海地委组织部：《关于南下干部的情况汇报》（1949 年 3 月 18 日），山东省档案馆藏，案卷号：G024-01-0273-002。
④ 冀鲁豫六专署：《南下干部总结》（1949 年 3 月 1 日），山东省档案馆藏，案卷号：G052-01-0213-003。
⑤ 新华社鲁中南分社编印：《情况通报第十二期》（1949 年 1 月 20 日），山东省档案馆藏，案卷号：G046-01-0239-009。
⑥ 北海地委组织部：《南调干部工作总结》（1949 年 2 月 27 日），山东省档案馆藏，案卷号：G024-01-0332-012。

走看看，晚了机会就没有了"。如菏泽县助理员 "李大章感觉个人是青年时代愿到江南逛逛"。[1] 有的出于 "好奇心，如说'趁年轻不逛逛，啥时再逛'"。[2] 在北海地委，有的干部积极要求南下，"认为南下生活水平高，能享福，并且能开开眼，逛逛景"。[3] 冀南区行署指出，一些干部 "为了好奇，多到些地方开开眼界，'大丈夫志在四方'，或到南方'吃江米喝江水'，此种思想多为青年无挂累之干部居多"。[4]

很多年轻干部对南下极为兴奋，如胶东区南海地委即墨县一名干部说："我一听到高兴得差点蹦起来。因为我总觉得自己参加革命六、七年了，一直在即墨这一亩三分地蹦达太没意思，老早就想到外县外省去开开眼界，经经风雨。现在就要如愿以偿了，心里有说不出的高兴。"[5] 在鲁中南区临淄县，"有的说：'好男儿志在四方，不趁着年轻的时候去闯荡一番，等待何时！'"[6]

正如胶东区党校在南下工作总结中指出，主动要求南下者 "多是脱离生产较久，多系中年、青年的同志"。"这些同志在大会动员时，一般表现情绪高涨，没有多大顾虑，有的会上自动报名，回去就收拾个人行装，准备服从调动，心情表示很愉快"，而年纪较大的被调干部，顾虑相对较多。[7]

总体来说，"这些积极要求南下的同志是符合了革命利益的要求，

---

① 《菏泽县南下干部总结》（1949 年 3 月），山东省档案馆藏，案卷号：G052-01-0237-008。

② 冀鲁豫六专署：《南下干部总结》（1949 年 3 月 1 日），山东省档案馆藏，案卷号：G052-01-0213-003。

③ 北海地委组织部：《南调干部工作总结》（1949 年 2 月 27 日），山东省档案馆藏，案卷号：G024-01-0332-012。

④ 《冀南行政公署干部科关于南下干部工作的综合报告》（1949 年 5 月 7 日），《南下人湘干部历史文献资料汇编》，第 99 页。

⑤ 胡晓光：《1948 年南下日记摘抄》，中国人民政治协商会议即墨市委员会文史资料研究委员会编：《即墨文史资料》第 8 辑，1992 年，第 102—103 页。

⑥ 中共临淄区委党史资料征集研究委员会编：《齐城丰碑》，山东人民出版社 1993 年版，第 151 页。

⑦ 中共胶东区党校：《对此次动员干部南下的过程与体会》（1949 年 7 月 15 日），山东省档案馆藏，案卷号：G024-01-0400-004。

但也有他不纯的方面，此种干部定要加强教育，改造其思想动机"。①

（二）服从调动的

就山东各地"南下"动员、总结等原始资料统计，持这类态度的人占比例较大。如冀鲁豫九地委观城县，"全县分委干部72人，经过动员，可以自报南下的有 20 人（占 27.78%），表示服从组织决议的有 36 人（占 50%），调动困难，不能服从的 16 人（占 22.22%）"，"全县工作员干部 245 人，经过动员可以自报南下的有 43 人（占 17.55%），表示服从组织决议的有 105 人（占 42.87%）"，"调动困难"的"有 97 人（占 39.59%）"。② 可以看出，虽不主动报名，但经过组织动员劝说后能服从调动者占干部总数的一半左右，"这说明提高到'自觉'、'自报'仍是个艰苦的政治动员任务。这些表示服从组织的同志，只是原则上接受了党的原则，仍有具体问题"。③ 胶东区一些干部"在大会动员后，一般的都有顾虑，情绪较消沉，形成负担……特别大会动员时，没有说去多少数量，只强调要调相当数量的干部，自己存有侥幸心理：'最好调不着我！'但被调到，也可勉强的服从，抱着'没有办法，不去不行的态度'"。④ 冀鲁豫七专署"干部思想情况：南下干部名单未宣布前（酝酿阶段），由于刚学过'将革命进行到底'文件，领导上作了政治形势的报告，干部思想在胜利鼓舞下，当干部讨论会浓厚的空气中，干部情绪特别高涨，部分不愿南下干部也被带起来，据几个单位数字统计：服从调动者占最大多数，报名者、坚决不去者、企图漏网存侥幸者占极少数"。⑤

---

① 《冀南行政公署干部科关于南下干部工作的综合报告》（1949 年 5 月 7 日），《南下入湘干部历史文献资料汇编》，第 99 页。

② 观城县委组织部：《关于干部南调工作的报告与请示》（1949 年 2 月 9 日），聊城市档案馆藏，案卷号：2-1-40-7。

③ 观城县委组织部：《关于干部南调工作的报告与请示》（1949 年 2 月 9 日），聊城市档案馆藏，案卷号：2-1-40-7。

④ 中共胶东区党校：《对此次动员干部南下的过程与体会》（1949 年 7 月 15 日），山东省档案馆藏，案卷号：G024-01-0400-004。

⑤ 冀鲁豫七专署民政科：《调南下干部工作报告》（1949 年 3 月 10 日），山东省档案馆藏，案卷号：G052-01-213-5。

表 3-1 为冀鲁豫五地委统计的"干杂人员对南下态度"情况。

表 3-1　冀鲁豫五地委下辖各县"干杂人员对南下态度"统计

单位：人

地区	县级		区级			助理员工作员			杂务人员	
	自报	听调	自报	听调	不听调	自报	听调	不听调	通信员	炊司员
齐滨	3	3	62	27	2	16	75	17	20	8
复程	4	3	26	50	27	5	74	52	8	
定陶	5	1	52			67			15	
曹县	4	2	86	44		100	6	14	8	
东明	3	3	19	31		58				
合计	19	12	187	152	29	372	155	83	51	8

　　注：该表中各纵列数字相加，并不能总是与"合计"的数字相符，应为填表时疏误。因战争年代计算工具简陋、统计人员文化程度不高等，冀鲁豫区档案中所附表格数据前后相加不相符的情况并不鲜见。炊司员，即炊事员、司号员的简写。

　　资料来源：冀鲁豫五地委组织部：《动员南下干部工作总结报告》（1949 年 3 月 15 日），山东省档案馆藏，案卷号：G052-01-0098-008。

　　由表 3-1 可见，不自报但服从调动者在各县干杂人员中均占一定比例。"由于他们没有了解到形势与工作的需要和自觉的适应这种需要的意义这类，后者的一部分干部形式上虽似能服从，但实质上仍是怕南下，仍未摆脱饱受家庭观念与个人主义的老圈子，虽能一时服从组织，是不会巩固的，遇到某些条件与影响是会动摇的。"[1]冀鲁豫三专署城武县"动员情形：经部门座谈及县委会召开大会动员后，自报南下的不多，一般是经领导上指定的，故也谈不到积极自报南下，而能欣然服从领导上的调动，就算好啦"。[2]六专署博平县，一些干部"听到南下思想不通，感觉家里没人，老婆不能带等客观原因，思想上波动，工作情绪不稳定，但调着了虽然思想上不通，也得服从调动。又如财科出纳韦九福

---

① 《冀南区党委组织部介绍四地委对南下干部动员的方法、步骤的通报》（1949 年 2 月 2 日），山东省档案馆藏，案卷号：G051-01-0099-003。
② 冀鲁豫行署：《三专署城武县政权干部南下总结》（1949 年 3 月 8 日），山东省档案馆藏，案卷号：G052-01-135-9。

同志从听到南下后经常说：'调不着咱这小干部，假如调着也没法，调不着呢，反正也不报名'，基本思想上不通，害怕调着，结果调着也去了"。该县总结认为，"对南下思想不通，但调着也服从调动"，"这类思想是大多数的（占三分之二）"。①冀鲁豫六专署筑先县，有的干部"在轰轰烈烈的风潮中，保持了惊人的冷静，始终摆着'肉头阵'②，严密的保守着自己的思想，观察着领导上的动向"。"也有少数干部预先散布出不去的空气，看看领导上对自己的态度，如果真坚决的调，就去。如五区长王达勇，他说：'南下我是不同意去的，如果我的党籍问题有危险的时候，我就去。'"③

从山东地方南下实际情况看，不少基层干部对南下仍存在较大顾虑，有的涉及乡土情结，有的表示自己文化水平低，南方人文化高，无法适应江南工作，更多人则担心婚姻问题无法处理，以及自己走后父母、妻儿生计无法解决。但是组织调到自己，仍能克服种种困难，服从调动。

（三）向组织提出个体需求

部分干部"有个人问题作条件，如果给顺利的解决问题，我就南下"，如不解决，南下就存在一定困难。④而在个体需求中最为集中的是两点。

一是要求组织同意与家里老婆离婚，才能南下，这在冀鲁豫、冀南、胶东、渤海等区南调资料中均有体现。根据上级要求，南下原则上"家属与爱人一律不带"。⑤南下干部中可以带家属的，必须是"已脱离生产，曾参加工作之女干部和有军籍之女同志而言，并非一般干部家

---

① 《博平县府民政科关于南下干部总结》（1949年2月24日），聊城市档案馆藏，案卷号：14-27-215-1。

② 摆"肉头阵"，山东方言，指沉默、装傻，令人难以对付。

③ 《筑先县南下干部思想总结》（1949年3月），聊城市档案馆藏，案卷号：14-27-225-1。

④ 中共胶东区党校：《对此次动员干部南下的过程与体会》（1949年7月15日），山东省档案馆藏，案卷号：G024-01-0400-004。

⑤ 《中共华东局渤海区党委关于抽调干部随军南下有关问题的通知》（1949年2月14日），《光荣的使命　德州干部随军南下简史》，第362页。

属"，干部家属是一般农村普通妇女者，不准携带南下。^①很多干部认为
此次南下，就不可能再回来了，当然这也涉及一些干部的婚姻本身就是
旧式家庭包办的结果，夫妻感情一般，因此要求组织批准离婚，方才
南下。如冀鲁豫区南峰县"有的提出离婚来，亦不是因不愿南下而离
婚，而是因夫妇关系不好而离婚，个人献身于革命，以革命为职业"。^②
东海地委指出，干部"一个普遍的想法，（把南下）看成一去不能回
乡"，"老干部活动离婚，如何找对象；新干部活动如果走，爱人是否
带着；没有女人的急于找对象，做好南下的准备"，一些干部认为"不
南下离婚问题不能解决"。^③城武县委指出，"我们南下干部多有离婚的
要求，因之形成南下与离婚是一而二，二而一的一个事情。这当然只限
于旧式老婆者，但因之一南下就要离婚，却致使我们干部南下其家庭
更为掣肘"。^④

二是要带老婆、儿子一起走。"如文登几个干部听说爱人够条件可
以带，因此连夜去找，半夜才回来。为了要带走爱人，男方给女方要求
入党，男的有病不让走，女方提出自己有钱雇车子。"^⑤

此外还有干部向组织提出其他个人和家庭要求。如冀鲁豫区九
地委观城县有的干部"欠公家麦子 550 斤，脑子里是个负担，向领
导上提出来允许他缓期归还"。^⑥九地委南峰县"一个非党员干部"，
"南下要求解决自己党籍问题，有条件的南下，否则不愿南下，投

---

① 山东分局组织部：《关于转发华东局关于干部家属南下问题的指示的通知》（1949 年 6
月 22 日），山东省档案馆藏，案卷号：G020-01-0054-001。
② 南峰县委组织部：《南峰县委组织部元月份组织工作月终报告》（1949 年 1 月 30 日），
聊城市档案馆藏，案卷号：2-1-38-3。
③ 东海地委组织部：《南下干部简单情况汇报》（1949 年 2 月 25 日），山东省档案馆藏，
案卷号：G024-01-0332-003。
④ 冀鲁豫行署：《三专署城武县政权干部南下总结》（1949 年 3 月 8 日），山东省档案馆
藏，案卷号：G052-01-135-9。
⑤ 东海地委组织部：《南下干部简单情况汇报》（1949 年 2 月 25 日），山东省档案馆藏，
案卷号：G024-01-0332-003。
⑥ 观城县政府：《南下干部情况报告》（1949 年），山东省档案馆藏，案卷号：G052-01-
0228-007。

机取巧的南下思想"。① 七地委"南旺县五区区长王兆林同志确定他南下，适其母亲死了，要求政府给还衣寝棺椁费，出丧费，开了一个清单，百多万元。他家拖欠公籽三百多斤，要求豁免。要求贷给他款做生意，要求批准他的小孩为公费生等"。② 冀鲁豫六地委筑先县指出，"有的干部讨价还价，如张耀明贷了款就走，不贷款就不去"。③ 茌平县有的干部"因为家庭没劳动力，要求办好代耕，解决其生产、生活问题，有的离婚因仓促没办完手续，增了思想负担，有的要求入党，有的因家庭欠下过去公柴无力交纳，要求解决"。④ 河西县有的干部"家庭被斗争，尚未补偿与安置，南下后有家庭顾虑"，"有因家庭无劳力须要代耕者"。⑤ 该地委辖县中一些土改中受冲击的干部提出"地富成分的安置问题"与"错斗中农的补偿问题"等。⑥ 应该说，这些个人条件中，有的有合理性，组织上可以考虑帮助解决，但有的则是完全不合理，甚至属于借机乱提条件，"狮子大开口"，如冀南一地委有的干部提出："如调我得允许我四个条件：一、叫我当政委。二、到会妇女干部叫我挑一个。三、我父死了村干披麻戴孝。四、村中与我雇工人。"这就属于提极不合理的条件，"表现落后论堆"了。⑦

────────────────

① 南峰县委组织部：《南峰县委组织部元月份组织工作月终报告》（1949 年 1 月 30 日），聊城市档案馆藏，案卷号：2-1-38-3。

② 冀鲁豫七专署民政科：《调南下干部工作报告》（1949 年 3 月 10 日），山东省档案馆藏，案卷号：G052-01-213-5。

③ 《筑先县南下干部思想总结》（1949 年 3 月），聊城市档案馆藏，案卷号：14-27-225-1。

④ 《茌平县南下政权干部总结》（1949 年 2 月 26 日），聊城市档案馆藏，案卷号：14-27-214-1。

⑤ 《河西县南下政权干部总结报告》（1949 年 2 月 26 日），聊城市档案馆藏，案卷号：14-27-225-5。

⑥ 冀鲁豫六专署：《南下干部总结》（1949 年 3 月 1 日），山东省档案馆藏，案卷号：G052-01-0213-003。

⑦ 《冀南一地委组织部 1949 年 2 月份南调干部工作报告》（1949 年 3 月 28 日），《南下入湘干部历史文献资料汇编》，第 106 页。

（四）其他少数情况

　　一些干部由于种种原因和困难，情绪波动较大，甚至出现宁可回家不干革命工作，也决不南下的情况。如冀南区"个别的干部叫南下即回家，表示宁脱离革命也不南下的'论堆'思想，如说'不南下坐禁闭也行'。有的说枪决了骨头也落在北方"，"还有一个干部听说调干部南下，三天没吃饭，上述个别干部其落后保守倒退与极端自私自利的个人主义思想确实已到登峰造极的地步"。[①] 有的干部被老婆关在家里不让出来，有的"叫他母亲及他祖母来闹，并且装病绝食三日……经过领导上数次教育和动员，仍坚持个人的落后意识，坚决不服从组织调动，不辞而别跑回家去。派人叫他数次有计划的不给见面，封门闭户。偷送到街上意见箱一封信，要求复员，和介绍走他的关系"。[②] "还有一小部分论堆的干部，没有任何理由可讲，'我就是不南下'的论堆态度"使得基层党组织的南下动员工作遭遇到很多具体困难。[③] 冀南区党委 1949 年 4 月"据各地委不完全统计，区以上干部'论堆'，调不走者共六百余人"。[④] 冀鲁豫九地委观城县"躺倒"[⑤] 一批干部，当时统计主要原因有"严重的农民落后自私观点，强调家庭脱离不开""回家做买卖不干了""怕外调""家死人，主要不愿远去离家""蜕化离不开老婆"等。[⑥]

　　冀南一地委各县（市）干部南下态度情况见表 3-2。

[①]　《冀南区党委组织部介绍四地委对南下干部动员的方法、步骤的通报》（1949 年 2 月 2 日），山东省档案馆藏，案卷号：G051-01-0099-003。

[②]　临清市委组织部：《未南下干部处分总论》（1949 年 4 月 14 日），山东省档案馆藏，案卷号：G051-01-0020-008。

[③]　冀鲁豫九地委组织部：《南调干部工作总结及调整组织训练培养干部的意见》（二月份报告），聊城市档案馆藏，案卷号：2-1-46-9。

[④]　冀南区组织部：《关于贯彻整顿干部思想及解决南调遗留问题的通知》（1949 年 4 月 7 日），莘县档案馆藏，全宗号 2，目录号 1，案宗顺序号 42，文书处理号 2。

[⑤]　当时各级组织将一些干部不愿离开家庭、"为家庭放弃革命"的表现称为"躺倒""弯腰"。

[⑥]　观城县：《观城县躺倒干部登记表》（1949 年），聊城市档案馆藏，案卷号：2-1-40-11。

表 3-2　冀南一地委各县（市）干部南下态度情况

单位：人

项别	临（清）市	临清	馆陶	永智	武训	华县	冠县	元朝	邱县
到会人数	313	330	498	270	408	348		150	189
自动要求或报名数	74	21	30	6	29	114		34	
服从决议或勉强执行	178				355	224		80	
表示不走	61				24	10		36	
借故或脱逃不参会者		15				7			58

注：该表中数字均据原表录。

资料来源：《冀南一地委组织部 1949 年 2 月份南调干部工作报告》（1949 年 3 月 28 日），《南下入湘干部历史文献资料汇编》，第 108 页。

"历史的演进实在太过复杂了，少了任何一种因素恐怕都构不成为我们今天所看到的历史。"[1] 就山东地区的南下组织而言，部分干部不愿南下的原因亦十分复杂。总结来说，大约有以下几类。

第一，由于这次大规模南下要过江，路途遥远、归期无定，干部个人及其婚姻家庭面临诸多实际困难亟待解决。后文将具体论述。

第二，有的是不愿放弃家乡相对安全的生活环境。"土地平分后有了生产资料，发家致富的思想上升。有的干部要求回家生产，有的说：'革命好，革不起'，只挂着他的小牛、小驴、孩子老婆，而对工作则很差。"[2]

第三，担忧过江后还要"打游击战"。1947 年山东调出干部跟随刘邓大军南下到大别山区工作。由于缺乏后方依托，当时的刘邓大军在大别山区遭到敌人优势兵力的围追堵截，这批南下干部经受了长期的艰苦生活，处于残酷的斗争环境中，一些同志牺牲了。因此，1949 年南下动员时，一些干部（尤其是不少在土改中刚刚涌现出的积极分子、新提拔干部）存在一定的畏难情绪，怕美国出兵，怕过江后到了国民党统治

① 杨奎松：《中间地带的革命——国际大背景下看中共成功之道》，山西人民出版社 2010 年版，"再版序"，第 5 页。

② 《冀鲁豫区党委关于南调干部工作布置报告》（1948 年），《中共冀鲁豫边区党史资料选编（第三辑）·文献部分》（下），第 331 页。

中心区域，还要"打游击战"。有的老人说："诸葛亮那么大的本事，征南时碰到瘴气死人，喝了毒水也死人，损兵折将很多，你们南下不是找难堪！"[1]有的地方"县干部大会结束后，不少地方出现谣言，说什么'南下干部是被送到长江里去喂龟的，他们是肉饱（包）子打狗——有去无回……'"[2]

第四，"小农思想"、乡土情结与传统观念等影响。1948年底至1949年初动员南下的基层干部中，多数有较高的思想觉悟和较强的组织纪律性。但他们毕竟绝大多数是农民子弟，文化程度有限，"有些区全区只有区书、区长、财助能写信。这些干部多是在土改、复查、游击战争当中提拔出来的，其工作动机又极其复杂"。[3]不少人刚翻身分了土地，长期受到华北乡村传统文化观念深刻影响，安土重迁，所谓"物离乡贵，人离乡贱""老不征北，少不征南"。一些同志"还存在'父母在不远游，游必有方'的封建落后思想，国家观念、组织观念是很模糊的"。[4]在临淄县，有的老人说："孩子长这么大，从来没有离开过临淄县，不能让他远走高飞！"[5]总体上，华北老区南下干部绝大多数是"土生土长"的本地人，"没有到过大城市，有不少同志连自己所在县的县城都没有到过。参加革命后大多数同志都是在自己的家乡周围活动。土改以后，农村基层干部中较为普遍地产生了革命到顶的思想。当时曾流行过这样一句话：'三十亩地一头牛，老婆孩子热炕头。'形象地说明农村干部留恋土改后的小农经济生活"。[6]

第五，对南方的生活环境、自然环境不了解或有误解。部分干部起

---

① 张精忠：《临淄县干部南下记》，《齐城丰碑》，第151页。

② 李祖光：《随军南下亲历记》，中国人民政治协商会议山东省安丘县委员会编：《安丘文史资料》第7辑，1990年，第171页。

③ 《冀鲁豫区党委关于南调干部工作布置报告》（1948年），《中共冀鲁豫边区党史资料选编（第三辑）·文献部分》（下），第331页。

④ 《冀鲁豫区党委关于南调干部工作布置报告》（1948年），《中共冀鲁豫边区党史资料选编（第三辑）·文献部分》（下），第331页。

⑤ 张精忠：《临淄县干部南下记》，《齐城丰碑》，第151页。

⑥ 郝昌德、付明余：《回忆王富海同志率冀鲁豫六地委干部南下和西进的事迹》，中共黄平县委党史办编：《光照千秋》，1985年，第85—86页。

初有不愿南下的思想，有的是不愿放弃家乡相对安全的生活环境，而有的则是对南方的环境不了解或有误解，一些地区甚至还传出一些谣言，如说"宁愿向北走三千，不愿向南移一砖"，南方"墙上可以烙烧饼，三个蚊子有一斤"。有的说"到江南去北方人不服水土好生病，江南雨水大，好生脚气病，江南说话听不懂"，"江南有蚊子能咬死人，有大蛇走路大蛇绕腿，走路得带着刀准备割蛇"。[①] 南方"吃大米，长脚气，光见水，不见地"。有的认为南方人文化水平高，自己是农民出身，文化低，"有一部分工农干部感到自己无前途，不会写不会算无用处，不如知识分子，就是进了大城市，咱还不是扫大地吗？不如现在回家，免得将来老了无人管"。[②] 在胶东北海地委，干部对南下"普遍存在着三愁：一愁是不懂话，二愁是生活习惯，三愁是怕艰苦、怕走路，怕到南方吃不开"。[③]

第六，少数干部本身参加革命动机不纯，存在自私落后心态。在各地关于拒绝南下干部及其处理情况资料中，组织认为，这次南下动员工作使得一些参加革命动机不纯、思想落后分子，甚至混入革命队伍中的"坏分子""阶级异己分子"暴露出来。少数干部表现出的"'我就是不南下'的论堆态度"，[④] 使得上级非常生气。冀鲁豫区南峰县有的干部"投机取巧工作动机不纯，去年怕土改被斗，要求提为干部，故不南下"。[⑤] 徐翼县在对"南下不去'论堆'"干部的情况说明中指出，这些"论堆""调不动"的干部，参加工作动机不正确，有的是"自认家庭富裕，难免被斗，参政能以护庇一下不斗"，"参政自己有地位，在村中可

---

① 冀鲁豫五地委组织部：《动员南下干部工作总结报告》（1949年3月15日），山东省档案馆藏，案卷号：G052-01-0098-008。

② 《冀鲁豫区党委关于南调干部工作布置报告》（1948年），《中共冀鲁豫边区党史资料选编（第三辑）·文献部分》（下），第331页。

③ 北海地委组织部：《南调干部工作总结》（1949年2月27日），山东省档案馆藏，案卷号：G024-01-0332-012。

④ 冀鲁豫九地委组织部：《南调干部工作总结及调整组织训练培养干部的意见》（二月份报告），聊城市档案馆藏，案卷号：2-1-46-9。

⑤ 南峰县委组织部：《南峰县委组织部元月份组织工作月终报告》（1949年1月30日），聊城市档案馆藏，案卷号：2-1-38-3。

以吃得开"，有的是"嫌给汉奸修据点麻烦，不如当兵好"，"在家做活怕累的慌，不如参加工作"，①对参加革命的目的没有正确认识。冀鲁豫六专署在处理"拒绝南下、逃避南调，经屡教不悟并在逃不见"的干部的通告中指出，有的干部作风极坏，如专署建设科某科员"于一期整党中"因男女关系问题被押，于整党后又犯，"经群众捉获，先通令撤职调专署，于干部南调时，以他在此威信扫地，家庭又无困难（中农），但他思想落后，回家不来，经五次教育及批评，他仍不能追随南下，并表示不干工作，今叫来专署仍不悔悟，同时行动自由，对南下不□心。检查认为争取失效，应予纪律制裁"。②该专署（地委）在总结南下工作时认为，"不服从决议，拒不南下的掉队份子，不是偶然现象，是与其历史有关的。如茌平（县）仓库朱明海，历史上即言行不一，态度不明，生活腐化，及一区财助王守矩参加工作动机不纯，而是长期掩避现在暴露出来"。③

冀南区一地委元朝县指出，在公布的30名不服从南调干部中，不少人参加革命动机本身严重不纯或不正确，有的人"动机是为报仇，被逼到抗日阵营里来，借以隐藏，其父是恶霸，在旧社会里打官司四乡闻名，当十年前他家是富农，因仗势欺人，反对的人很多，被仇人所害，他于四五年正月夜间持枪打任秋臣一枪□颈上未死（任也是他父仇人之一），怕人家报仇，就于当年三月钻进抗日阵营来。四七年调干部南下，他也是其中被调之一，他就表示不听，怕走后不能在地面逞凶抖威，就积极抵抗，将枪打在自己左腿，这样终于躲过，这是他去年亲自反省出来的。今天调干部南下，他报名要南下，一则挽回上次没南下的影响，二则自己腿上长疮，估计上级可能减下来，仍达到个人不去目的，又则又取得上级信任，所以他表示一面口头谈坚决去，一面说我腿上有疮恐

① 《徐翼县政权南下不去论堆的干部情况》，聊城市档案馆藏，案卷号：14-27-225-3。
② 《为李德民等四同志拒绝南下、逃避南调，经屡教不悟并在逃不见，拟定撤销革命职员成份开除政籍申请批准速示由》，聊城市档案馆藏，案卷号：14-27-156-4。
③ 冀鲁豫六专署:《南下干部总结》（1949年3月1日），山东省档案馆藏，案卷号：G052-01-0213-003。

不能走，至到（知道）上级没说，问他才全部暴露出来，被全班同志看，竟日睡，想家，全班劝他帮助他，指出他的前途，并揭出他的阴谋，就又转移方式，要求准假回家，提出他家与别家不同，须要他料理一下（前几天他家已来过人），并对别人说：叫走我也得回家，不叫走我也得回家"。[①] 这些参加革命动机本身严重不纯或不正确的人，在南调工作时自然而然就暴露出来了。而这客观上也有利于基层党组织纯洁干部队伍。

二　婚姻家庭问题对干部南下的制约

婚姻家庭是一种最普遍的社会现象与最基本的民生需求。1949 年春，山东数万干部成批、成套被调南下的同时，涉及数十万干部家属（包括配偶、子女、父母）的安置与善后问题。根据原始档案材料看，制约 1949 年干部南下的最大因素是婚姻家庭问题。目前学界对婚姻家庭问题对于南下的影响尚缺乏具体研究，对 1949 年华北干部南下前后的婚姻家庭问题的探讨，可以更加丰富我们对南下过程中个人、家庭、乡土间复杂关系的认识。

（一）婚姻家庭问题是制约干部南下的主要因素

当时华北局、华东局的各区党委对干部家属问题的基本原则是一致的，即"家属与爱人一律不带，各地妥为处理，待秩序安定后即迎接前去"，对于"妇女干部无孩子之累者，以干部调动论前去工作"。[②] 也即这次南下，原则上不能带家属。只允许少数身体健康、没有生养小孩的妇女干部以干部调动身份一同前去。至于没有参加革命工作的农村妇女，身患疾病、生养小孩及"小脚"的妇女家属一律不准随调南下。上级一再要求各地必须严格执行这一基本原则，"各县必须以此为准绳，切实

---

① 元朝县委：《元朝县委关于未服从南调干部的处理决定》（1949 年 6 月 23 日），莘县档案馆藏，全宗号 2，目录号 1，案宗顺序号 46，文书处理号 6。

② 《中共华东局渤海区党委关于抽调干部随军南下有关问题的通知（节录）》（1949 年 2 月 14 日），《光荣的使命　德州干部随军南下简史》，第 362 页。

避免将身体有病、小脚妇女，或是不脱离生产的妇女也一同调往"。① 不过这一原则性规定也为各地随调家属留下了口子。实践中一些地区及机关为了照顾干部情绪与实际困难，随调了一批妇女干部南下。此后，各区党委对各县调出的不符合条件的妇女干部进行了大规模劝返，如 1949 年 3 月冀鲁豫区党委向华北局报告称，"有的是严格妇干条件不够，将小脚、怀孕、有病及不够工作员条件都带来，经审查减去 160 人"。② 华北局冀鲁豫区党委针对九地委已调出的南下干部情况进行回复，"你们南下的妇女干部，绝大多数得回去或到党校学习"。③

在此情况下，家属问题便成为当时制约干部南下的最大问题。干部走后，配偶、儿女、父母如何照料？多数干部认为过江南下，此后难以再回乡生活工作了，原先的婚姻关系如何维持？干部到了南方如何再解决婚姻问题？这些都成为当时基层党委要处理的比较棘手的问题，也成为不少干部的心结。正如冀鲁豫五地委报告称："老婆问题是个大问题，有这个问题的干部很多，除少数参加工作老婆外，都有些问题。参加工作的也有小孩小脚不够南下条件……等等问题，感情好的，没孩子的要求带着，感情不好的要求离婚，年老的干部老婆孩子大堆离婚不可能，将来往南送也不可能，到江南后只有当和尚。这个问题影响南下很大。"④

山东地区南调干部的主力是农民出身的基层干部，一方面普遍受家庭羁绊很深，另一方面婚姻家庭问题也是决定干部主观上是否愿意南下的重要因素。而配偶也是干部能一起南下的，以及一些年轻的未婚干部，在思想上则一开始就对南下抱有极大热情。以冀鲁豫区观城

① 东海地委：《关于完成南下干部集结的决议》（1949 年 2 月 7 日），山东省档案馆藏，案卷号：G024-01-0332-002。
② 《冀鲁豫区党委就南调干部问题向华北局的报告》（1949 年 3 月），《中共冀鲁豫边区党史资料选编（第三辑）·文献部分》（下），第 510 页。
③ 冀鲁豫区党委组织部：《对九地委组织部南下工作报告的回复》（1949 年 3 月 20 日），聊城市档案馆藏，案卷号：2-1-46-8。
④ 冀鲁豫五地委组织部：《动员南下干部工作总结报告》（1949 年 3 月 15 日），山东省档案馆，案卷号：G052-01-0098-008。

县为例，"南下的这十六个干部愉快南下的有八个，一个是徐同禄，因他的爱人同去，家庭没问题。又如干部吴梦松、张克俭二人都是随自己的爱人南下，也是很愉快的。又如朱孟修、宋建勋，二人都是和未婚的爱人一同去，所以也很愉快，再就是岳明因他的家庭成分不好，这次和他的儿子一块去，动机是到江南与子结婚^①准备在江南建立一个新家庭。赵兴祥因允许他带着新结的爱人也很愉快，刘振民因是青年，进取心很大，也很痛快"，但"其余的八名多是老干部，就是有些私人问题"，^②不同程度受婚姻家庭制约而对南下抱有顾虑。冀南区一地委元朝县30名不服从南调的干部中，除极少数出于身体原因外，多数皆受到家庭羁绊影响。^③胶东区北海地委统计了"不满意南下者"的原因有以下六条：

（1）有对象过去未向组织上提出。
（2）年龄大，有对象，但关系不巩固，南下怕没有保证。
（3）离家庭远，在经济上得不到接济。
（4）家庭被斗，怕群众不照顾。
（5）和村干部群众关系不好，怕家庭得不到照顾。
（6）村群众条件低，怕村照顾不好。^④

冀鲁豫九地委观城县南下动员中"躺倒"一批干部，多数受家庭制约，"家庭观念严重"，"思想落后"，具体情况见表3-3。

---

① 原文如此。
② 观城县政府：《南下干部情况报告》（1949年），山东省档案馆藏，案卷号：G052-01-0228-007。
③ 元朝县委：《元朝县委关于未服从南调干部的处理决定》（1949年6月23日），莘县档案馆藏，全宗号2，目录号1，案宗顺序号46，文书处理号6。
④ 北海地委组织部：《南调干部工作总结》（1949年2月27日），山东省档案馆藏，案卷号：G024-01-0332-012。

表 3-3　观城县"躺倒"干部登记（1949 年）

姓名	级别	性别	年龄	入党时间	参加工作时间	原工作地区	不干的时间	不干的原因	动员情况	如何处理的	是否已出来工作	干部对处理他的反映
宋×恩	工作员、服务队员	男	25	1947年2月	1947年8月	观城公安局	1948年12月	怕外调	经过数次叫、通讯员面请，始终未谈	未能很好处理	未有	
王×民	战勤干部、工作员	男	30		1948年	观城县指挥部	1948年12月	家死人、主要不愿远去离家	动员一次、愿出来	未处理	未有	
刘×银	助理员、视导员	男	31	1943年11月	1948年7月	县政府	1949年2月	工作不服从分配，开小差	回家后、回信坚决不能出来工作	开除党籍，支部□□中未宣布	未有	
岳×光	县委宣传部长	男	29	1939年9月	1940年	县委会	1949年2月	严重的家庭观念、思想蜕化，调南下不能服从	数次寄信与面谈，始终不能服从	开除党籍，取消革命职员成分，开除政籍	现在反省，要求出来工作	
王×彬	相当分委级	男	29		1944年5月	观四区	1948年	有严重的农民落后自私观点，退化思想，借口有病，回家不干	写信叫他口里后，又亲自动员，数次不干	在区干会上宣布撤职	未有	
李×银	工作员	男		1947年3月	1948年	观城四区	1948年	严重的农民落后自私观点，回家想做买卖不干	动员四次不干	简政	未有	同意

续表

姓名	级别	性别	年龄	入党时间	参加工作时间	原工作地区	不干的时间	不干的原因	动员情况	如何处理的	是否已出来工作	干部对处理他的反映
田×贵	工作员	男	30	1946年6月	1946年10月	范县调观城	1948年10月	思想蜕化，回家做起买卖	动员一次，寄信数次不出来	开除党籍，取消革命职员资格，已交范县处理	未有	
李×轩	工作员	男	25		1948年6月	四区	1948年12月	蜕化，离不开老婆	动员数次不出来	简政	未有	同意
铁×成	工作员	男	50	1944年2月	1946年	范县调观城	1948年12月	强调家庭困难，不愿离开家	动员一次，寄信，改后来区，地委受训，路上开小差	开除党籍，取消革命职员成分，交范县处理	未有	同意
马×银	相当分委级	男	27	1941年5月	1947年7月	观城三区	1948年	调区受党校受训，请假不归，强调家庭，脱离不开	寄信三次不来，坚定不干	现未处理	未有	
渠×海	分委级	男	41	1944年5月	1946年7月	观城三区	1949年1月	严重的农民落后自私观点，强调家庭脱离家不开	经数次动员不来	现未处理	未有	
宁×元	工作员	男	24	1946年	1948年	观城三区	1948年	借家庭困难，回家藏起来不给领导见面	经动员三次，后来藏起来不给领导见面	[留党]察看半年	参军走了	

续表

姓名	级别	性别	年龄	入党时间	参加工作时间	原工作地区	不干的时间	不干的原因	动员情况	如何处理的	是否已出来工作	干部对处理他的反映
李×江	工作员	男	33	1943年	1948年8月	观城三区	1948年	因娶老婆后拉腿不愿干	经动员数次不来	留党察看半年	未有	同意
姬×峰	工作员级	女	31	1947年2月	1947年8月	观城二区	1948年10月	主要原因是丈夫落后，素称流氓，被拉腿，拉腿	动员三次坚定不干	经动员后，就和她丈夫共同跑了，没有受到适当处理	未有	没听到什么反映
宋×正	工作员	男	31	1945年3月	1947年	二区	1948年	思想蜕化，请假不归，多次寄信来区，批评当日不辞而别了		开除党籍，交范县处理	未有	
赵×远	工作员	男	27	1944年5月	1946年4月	二区	1948年	因家庭困难，老婆拉腿，有蜕化思想	叫到区三次谈话，谈好了调他受训没去，写信专人动员始终没有干	分委会的意见县委批准，开除党籍。交县里讨论处理	未有	没听到
史×云	工作员级	男	31	1947年7月	1947年8月	二区	1948年12月	自私观念，蜕化，怕家庭困难，老婆拉腿而不干的	首先明确革命方向干部的前途教育，不干，连续动员数次不干	分委会的意见县里批准，留党察看一年	未有	同意

续表

姓名	级别	性别	年龄	入党时间	参加工作时间	原工作地区	不干的时间	不干的原因	动员情况	如何处理的	是否已出来工作	干部对处理他的反映
李×信	工作员级	男	34	1943年5月	1948年6月	观城一区	1949年12月	家无劳动力，强调无法外调	动员七次，来县动员一次，坚定不干	开除党籍，支部已讨论宣布	未有	同意
张×清	分委级	男	31	1939年	1944年	观城一区	1948年秋	自区党委党校开小差，思想蜕化了	面谈数次，始终不通	开除党籍，干部群众中讨论错误	未有	无意见同意
文×祥	相当分委级	男	28	1938年10月	1946年5月	观城一区	1949年2月	调南下不愿服从党	动员寄信多次，坚决表明态度不干	开除党籍，干部群众中宣布的	未有	

资料来源：观城县《观城县躺倒干部登记表》（1949年），聊城市档案馆藏，案卷号：2-1-40-11。

前节已述，部分干部不愿南下的原因复杂，但是总的来看，婚姻家庭因素是影响当时山东干部"南下"抉择的最主要原因，即当时地方文献中常称的"老婆拉腿""父母哭闹"。夫妻感情好的干部怕一南下这辈子难以见面，有的干部担心家中父母年老体衰无人照料，家里农活没有劳力等。"思想不通的干部借父母妻子寻死觅活不叫走而动摇了，有的不见面；有的给领导去信说不走了；有的叫家属到机关请愿；有的干部论了堆；有的干部本来可以南下，但由于乡邻的拉腿而动摇了。"[1]有的干部被老婆关在家里不叫出来，有的"装病，另生枝节，与医生闹气，强调家庭困难，不能离开老婆"等。[2]"有一部分同志是孝顺父母的思想为主。不能外调的干部的家属，在土改后，由于教育不够，对干部思想经常拉向落后，起腐蚀作用。"[3]这些使得山东地区的南下组织工作在实践中遇到了一定困难。

（二）干部面对婚姻家庭问题的态度与表现

在南下决定宣布之初，山东老区干部存在对于婚姻家庭问题的顾虑，相当多干部面临配偶、父母、子女的牵绊，这在各地档案资料中有较翔实的记载。南下前干部对待婚姻家庭问题的具体态度与表现大致分为以下几种。

1. 干部自身愿意南下，家里掣肘

干部要过江南下，配偶和父母（家人）"不叫走"，这种情况在当时各级组织的南下汇报总结及相关回忆中是较为普遍的。鲁中南区六地委（原滨海地委）日照县有的南下干部说："我是共产党员，应该党叫干啥就干啥。党中央和毛主席号召我们南下，解放江南人民，我毅然报了名。但是，我爱人对我感情很深，我担心她拖我的后腿，果然不出所料，我

---

① 冀鲁豫六地委：《南调干部工作总结》（1949 年 3 月），《一切为了前线（上）聊城地区党史资料第 15 辑》，第 92 页。

② 《冀鲁豫区党委就南调干部问题向华北局的报告》（1949 年 3 月），《中共冀鲁豫边区党史资料选编（第三辑）·文献部分》（下），第 510 页。

③ 观城县委组织部：《关于干部南调工作的报告与请示》（1949 年 2 月 9 日），聊城市档案馆藏，案卷号：2-1-40-7。

回家告诉她我要南下，她问我到哪里去，我说到江南，她一听就哭了。她叫我带她去，要是不带她去她就不让我走。我好说歹说，她怎么也听不进去，整整哭了一夜，把枕头都哭湿了。我的心都被她哭乱了。"① 寿张县有的干部"是青年，愿意服从组织调动，但与家庭作斗争则不够坚决。母亲与老婆均痛哭流涕的拉腿不让南下……他老婆说：'你要去我就在家给咱娘闹乱子。'"② 有的是家里担心南下有危险而不愿其南下，认为南下路途艰辛，南方是国民党统治中心，又有长江天险甚至帝国主义干涉，加之此前干部南下（尤其是南下大别山时）遭遇敌人围追堵截，有的立功喜报和烈士证书一起送到家，令家人揪心不已。

冀鲁豫区在动员之初，很多干部自报南下，有的县达到一半数量干部主动自报，后来相当多遇到"老婆拉腿""父母哭闹"等问题。而其中也分两种情况，第一种是家人"拉腿"、反对，自己就退缩不去了，放弃了革命理想，改变了初衷。如冀鲁豫区观城县干部"弓献德是自报南下的，批准他后，他回到家，因家中有很多的人，父母哭叫，老婆拉腿，他本身又是青年，工作时间也不长，自己动摇了，结果没去成"。③ 这在冀鲁豫区县以下的分委级干部中较为多见。冀鲁豫区党委就这一问题向华北局总结道："对干部的思想变化估计不足，掌握不紧。在宣布批准南下名单、干部回家后，家属拉腿哭叫，干部思想上起很大的变化。事先没有指出防止，事后动员的不及时，所以发生自报南下又不去的现象。"④ 冀南区元朝县某同志，"这次决定他南下"，起初该同志"表现了轻松愉快，在干部南下动员大会上，他在小组里自报名，在大会上，表明了态度，坚决南下，解放江南群众，并要为解放全人类而奋斗"。回

---

① 董怀修：《南下往事回忆》，台州市政协文史资料委员会、中共台州市委老干部局编：《台州文史资料》第 9 辑，2002 年，第 87 页。

② 《寿张县调动政权干部南下工作总结报告》（1949 年 3 月 3 日），山东省档案馆藏，案卷号：G052-01-0229-005。

③ 观城县政府：《南下干部情况报告》（1949 年），山东省档案馆，案卷号：G052-01-0228-007。

④ 《冀鲁豫区党委就南调干部问题向华北局的报告》（1949 年 3 月），《中共冀鲁豫边区党史资料选编（第三辑）·文献部分》（下），第 511 页。

区后，他一度"为顾及家庭拉腿，在区等着不回家作准备，恐家庭不叫走"。"在未集合前要求回家"，到家后态度急转，强调"母亲有病，把自己关起来，不叫出外，无论如何家庭不让南下，在领导上再三的动员、教育，终是拒绝"。[①]一些干部"变成了家庭的绵羊——报了名到家后，父母妻子拉腿大哭大闹，动摇不去了，宁愿牺牲革命利益及个人前途，甘愿作家庭顺训（驯）绵羊"。[②]

另一种情况则是干部克服困难，通过向家人剖析过江解放江南、"将革命进行到底"的重要意义和"翻身不忘共产党"的现实实例，说服家人同意其南下。如冀鲁豫五地委有的干部"南下思想坚定不为任何阻碍所动摇，并和不正确思想展开了斗争，说服阻碍者，突破困难，而光荣的愉快的南下了。五区书马永鹤，李文明，郑克成老婆拉腿，大闹大哭，坐机关不吃饭，不回家，最后郑同志回家说服了老婆，主要是从现在比过去。分了地生活好了，咱们得干到底，否则敌人来了好日子过不成"。[③]渤海区禹城县干部郭晓峰的家人不让其南下，李东田的"母亲说啥也不让走"，"但他们为了党的事业，为了全国的解放，耐心讲明道理，好言宽慰，并再三向父母和亲友讲明，'国民党已经到了末日，我们胜利在望。这次南下，我们主要是在后边做接管工作……我们是好干部，你老人家是干部家属，革命需要时，总不能落后'"。[④]经过反复做工作，很多干部说服了家人，终于坚定地南下了。

2.顾虑家里无人照料

一些干部存在"怕走了之后，家人无人照料"的顾虑。如冀鲁豫七专署下辖的昆山县干部，"有的托有病，有疮未好，不能走，有的推

① 元朝县委:《元朝县委关于未服从南调干部的处理决定》(1949 年 6 月 23 日),莘县档案馆藏,全宗号 2,目录号 1,案宗顺序号 46,文书处理号 6。
② 冀鲁豫五地委组织部:《动员南下干部工作总结报告》(1949 年 3 月 15 日),山东省档案馆藏,案卷号:G052-01-0098-008。
③ 冀鲁豫五地委组织部:《动员南下干部工作总结报告》(1949 年 3 月 15 日),山东省档案馆藏,案卷号:G052-01-0098-008。
④ 刘相岱等:《光荣的使命 艰苦的征程——禹城县干部南下情况》,《光荣的使命 德州干部随军南下简史》,第 203—204 页。

家有病人，无人照顾。有的推家没人，有的家里没吃的，还得本身想办法，有的家里有账没法还"。①冀鲁豫九专署观城县某干部反省指出："现在全国要胜利啦，局面大好！到处需要干部，我又怕调我，调远了家中受了灾荒谁照顾呢？我说在观城五区工作没意见，借口家没劳动力，小孩小，再晚上四、五年，小孩十五、六岁啦，那时调我，我才服从。"②

现实中，很多干部的确存在不少方面的实际困难，如冀鲁豫五地委称，"游击战争中残酷的敌人给了人民严重的灾难，家属更加厉害，有的干部家的人被杀了，房子被烧了，无家可住，异乡逃难，田地荒芜了，没吃没烧，家里活没人做"，③干部担心一旦南下，父母妻儿无人照料，甚至无法维持基本生活。

此外，1948年山东地区南下中原的一部分干部走后，一些地区由于种种原因，对这部分干部的家属享受"军、烈属待遇"的政策没有很好落实，有的地方对干部家属没有按军属对待，至今仍按工属待遇，一些干部遗留家属生活比较困难。这使得在1949年初动员时，干部存在思想顾虑，担心这次南下"要过江"，"去的地方更远"，"家人怎么吃饭？"在胶东区北海地委，"有些同志家庭生活困难，如有的没有房子住，或房子破，有的目前没有粮吃，有的无生产力"。④胶东区党委总结指出，"由于地区条件的不同，人力物力尚有困难，因之个别区村代耕不好，政治经济生活照顾不够，今春有的军属要饭吃。有的干部南下后，当地政府不知，还有未转为军属待遇的。这些缺点今后尚待继续克服，还有去春南下到中原去的干部至今仍按工属待遇，下面有厚薄不均的反

---

① 冀鲁豫七专署民政科：《调南下干部工作报告》（1949年3月10日），山东省档案馆藏，案卷号：G052-01-213-5。

② 《到江南去帮助未翻身的群众　史殿欣同志的自我反省》，《冀鲁豫日报》第1556期，1949年2月14日，第4版。

③ 冀鲁豫五地委组织部：《动员南下干部工作总结报告》（1949年3月15日），山东省档案馆藏，案卷号：G052-01-0098-008。

④ 北海地委组织部：《南调干部工作总结》（1949年2月27日），山东省档案馆藏，案卷号：G024-01-0332-012。

映"等。① 在冀鲁豫九地委，"有的干部提出：代耕问题搞的不好，家庭
困难如何解决？""有的说，'人在人情在，人去人情去'，现在说的好，
走了谁还管呢？"②

3. 提出个人在婚姻家庭方面的要求

中国共产党自山东抗日根据地建立初期就按照马克思主义婚姻观
与五四以来的新风气，积极推动婚姻改造与婚姻自由，破除封建族权夫
权，大力提倡男女平等、婚姻自由，颁布了一系列相关法规、条例，经
过长期动员改造，至 1949 年时对山东老区社会风气与民众意识的影响
已起到一定成效，尤其对干部群体这一深入参与革命工作群体的思想意
识影响显然更大。根据 1945 年山东根据地颁行的《山东省婚姻暂行条
例》等条例，"夫妻两愿离婚者得自行离婚，离婚时须向区以上之政府
声明备案"，即只要双方自愿，即可离婚。此外还规定了"夫妻之一方
以他方有下列情形之一者得请求离婚"的 11 种情形。③ 由于干部一般认
识到这次过江南下"路途遥远"，今后很难再有与家人见面的机会，因
此，一些干部在南下前提出离婚要求。当然，其中也分为不同的思想情
况。有的干部是因本身是封建包办的旧式婚姻，夫妻感情基础不牢或不
好；有的提出离婚是"明白南下性质"，为了"解脱牵绊"，更好地投身
革命工作，为"个人献身于革命，以革命为职业"而提出的；④ 有的则抱
有一定私心，如东海地委南下干部大队党委会指出，"当然也有部分同
志想借这次南下解决自己的离婚问题"。⑤ 一些干部在这一问题上非常纠
结。如冀鲁豫九地委南峰县"五个分委干部的老婆是家庭妇女，未脱离

---

① 胶东区党委：《关于南下干部家属照顾情况报告》（1949 年 7 月 3 日），山东省档案馆
藏，案卷号：G024-01-0301-004。
② 冀鲁豫九地委组织部：《南调干部工作总结及调整组织训练培养干部的意见》（二月份报
告），聊城市档案馆藏，案卷号：2-1-46-9。
③ 《山东省婚姻暂行条例》（1945 年 3 月 16 日），《山东党的革命历史文献选编（1920—
1949）》第 8 卷，第 394—395 页。
④ 南峰县委组织部：《南峰县委组织部元月份组织工作月终报告》（1949 年 1 月 30 日），
聊城市档案馆藏，案卷号：2-1-38-3。
⑤ 东海南下干部大队党委会：《关于南下干部中的几个情况》（1949 年 12 月 29 日），山东
省档案藏馆，案卷号：G024-01-0332-004。

生产，双方关系不错，南下是留恋，离婚舍不得，不离婚相距太远，不解（决）问题，故有的提议带着，否则无办法，为调动南下，便提出离婚来"。①

有些干部提出"带老婆一起去"，但是按照上级要求，配偶随调南下的必须是已经脱产的革命干部，而且还要符合身体健康、天足、不带小孩的条件，因此绝大多数干部的配偶无法满足南下条件，造成一些干部思想上不通，背负心理负担。南峰县称："自报南下有问题的分委级干部主要原因，多是老婆是工作干部不够南下干部条件，有的是小脚，行军困难。"②

在各县宣布南下政策、动员干部自报南下后，一些没有谈过恋爱、尚未结婚的年轻干部思想上不稳定。如东海地委海阳县"未婚男女同志都后悔，说该原来找个对象领或者跟着，到南方去搞恋爱人地两生，又不熟习（悉），没有法搞"。③有些干部担心南下过江后人生地不熟、语言风俗不通，无法解决婚姻问题，希望在南下前抓紧找到合意的配偶一起南下。东海地委称，南下消息公布后，"没有女人的急于找对象，做好南下的准备"。④济南市在南调总结中指出，干部思想表现之一是："婚姻恋爱问题普遍上升，怕调来调去难找对象了，仓促追求，要求组织照顾，甚至形成互相扯腿，影响了调动工作的进行。"⑤

4. 个别人"伪装积极"

在南下动员阶段，各级党委积极组织、鼓励干部自报。一些干部本来心里不愿南下，但看到积极分子带头报名，周围同志踊跃自报，有的

---

① 南峰县委组织部：《南峰县委组织部元月份组织工作月终报告》（1949 年 1 月 30 日），聊城市档案馆藏，案卷号：2-1-38-3。

② 南峰县委组织部：《南峰县委组织部元月份组织工作月终报告》（1949 年 1 月 30 日），聊城市档案馆藏，案卷号：2-1-38-3。

③ 海阳县委组织部：《这次干部南下的几个情况报告》（1948 年 12 月 27 日），山东省档案馆藏，案卷号：G024-01-0271-006。

④ 东海地委组织部：《南下干部简单情况汇报》（1949 年 2 月 25 日），山东省档案馆藏，案卷号：G024-01-0332-003。

⑤ 济南市委组织部：《关于抽调南下干部问题的总结》（1949 年 3 月 13 日），济南市档案馆藏，案卷号：1.4.10。

"抹不开面子"，有的则出于"伪装进步""伪装积极"，也自报南下，希图侥幸调不到他，或者万一调到自己，再以家人当挡箭牌、作借口，想办法不去，假装生病、受伤，甚至让家人出来抵挡，鼓动妻子、父母去跟领导闹。有的干部"报了名装英雄，批准了装狗熊，到家后被老婆关起来不叫出，干部去动员他，不给见面，老婆出阵抵挡"。[①]地方党委认为这样"欺骗组织"的人"本质是最坏的"，对其进行了严肃批评。如冀鲁豫九地委朝城县向上级报告，"相当一部分"干部"伪装进步，伪装积极，求得在上级面前落个好，欺骗上级，在自报当中假装自报，假装服从调动，但上级批准后，就发动家庭向上级闹，借口家庭不叫去，如林上海（装病），赵方坤（故意用车轧着，现据初步了解是这样的），女人都掉了队，这部分人多是小商人，流氓习气较深，作风不正派，这些人我们认为其本质是最坏的"。[②]"阳谷有个区助理员，决定他南下后提出有病不能南下，回家了，县委派人去看他，正在家里铡草（喂牲口），他看见去的人马上放下铡刀，慌张的躺在床上又装病。"[③]冀南一地委元朝县有的干部"得到领导上的信任，提为区委委员，今春为响应党的号召，抽调干部南下，县委根据需要决定其南下，公布后其向领导上表示愿去，但得回家以作准备安置，到家后，暴露真意，奠（坚）定不去的决心，鼓动其父给区里闹，要吊死区里威吓领导上，叫其父跟随着他以表示父对儿子的不放松，区里领导上曾动员数次，指明其前途，他都是说：我脑子里经常斗争，要党还是要爹，要爹还是要党，结果还是要爹不要党"。[④]该县有的干部"此次确定其南下之区宣委，公布决定南下后，表面表示还不错，要求回家做准备，其积极要求是达到快脱离开

① 冀鲁豫五地委组织部：《动员南下干部工作总结报告》（1949 年 3 月 15 日），山东省档案馆藏，案卷号：G052-01-0098-008。

② 朝城县委组织部：《朝城县六月份组织报告》（1949 年 7 月 5 日），聊城市档案馆藏，案卷号：2-1-38-7。

③ 冀鲁豫九地委组织部：《南调干部工作总结及调整组织训练培养干部的意见》（二月份报告），聊城市档案馆藏，案卷号：2-1-46-9。

④ 元朝县委：《元朝县委关于未服从南调干部的处理决定》（1949 年 6 月 23 日），莘县档案馆藏，全宗号 2，目录号 1，案宗顺序号 46，文书处理号 6。

区，回家后初表示自己愿去，家庭拉腿，借以抵抗南调，企图达到领导上对其让步，领导上及时对其做了动员，进行了前途教育，未能实现其意图，自己服从了自己的落后思想，由侧面抵抗转为正面，决不服从南调，大肆鼓动其母与区闹"。[①]

5. 家庭观念重

山东是孔孟之乡，深受儒家文化传统影响，老百姓普遍重视家庭与故土，除非为了生计活不下去（如"闯关东"），轻易不愿离家远行。尤其当时山东党的基层干部多数是农民出身，文化程度有限，相当多干部是在解放战争期间才出来参加革命的，工作时间短，家庭观念、家庭思想尤为严重，"重家庭、轻革命"，动员他们离开父母妻儿、离开熟悉的家乡环境，过江南下遥远的南方新区，确实不是一件容易的事。有的干部经过组织反复动员，仍以家庭为理由不肯南下，甚至"吓病了""吓跑回家"了。冀鲁豫九地委南峰县"自从动员自报调南下后，有八个干部为了怕南下而被吓倒。如常付申吓病了，张□□要回家不干……如姬度昌说不南下还参加工作，要是叫南下，回家都快了。他们是主要因为家庭观点深，工作时间不久，有种农民狭窄的思想，不愿离家，独守人，或离不开（工作）老婆，如此故躺倒"。[②]冀鲁豫七专署昆山县"有的叫家庭问政府来闹，回家不见面不出来，全县全南下的65人，有22人未来的，其中有6人是真正有困难者，其余16人逃跑了"。[③]

家人的牵挂与羁绊在南下前的山东老区社会引起了波澜。正如冀鲁豫九地委寿张县总结该县干部南调中所遇困难时称，"总起来说，这次南下发生的问题，百分之九十以上的都是家庭观念问题，父母不同意南下，老婆哭叫，家庭无劳力依靠代耕不行，走后家庭有困难。这些问题

---

① 元朝县委：《元朝县委关于未服从南调干部的处理决定》（1949年6月23日），莘县档案馆藏，全宗号2，目录号1，案宗顺序号46，文书处理号6。

② 南峰县委组织部：《南峰县委组织部元月份组织工作月终报告》（1949年1月30日），聊城市档案馆藏，案卷号：2-1-38-3。

③ 冀鲁豫七专署民政科：《调南下干部工作报告》（1949年3月10日），山东省档案馆藏，案卷号：G052-01-213-5。

里边，尤其是老婆拉腿最狠，其效力最大，重家庭轻革命"，[①] 以至于有的县"工作没做好，思想没搞通的调垮台，结果党的决议成为废纸，铁的纪律无地放弛，多少年的老同志就成罪人，连面也不叫人见了，真是一大损失"。[②]

正如黄道炫先生所说："原初的历史是如此复杂，复杂得也许会让人感觉混乱"，"因此，原初的历史和我们的认知之间，恐怕总是会存在距离"。[③] 当我们在纷繁的原始资料中重新构建山东干部在南下前的心态与举动时，会看到许许多多基层干部所面临的种种牵挂与羁绊，其南下意愿也与干部不同的经济状况、阶级状况、受教育程度、家庭环境、工作环境等呈现一定关联性。而这或许就是所谓"历史的弹性"吧。

---

① 《寿张县调动政权干部南下工作总结报告》（1949 年 3 月 3 日），山东省档案馆藏，案卷号：G052-01-0229-005。

② 《徐翼县南下干部总结》，聊城市档案馆藏，案卷号：0014-027-225-002。

③ 黄道炫：《张力与限界：中央苏区的革命（1933—1934）》，社会科学文献出版社 2011 年版，第 5 页。

第四章　困境与突破：山东党组织对困难的应对举措及其效果

面对南调工作中遇到的各种复杂情况，山东各地党组织为了按期完成南调干部数量任务，除了加紧进行开会学习、政治动员外，也采取了各种灵活性与原则性相结合的具体措施，力图解决干部心理及家庭生产生活等实际困难，推动南下工作顺利进行。

一　"回家之后"：克服干部意志上最薄弱的时期

由于此次南下路途遥远、归期无定，因此不少县区在宣布南下名单后，给了干部若干天假期，让其回家收拾行装，并与家人告别，应该说，这样的安排是合理的，既是上级的要求，也符合人之常情。然而在很多地方，恰恰是在"回家之后"的这段时间，成为干部思想上发生转折的重要时期，由于家人的"拉腿"牵绊、家中的困难等种种原因，一些干部意志薄弱或碍于感情，与家庭难舍难分，回家之后便"出不来了"，正如前文所述，有的让父母、妻子出面阻挡，甚至向组织"哭闹"，有的装病、装受伤，有的连工作都不做，领导面都不给见了，甚至有的干部回家后被父母、妻子锁在家里不让南下。临清县南下干部刘万祥同志回忆，在组织宣布其南下后，回家告别时，"我母亲趁机到我房子里轻手轻脚地把我的手枪拿走，并将房门关闭上锁。待我起床时，摸枪不在，拉门不开"。① 在禹城县，"南下干部确定后，南下的同志就放假几天，回家探视亲友和处理私人事宜。这就发生了一个问题，如何过家庭这一关。有些人被亲友阻挡，发生动摇；有些人留恋乡土，强调困难，借口家庭，不肯南下"。② 在博平县，有的干部"说回家准备，回家不来，派人去叫，他说：'叫驴把脚踩着了'，不能去"。有的干部"也是回家准备，来家后说'有病吃药，不能去'"。还有的"回家后，如何动员就是坚决不出来了"。③ 因此，对于基层政权的南下组织动员工作来说，"回家之后"，成为整个南下工作中"最危险"也是最容易出现反复的时期。

一些地区党组织特别注意回家后干部的思想转变。如渤海区二地委禹城县，有的干部回家后难过"家庭这一关"，"有些人被亲友阻挡，发生动摇；有些人留恋乡土，强调困难，借口家庭，不肯南下"。④ 县委组织部及时注意"探亲回来的干部思想情况"，"每人都有每人的实际问题，一要端正思想，二要妥善解决"，以免临走"有人打退堂鼓"的情况。⑤ 冀鲁豫六专署在南下"名单公布之后，因为大部分干部都要回家，因之紧接着提出思想要肯定，意志要坚决，指出家庭拉后腿的可能性，如何说服家庭，不要为家庭牵扯而动摇，使干部有充分的思想准备"。"干部回家以后，估计到有问题的，即抓紧去找，已经为家庭牵扯而声明不能去的，即派有关系的干部去动员家庭。如茌平财科王克同志之母到县府请愿，不让其子南下，结果经范科长到他家去进行说服，很愉快的让王克来了（动员说服家庭的结果）。"⑥ 九专署南峰

① 刘万祥：《南下沅江之回忆》，中国人民政治协商会议湖南省沅江市委员会文史资料委员会编：《沅江文史资料》第 6 辑，1989 年，第 9—10 页。
② 郭晓峰：《禹城干部队南下散记》，《禹城文史资料》第 7 辑，第 110 页。
③ 《博平南下干部工作汇报情况》（1949 年 2 月 22 日），聊城市档案馆藏，案卷号：4-11-4-12。
④ 郭晓峰：《禹城干部队南下散记》，《禹城文史资料》第 7 辑，第 110 页。
⑤ 郭晓峰：《禹城干部队南下散记》，《禹城文史资料》第 7 辑，第 111—112 页。
⑥ 冀鲁豫六专署：《南下干部总结》（1949 年 3 月 1 日），山东省档案馆藏，案卷号：G052-01-0213-003。

县①"在自报后，有两个干部思想上发生挂念自己的老婆，后悔的，如孙海臣同志，是他个人当时在党的动员下一时的热情自报南下，但经爱人贾德荣同志（□行署政民学校）一晚上的枕头风，第二天即收回了自报的意见了，便以工农干部没有文化，到南方吃不开为借口，故不愿南下了。另一个干部是挂念老婆家，他虽未有提出不南下，收回自己自报意见来，但在精神上已不正常了，有些后悔的样子，领导上对这些干部采取个别谈话，发现具体的思想顾虑，解释教育提高，如作到无效②，领导上主动的解除其包袱使他安心工作"。③冀南区一地委莘县，"因安松林同志怀孕，组织上决定待分娩后再南下，当时派她爱人王文焕同志护送回家。不料，王文焕同志回到家后即被家里派人监视起来，不能脱身归队"，最终，"区政府派人做通王文焕同志的家属思想工作后，王文焕同志一人骑着自行车赶上南下干部队伍，随军继续南下"。④

一些地区的干部犹豫于是否回家告别后再南下的问题。如在渤海区一地委，"一部分干部在思想上斗争回家不回家？告诉不告诉？的问题，回家吧怕家庭落后，不回家吧又不是一年半载可回来的"。地委指出，干部南下前是否回家由自己决定，组织上不勉强，但组织上一定要提前教育，让干部做好思想上的准备并做好应对工作，"首先对被批准南调的同志，提出了应抱的态度是：做一般物质准备是必要的，但是最重要的还是思想做准备"，最终，该地委各县"在南调干部中一般的都回家看了一趟，教育打通说服及应付欺骗等方式，脱离了家庭、摆脱了落后

---

① 南峰县，原名朝城县。1945 年 9 月 2 日，为纪念 1942 年 7 月在抗击日伪时英勇牺牲的中共朝城县抗日民主政府县长齐南峰烈士，经冀鲁豫行署批准，将朝城县改名为南峰县。1949 年 7 月，恢复原县名朝城县。1953 年 8 月，朝城县与观城县合并组建观朝县。1956 年 3 月，观朝县建制撤销，县境分别划归今河南范县和山东莘县。

② 原文如此。

③ 南峰县委组织部：《南峰县委组织部元月份组织工作月终报告》（1949 年 1 月 30 日），聊城市档案馆藏，案卷号：2-1-38-3。

④ 王再兴：《为全国解放尽力——莘县南下干部情况》，中共莘县县委党史资料征集研究委员会编：《燕塔风云 莘县民主革命时期党史资料汇编》，1987 年，第 195—196 页。

的环境"。[1]

相反，有的地方没有提前预计到这个情况，做好布置，工作则往往会陷入被动，如冀鲁豫七专署检讨南下工作经验时指出："对干部的思想变化估计不足，掌握不紧。在宣布批准南下名单、干部回家后，家属拉腿哭叫，干部思想上起很大的变化，事先没有指出防止，事后动员得不及时，所以发生自报南下又不去的现象。"[2]

二　妥善解决干部配偶问题

由于此次南下新区工作要渡过长江，路途遥远，归期无定，加之按照上级要求及新区工作需要，南下新区的干部是不能带配偶及子女随行的，身患疾病、"小脚"、有孩子及未脱离生产的妇女干部也不能南下。因此，婚姻家庭问题是当时困扰各地南下工作的较为棘手的问题。从家人尤其是妻子的角度来说，不愿丈夫南下、"怕南下"、"怕离婚"，在当时是较为普遍的现象，也可以说是人之常情。"这些问题里边，尤其是老婆拉腿最狠，其效力最大，重家庭轻革命。"[3]因此，妥善解决干部配偶问题，对南调工作顺利进行极为重要。

（一）对婚姻问题的处理

婚姻政策合理与否，不仅关系个人与家庭幸福，也关系山东老区社会稳定。在革命战争年代，婚姻政策不可避免地体现出一定的时代性和政治意义。各地鉴于这次南下路途遥远、"难有归期"、南下组织工作中的现实情形及南下任务的紧迫性，为了照顾干部情绪和实际困难，对于离婚问题采取了比较灵活的处理办法。如南峰县委对确实由于南下干部

---

① 沧南地委组织部：《南调干部前后的干部工作综合报告》（1949年），山东省档案馆藏，案卷号：G026-01-0123-009。

② 《冀鲁豫区党委就南调干部问题向华北局的报告》（1949年3月），《中共冀鲁豫边区党史资料选编（第三辑）·文献部分》（下），第511页。

③ 《寿张县调动政权干部南下工作总结报告》（1949年3月3日），山东省档案馆藏，案卷号：G052-01-0229-005。

"个人献身于革命，以革命为职业原因"而提出离婚的，[1] 基本给予了同意。又如冀鲁豫六专署机关干部的"离婚问题：据专署机关上的统计，南下干部共 48 人，提出离婚来的 10 人，占 20.8%"，"河西等县按一方提出即可批准的办法处理了几个离婚问题"，"也有的干部说，准许离婚就南下，不叫离婚就不去。最后经过几再动员，政府保证：凡合乎离婚条件者争取于一个月内解决，将离婚书寄去"，[2] 安抚了干部的情绪，保证了调出干部任务数的顺利达成。冀南一地委有的干部自报南下，"回家后夫妻本来感情不错，这次哭闹不叫南下"，因此"离了婚"。[3] 该地委对"婚姻问题，主要是离婚，按手续办事"，"离后怕到江南不好找对象，组织有原则的帮助解决"。[4] 各级基层组织在山东南下干部婚姻问题的处理上较多照顾了干部的情绪，应该说这在完成南下重大战略任务的背景下有一定必然性。同时，老区党和政府也从本地实际出发，积极保障南下干部配偶的权益，对于一些干部将离婚与南下"合二为一"，一说南下就要离婚，如前述城武县的情形，各地也综合干部南下的思想动机、是否旧式婚姻等具体情况区别对待，而并非全部照准。

此外，为了解决干部婚姻问题，一些县积极主动做工作。如渤海区三地委安丘县，"有的同志从青年离开家，为党工作，年龄也大，组织上主动给他介绍对象，结婚后男女一起南下，薛兆祥、张世兰就是这样"。[5] 冀鲁豫六地委东阿县干部宋吉元，"其爱人王光梓教书，平日感情不好，时常发泄要离婚的心情，'他说给我动员的夫妻好了，我即南下'"。该县李县长"亲自买了花生，烧了茶水，把王光梓请去动员了一

---

① 南峰县委组织部：《南峰县委组织部元月份组织工作月终报告》（1949 年 1 月 30 日），聊城市档案馆藏，案卷号：2-1-38-3。

② 冀鲁豫六专署：《南下干部总结》（1949 年 3 月 1 日），山东省档案馆藏，案卷号：G052-01-0213-003。

③ 《冀南一地委组织部 1949 年 2 月份南调干部工作报告》（1949 年 3 月 28 日），《南下入湘干部历史文献资料汇编》，第 106 页。

④ 《冀南一地委组织部 1949 年 2 月份南调干部工作报告》（1949 年 3 月 28 日），《南下入湘干部历史文献资料汇编》，第 108 页。

⑤ 尚秀荃、郭汉周：《安丘（老）县委组织干部随军南下情况的回忆》，《山东党史资料文库》第 29 卷，第 595 页。

半夜，刘科长也动员了几次，结果把光梓动员的不但愿给和好，并自动的提出随其夫南下"。[①] 在胶东区东海地委，南下前干部"要求订婚的，要求将来送去的，组织上提出准予保持关系，家属的工作和学习问题，组织上必然会作到照顾"。[②]

（二）对符合条件的女干部，可以调出

考虑到南下过江千里长途行军的艰苦及南方新区情况的复杂与不确定性，1949 年南调以男性干部为主，山东地区对于女干部调出的要求总体来说是比较严格的。但是对于符合条件的妇女干部（主要是干部家属），不少地区考虑到其实际困难等，予以调出。如冀南区二地委恩县，"根据上级的布置，召开了干部动员大会，会后报名要求南下的几乎是百分之百。对于女同志是控制得很严的，一般不予批准，只允许了少数已婚、双方都是干部、没有什么家庭孩子牵挂的。我们恩县队有高祥云与魏家春、姚庆田与刘桂荣、袁长江与孙兰风等 3 对夫妇。但有一位女同志名叫程宝荣，是原恩县八区的妇女主任，她坚决要求南下。组织上考虑了她的志愿，批准了她"。[③] 渤海区四地委无棣县，"石庙、水湾、小山三个区的妇女干部，开始县委没有批准她们南下，后来，在她们的积极要求下，得到了批准"。[④] 又如胶东区北海地委，"各县又根据地委指示，关于南下干部的待遇与照顾原则适当的作了解决，如干部的婚姻问题，其对方能干工作者，可动员一同南下，家庭生活问题则以作好拥优工作，照顾其家属生产及其生活，解除其顾虑"为原则。[⑤] 胶东区党

---

① 《东阿县关于一九四九年南下的干部情况总结》（1949 年 2 月 25 日），聊城市档案馆藏，案卷号：14-27-230-1。

② 东海地委组织部：《南下干部简单情况汇报》（1949 年 2 月 25 日），山东省档案馆藏，案卷号：G024-01-0332-003。

③ 赵建中：《随军南下》，湖南省党史联络组联合办公室编：《回忆录》第 2 辑，1990 年，第 69 页。

④ 《组织干部南下支援新解放区》，《无棣文史资料》第 2 辑，第 145 页。

⑤ 北海地委组织部：《南调干部工作总结》（1949 年 2 月 27 日），山东省档案馆藏，案卷号：G024-01-0332-012。

委"根据上次抽调干部经验，南下干部最主要的有二个问题，一是家庭生活问题，一是爱人问题。对这二个问题，这次均作了适当照顾……对干部爱人是掌握凡身体健壮，不带小孩子，能行军，并是脱离生产干部可一律带去"，并特别指出，"即使未结婚，合乎上述条件者，也一起调往新区工作"，"因病或有小孩不能去者，即予以登记留底，分配其适当工作或学习"。①

（三）培养干部配偶，争取尽量带走

对于一些干部提出的希望配偶能够一起南下的请求，部分基层组织出于照顾干部实际困难等人性化考虑，采取了尽量争取让这些家属一起南下的办法，有的地区将干部的配偶提拔为干部，随调南下。如冀鲁豫九地委南峰县对待干部家属问题认为，"如解决不了可能影响点情绪的"，"先设法使她去，培养她做工作（因培养一段了），如够干部条件的话，亦可经批示提为干部共同南下"。②冀鲁豫五地委"南下干部老婆有够参加工作条件的受训参加工作，南下前能离婚的批准离婚，够助理员条件和干事条件批准南下"。③

一些妇女干部特别积极要求南下，提出可以不带孩子，自己跟随丈夫南下。如南峰县"分委级干部愿带自己的爱人（工作干部）一同南下的有七个干部，其中有四个妇女干部是小脚的，并带有孩子，一个或两，有的能舍孩子随男"，④但是县委也无法全部解决。如前文所述，各区党委为了南下行军的顺利、迅速及南下工作环境的实际需要，对于南下调动中一些县份调出的多数妇女干部进行了大规模审查和劝返。如华北局

---

① 胶东区党委组织部：《南下干部的准备情况》（1949 年 2 月 20 日），山东省档案馆藏，案卷号：G024-01-0305-005。
② 南峰县委组织部：《南峰县委组织部元月份组织工作月终报告》（1949 年 1 月 30 日），聊城市档案馆藏，案卷号：2-1-38-3。
③ 冀鲁豫五地委组织部：《动员南下干部工作总结报告》（1949 年 3 月 15 日），山东省档案馆藏，案卷号：G052-01-0098-008。
④ 南峰县委组织部：《南峰县委组织部元月份组织工作月终报告》（1949 年 1 月 30 日），聊城市档案馆藏，案卷号：2-1-38-3。

的冀鲁豫区党委即将地、县调出的"小脚"、怀孕、患病及不够工作员条件的妇女干部送返原籍，并要求九地委绝大部分南调的妇女干部回去或到党校学习。[①]

对于一些南下干部的家属暂时不符合南调条件，一时无法调走的情况，一些地区对之进行培养，做好未来将之调往南方的准备。如在东海地委，"为了女方将来够条件可以南下，不少干部临走时要求将女方调出学习，或工作，以便将来送往新区"，[②]地委尽量给予了满足。

正如东海地委总结指出，在南下工作中，"从干部的工作历史，从质量看，掌握了服从新区的原则，尤其对年老体弱有病干部及干部家属问题的处理上，一般是执行了区党委的指示，如调干部指示下达后，才调出的女干部因不符合条件"，"我们介绍去进校学习"。[③]可以看出，虽然山东老区基层组织在南下干部婚姻家庭问题的处理上照顾了干部的情绪与要求，但还是坚持了基本的原则。[④]

三　恰当解决干部的其他实际困难

法国学者夸克的理论指出："为了使共同体中的成员能够认为统治者的指挥地位是具有合法性的，那么就需要这种地位明确地表现出它所

---

① 冀鲁豫区党委组织部：《对九地委组织部南下工作报告的回复》(1949 年 3 月 20 日)，聊城市档案馆藏，案卷号：2-1-46-8。
② 东海地委组织部：《南下干部简单情况汇报》(1949 年 2 月 25 日)，山东省档案馆藏，案卷号：G024-01-0332-003。
③ 东海地委组织部：《南下干部简单情况汇报》(1949 年 2 月 25 日)，山东省档案馆藏，案卷号：G024-01-0332-003。
④ 华北其他省份在对南下干部配偶工作的处理上与山东的情况有很多相似之处。如察哈尔省委在向华北局提交的南下工作报告中说："南下干部除希望回家探望父母等一般要求外，他们最关切的是家庭困难及老婆孩子的处理解决，我们已通知各地，凡此次南下干部除根据华北局规定按军属待遇外，其当前生活确实困难者，先拨发一部补助粮解决，干部爱人如原系干部无小孩者尽可能带走，某些原非干部但有发展前途、去后能工作者，亦可带走，至于原系干部，但因小孩不能一同南下者，尤应妥善安置。"参见中共察哈尔省委《关于南下干部情况给华北局的报告》(1949 年 2 月 13 日)，河北省档案馆藏，案卷号：0224-001-0038-0004。

具有的公共福祉的活力。"①面对南下组织动员中很多干部提出的实际困难与顾虑，山东党的各级组织竭尽所能解决干部实际困难，为干部南下解除各种后顾之忧。一些地区党组织也明确提出："条件许可，应尽量满足南下干部要求。"②

（一）落实南下干部家属的军属待遇

针对许多干部抱有南下后家人无人照料的顾虑——这也确实是他们家庭的实际困难，各地按照中央要求，明确对南下干部家属按照军属待遇，使其享受相应保障。

中共中央在《中共中央关于准备五万三千个干部的决议》中明确指出："为了照顾调往新区工作的干部的家庭的困难，减少干部的顾虑，凡过去及今后调往新区工作的地方干部，其家庭一律按军属待遇。各地政府应明文公布；并立即对已经外调的地方干部的家庭实行按军属待遇。"③华东局在《中共华东中央局关于执行中央准备五万三千干部决议的指示》中规定："必须关心干部，具体解决干部的困难问题，如注意干部的身体健康注意疾病医药，如照顾调往新区工作干部的家庭困难，减少干部的顾虑。凡过去及今后调往区工作的地方干部，其家庭一律按军属待遇，各地政府应明文公布；对过去一切已经调的地方干部的家庭，应即按军属待遇。至于此次调往新区的一万五千干部，因为要随军前往新区工作，必须精干简便，暂不带爱人孩子，待到新区开辟工作环境安定之后才迎接其家属去。因此对调往新区工作干部家庭的爱人孩子，必须很好暂时安置，必须迅速以地委为单位设立新区干部家属管理处，以照顾其生活、教育与将来集中行动，其所需经费，可做预算报告，上级

---

① 〔法〕让－马克·夸克：《合法性与政治》，佟心平、王远飞译，中央编译出版社2002年版，第47页。
② 中共章丘市委党史研究室：《章丘、章历县干部南下纪实》，《泰安南下干部纪实》，第49页。
③ 《中共中央关于准备五万三千个干部的决议》（1948年10月28日），《山东党史资料文库》第25卷，第226页。

政府，由政府供应之。"① 华北局在《关于外调 17000 干部及补足干部缺额的决定》中亦明确规定："凡调出华北区工作之地方干部及民兵，其家属一律以革命军属待遇。"② 1948 年 9 月新成立的作为中央人民政府前身的华北人民政府，于 10 月 14 日对南下干部家属的军属待遇问题做出了明确规定：

> 为了照顾远调新区工作干部之家庭困难，减少干部顾虑，特规定：凡过去及今后远调新区工作之地方干部：其直系亲属一律按军属待遇。仰即遵照执行！③

各地认真宣传中央和华北人民政府关于南下干部家属落实军属待遇的文件精神，这就为干部南下后其家属的生活在制度安排上做了保证，在精神上为干部解除了最大的后顾之忧。

在冀鲁豫五地委，"年关对家属进行了救济，宣布南下干部按军属待遇，无劳力的进行代耕，无房子的进行调剂房子加以安置"，④ 切实解决干部实际困难。胶东区东海地委指出，"对那些暂时因身体不好或怀孕等不能一起到新地区之妇女干部，各级党委必须对其认真负责，分配其一定的工作或学习（可不算在编制人数以内）"，同时，"地委并即以地委组织部为主，吸收各有关部门参加，组成南下干部家属管理委员会，开始进行日常工作，专门负责了解所有南下干部家属的思想情况，并帮助解决其具体困难"。⑤ 该地委要求各县："为了减少南下干部

---

① 《中共华东中央局关于执行中央准备五万三千干部决议的指示》（1948 年 12 月 25 日），《山东党史资料文库》第 25 卷，第 455 页。

② 《华北局关于外调 17000 干部及补足干部缺额的决定》（1948 年 10 月 29 日），《从冀鲁豫到贵州——南下支队和西进支队专辑》，第 54 页。

③ 华北人民政府：《为规定远调新区工作干部其直系亲属一律按军属待遇通令》（1948 年 10 月 14 日），华北人民政府秘书厅编印：《华北人民政府法令汇编》第 1 集，1949 年，第 51 页。

④ 冀鲁豫五地委组织部：《动员南下干部工作总结报告》（1949 年 3 月 15 日），山东省档案馆藏，案卷号：G052-01-0098-008。

⑤ 东海地委：《关于完成南下干部集结的决定》（1949 年 2 月 7 日），山东省档案馆藏，案卷号：G024-01-0332-002。

顾虑，并可在此次动员抽调中由当地政府通告其所属村及家属，凡过去和今后调往新区干部工作的地方干部与人员，一律即按军属待遇。"①渤海区一地委（沧南地委）对家庭困难问题，"首先说明，南下解放和新地区农民翻身的光荣任务，我们要积极帮助支援你们，我们本身的任务光荣，家庭也光荣，家庭以军属待遇，现在人民又有了觉悟，正在加强和提高着优军观念，组织上是要负责的，不用你们再多挂心"。②该区的德县等"宣布了对南下干部家庭的照顾政策。（1）凡被选派南下的干部家庭享受军属待遇。（2）县、区政府和村政权帮助做好家庭工作。（3）安排好南下干部的家庭生活。这样形成一个谁南下谁光荣的政治气氛"。③

（二）承诺做好代耕工作

"代耕"是保障干部南下后其家属生活的重要举措，也是山东干部南下前反映与要求较多的一项工作。各地认真贯彻了对南下干部家属一律按照军属对待，无劳力或劳力不够者安排代耕的方针，改进之前在代耕等方面存在的不足，承诺在南下干部走后，做好其留鲁家属的代耕工作。如冀鲁豫九地委总结道："有的干部提出：代耕问题搞的不好，家庭困难如何解决？只要解决了一定'南下'。有的说，'人在人情在，人去人情去'，现在说的好，走了谁还管呢？发现干部对这个问题顾虑很大。""我们首先向干部承认过去这个工作是未搞好，增加了烈、军、工属的困难，但不是党不愿把这个工作做好，而是我们的工作还未做好，群众思想发动不够，还没有深刻认识到把代耕搞好是与自己利益直接联系的问题，不了解自己利益和革命利益的一致性。代耕问题搞不好，主要是我们发动群众的工作做的不够，今后一定会搞好这一工作，并提出

① 东海地委：《关于完成南下干部集结的决定》（1949年2月7日），山东省档案馆藏，案卷号：G024-01-0332-002。
② 沧南地委：《南调五十个区级干部的情况报告》（1949年2月13日），山东省档案馆藏，案卷号：G026-01-0123-007。
③ 庞文明、苗春华：《匡五县、德县干部南下综述》，《光荣的使命　德州干部随军南下简史》，第184页。

所有留下的干部，凡今后自己提出代耕工作给他家搞的不好，不问别的，先问他本人工作的地方把这一工作做好了没有，然后才问他家里为何未代耕好，以增加全党干部对这一工作的重视。"这使得不少干部放下了家人生活无人照料的思想包袱，心情愉悦地投入南下的准备工作中，"因此有的干部思想通了，说：'我通了，我相信今后党一定会把这个工作做好，这次不说别的啦，我坚决南下。'"①

在冀鲁豫六地委荏平县，"一般的是南下干部回家后，受家庭影响。如财科王克同志，回家后提到南下，他祖父和她母亲都不通，都想到县来找负责人，结果他母亲来县，要求不去，经财科范科长从远大、目前利益分析后，打通了他母亲的思想。但回家后没法说叫孩子去，要求范科长到他家去打通他祖父的思想，及他老婆的思想，于是范科长到了他家，给他祖父谈时表扬他家庭的进步（因王克同志的父亲和叔父都是革命职员，因公积劳致死的），说明了形势及王克的前途，今后交通便利，往返不甚困难，今后代耕办法（他家庭没劳动力，生活、生产很困难），接着又开了家庭会议，将上述问题，又讲了一下，打通了家庭思想，特别是听了我们代耕办法（即固定人及亩数产量）后，觉（得）这样可不作难了"。②

为了防止"优属""代耕"工作流于口号和形式，冀鲁豫区党委"号召全区党、政、民、武，结合中心工作及经常工作，进行检查优军（包括二属）代耕工作，在旧历年关前组织村优军代耕委员会，帮助解决家属具体困难，并提出改善意见来，有领导的使这一工作经常化（每年要保证有组织的检查一次两次），因实际行动胜于口头宣传千万遍"，并要求对这一问题常抓不懈，"进行此工作，要防止现烧香、现磕头、现□符、现念咒的办法"。③

---

① 冀鲁豫九地委组织部：《南调干部工作总结及调整组织训练培养干部的意见》（二月份报告），聊城市档案馆藏，案卷号：2-1-46-9。

② 《荏平县南下政权干部总结》（1949年2月26日），聊城市档案馆藏，案卷号：0014-027-214-001。

③ 《刘晏春同志在地委组织部长联席会议上的总结报告（节录）》（1949年1月8日），《中共冀鲁豫边区党史资料选编（第三辑）·文献部分》（下），第373—374页。

（三）处理干部其他合理要求

对于干部提出的一些其他合理要求，各地从南下大局出发，也给予了积极处理。这主要包括1948年"三整三查"（即"整顿组织、整顿思想、整顿作风"，"查阶级、查思想、查作风"）中"被斗"，土改中错划家庭成分，党籍问题，家里借公家粮食、公籽，子女公费入学等。这些具体问题，在区党委（行署）一级基本都没有进行明确规定，各地专、各县一般按照实际情况予以处理。以冀鲁豫六地委（专署）为例，该地委在总结南下工作的优点时指出："……其次是适当的照顾和解决干部困难，因为有的干部是有条件服从调动，除了进行思想教育外，（对有实际困难）必须照顾的也给予适当的解决。"①有属于合理要求的，如属于过去确实划成分有误，党组织予以及时纠正，尤其对土改整党中一些"唯成分论""机械地划分阶级"等"左倾"偏向，应在"结束土改"中予以改正。如该地委下辖的河西县，有的干部在土改中"家庭被斗争，尚未补偿与安置，南下后有家庭顾虑"。②专署要求各县对"南下干部家庭之安置补偿问题：应在调剂抽补结束土改中予以解决"。③在向冀鲁豫区提交的《南下干部总结》中，冀鲁豫六专署再次指出，对于南下干部及其家属"地富成分的安置问题与错斗中农的补偿问题。通知所在政府在结束土改中予以解决"。④当然，上级对这个问题也做出了批示："干部不南下这问题就不处理吗？还是因南下而额外在政府照顾的呢？"⑤在该专署的东阿

---

① 冀鲁豫六地委：《南调干部工作总结》（1949年3月），《一切为了前线（上）聊城地区党史资料第15辑》，第95页。

② 《河西县南下政权干部总结报告》（1949年2月26日），聊城市档案馆藏，案卷号：14-27-225-5。

③ 《冀鲁豫第六行政区督察专员公署指示　关于干部南下后遗留问题的解决指示》（1949年3月2日），聊城市档案馆藏，案卷号：24-1-11-31。

④ 冀鲁豫六专署：《南下干部总结》（1949年3月1日），山东省档案馆藏，案卷号：G052-01-0213-003。

⑤ 冀鲁豫六专署：《南下干部总结》（1949年3月1日），山东省档案馆藏，案卷号：G052-01-0213-003。

县，"干部疑虑着'南下途中如发生困难如何？'大部提出要政府解决补助川资"，政府马上予以解决，在司务处暂借款，"每人发给 50000 元的补助川资"。有的干部"衣服困难"，马上"发动本机关同志，自动捐助，叫他搞衣服"。[①] 冀鲁豫六专署对于"子女要求公费入学问题：凡夫妇干部一同南下，其所遗婴儿均享保育，但地方干部之子女要求公费入学不能批准。如博平 25 个干部中要求子女公费入学生活补助的 10 人占 40%"。[②]

（四）对确有困难的干部，允许其留下

干部被确定为南下对象后，由于自己身体及家庭困难等原因，确实存在南下困难情况的，在各地南调过程中均有出现。按照上级相关要求，新区南下工作应坚持干部自觉自愿南下与服从组织调动相结合，山东分局在南下总结中也指出，"启发干部的自觉自愿，与本人强调服从组织，适应全国形势的需要，既不勉强南下，又不放任自流"。[③] 冀鲁豫区党委要求"严禁强迫命令欺骗等办法。在未确定谁去前要慎重考虑，做好动员工作，到既经组织确定时，就必须服从组织。对少数不服从者要执行纪律，以严明是非"。[④] 而在实践中，每个干部的具体情况千差万别，到底哪些干部属于确有困难而实在无法南下，哪些干部是借口困难而不愿南下，很难有明确、统一的判断标准。一旦领导上公布了南下名单，面对这种确有困难而不愿南下的情况，一些地区采取较为严厉的组织处理，一些地区则采取了较为人性化的解决方式，即不强制调其南下，这一点在胶东区的材料中表现较

---

① 《东阿县关于一九四九年南下的干部情况总结》（1949 年 2 月 25 日），聊城市档案馆藏，案卷号：14-27-230-1。

② 冀鲁豫六专署：《南下干部总结》（1949 年 3 月 1 日），山东省档案馆藏，案卷号：G052-01-0213-003。

③ 《山东分局组织部调一万五千干部南下的情况补充报告》（1949 年 4 月 29 日），山东省档案馆藏，案卷号：G046-01-0200-009。

④ 《冀鲁豫区党委关于南调干部工作布置的报告》（1948 年），《中共冀鲁豫边区党史资料选编（第三辑）·文献部分》（下），第 333 页。

为明显。如胶东区党委组织部1949年2月20日在对南下工作进行汇报时指出，该区"一般的是采取以县为单位召开全体干部会议，进行接管全天下的形势教育，与服从组织决定的纪律教育（在这以前即已进行教育），让既有干部进行座谈讨论，提高思想，然后由领导上公布走与留的名单。公布名单后，即以调新区与留老区干部为单位集体进行座谈讨论，有什么困难需要解决，有不愿南下者可提出意见"，"对家庭生活，除按军属待遇外，就是真心家庭有困难者，即不调其南下"。①胶东区的东海地委指出，"首先确定的南下干部对象，公布前，通过了解，身体确不健康，思想不通，或有特殊情况者，事先做到个别变动"。②"对所调之干部，需切实了解其思想情况与身体情况，如有经过动员仍不通者，或年龄较大身体又弱并有不少具体困难，仍应留下在原地工作，不应勉强调往新区工作"，不搞强迫命令。③又如渤海区三地委安丘县在南调组织时，"在会议期间，县委分别和各区委书记个别谈话，争取他们的意见，通报决定。留下谁，谁去，除区委书记和区长由县委决定外，其他人员都和各区商量决定。临走前思想不通的，确有困难的可以调换，以便顺利到达新区"。④当然，胶东区的做法有其特殊情况和条件，即需要准备大批干部接管中国重要海港城市——青岛，且准备干部南下和准备干部接管青岛工作几乎在同时进行。以胶东区北海地委为例，该地委需要准备的南下新区的干部和接管青岛的干部数量统计见表4-1。

---

① 胶东区党委组织部：《南下干部的准备情况》（1949年2月20日），山东省档案馆藏，案卷号：G024-01-0305-005。
② 东海地委组织部：《南下干部简单情况汇报》（1949年2月25日），山东省档案馆藏，案卷号：G024-01-0332-003。
③ 东海地委：《关于完成南下干部集结的决定》（1949年2月7日），山东省档案馆藏，案卷号：G024-01-0332-002。
④ 尚秀荃、郭汉周：《安丘（老）县委组织干部随军南下情况的回忆》，《山东党史资料文库》第29卷，第595页。

表 4-1　北海地委"南下与去青岛干部的实数统计"

单位：人

	地委	县委书记	县部长	分区书记	委员	干部	共计
南下干部	1	5	41	63	205	107	422
去青岛干部	1	1	13	35	109	59	237

　　注：表中数据均照原文抄录。

　　资料来源：北海地委组织部：《南调干部工作总结》（1949 年 2 月 27 日），山东省档案馆藏，案卷号：G024-01-0332-012。

　　北海地委预备南下与接管青岛干部的比例大体在 1.8 ∶ 1。在胶东区的一些地区，如果南下新区因种种问题确有困难，可以安排其完成接管青岛的重要战略任务。

四　释疑解惑，端正动机

　　山东干部南下后的目的地究竟在何处，在南下动员时，上级并没有明确、具体的传达。因此，"到哪去"，也成为当时干部们议论极多的一个话题，是风景如画、繁花似锦的苏杭，还是中南各省，抑或是西南地区。多数地方同志认为是去接管江南地区，尤其是南京、上海、杭州等国民党统治中心的繁华大城市。为了利于动员工作，基层党组织也并没有轻易否定当时人们对于南下目的地的种种猜测，而是将江南的具体情况，包括南方大城市较为理想的工作环境向干部们进行了解释，"讲明了南下的需要与革命工作者应有的态度与当前的职责，并介绍了江南的工作基础，现在的环境，当地的气候，风俗人情及一般生活程度"。[①]这也引发了一部分干部对南下工作、生活的很大向往。

　　南下动员之初，一些干部由于听说 1947 年跟随刘邓大军南下的山东干部在鄂豫皖大别山区遭遇到敌人围追堵截，被迫进行游击战，不少同志牺牲了，因此存在一定畏难情绪。他们认为江北的战争虽已基本胜利，但过江以后，美国可能出兵，他们可能还要打游击战。关于美国可

---

　　① 观城县政府：《南下干部情况报告》，山东省档案馆藏，案卷号：G052-01-0228-007。

能出兵干涉的问题，中共中央早已做出了相应部署。1949 年 1 月中共中央政治局会议上，毛泽东指出："我们从来就是将美国直接出兵占领中国沿海若干城市并和我们作战这样一种可能性，计算在我们的作战计划之内的。这一种计算现在仍然不要放弃，以免在事变万一到来时，我们处于手足无措的境地。但是，中国人民革命力量愈强大，愈坚决，美国进行直接的军事干涉的可能性也就将愈减少，并且连同用财政及武器援助国民党这件事也就可能要减少。一年以来，特别是最近三个月以来，美国政府的态度的摇摆不定和某些变化，证明了这一点。"① 在鲁西北各县，党组织进行了思想动员，并认真、耐心解释了目前全国解放的形势与南下后的状况，使他们打消了顾虑。如冀鲁豫九地委的干部对南下后的状况存在两种较大的顾虑，一是"这次南下是否还与大别山一样打游击"；二是"我们如大军过江，美国是否会出兵"。② "当时这两个思想是大家争论的最有兴趣的一节，最后又经过形势报告与小组争论，结果在干部思想上认识到，现在形势发展了，过江不会与去年往大别山一样，再者，我们大军过江后，根据目前全世界民主力量与美国兵力他是不敢出兵的，到这时大家的思想变了，有的说：'就让美国出几十万兵，也挡不住蒋介石的灭亡，他真出兵我们真揍他，南下吧，吃大米去，到杭州、上海、南京去，活捉住蒋介石。'"③ 又如冀鲁豫五地委，为解决干部对过江南下的担忧，要向干部们"说明敌人主力被消灭了，只剩些二、三等部队，咱军队一过江很快解决了，解除右倾思想"。④ 在胶东区北海地委，有的人顾虑新区状况，组织上"讨论到新区工作的有利条件，如敌人主力基本上被摧垮，人心向我，群众易于发动，并与出发之民工民

---

① 《目前形势和党在一九四九年的任务》(1949 年 1 月 8 日中共中央政治局会议通过)，《建党以来重要文献选编（1921—1949）》第 26 册，第 25 页。

② 冀鲁豫第九专署：《南下政权干部工作总结报告》(1949 年 3 月 1 日)，山东省档案馆藏，案卷号：G052-01-0209-010。

③ 冀鲁豫第九专署：《南下政权干部工作总结报告》(1949 年 3 月 1 日)，山东省档案馆藏，案卷号：G052-01-0209-010。

④ 冀鲁豫五地委组织部：《动员南下干部工作总结报告》(1949 年 3 月 15 日)，山东省档案馆藏，案卷号：G052-01-0098-008。

兵对比，连民工民兵还过江南下呢？何况我们。指出南下的前途"。①

当然，有的地方在南下动员时为了让干部积极南下，"只把江南说得天花乱坠（有的县动员时说：'江南鱼米之乡，美人多'，'安安稳稳坐天下'，'去时一概坐火车汽车'等），或用单纯威吓（有的说'不去的要枪毙政治生命'，'不去的要押起来'等）"。② 这些鼓舞方式虽然一时会起到一些效果，但只能算是临时变通之计，也会为此后遗留一些问题。

此外，山东各地针对南下动员中部分干部表现出的各种错误的南下动机，如"借南下到新区提职、娶亲、甚至摆脱现有婚姻等不纯动机，及时地进行了教育说服"。③ 对一些干部思想上的落后因素和对形势认识的不清，如有的"仍认为'战争就是战争，胜利也就是胜利，并没有什么了不起'"，有的认为"净说形势如何如何，还不是给我们打气使劲干工作"，还有的"由于对形势认识模糊不清，存在着满足于一时一地的和平及麻痹思想，认为'战争打远了，与我无关，那边的战争不是胶东人民的责任'，缺乏整体观念，坐待胜利"等，进行了及时解释与教育。④ 对于一些干部不自报，表现出"决定即去，不叫去更好"的态度，一些地区也要求进行批判与纠正："除对坚决不服从调动的论堆思想给以坚决的揭发，与严正的批评外，对干部中存在着的'决定即去，不叫去更好'的消极思想和态度应有足够的警惕，不能麻痹，就认为南下不成问题了。这是一种基本上不愿南下的落后思想，在进行南调中可能发生问题的。故必须大力进行教育，纠正那些在服从组织的口实下而掩盖着的落后思想。"⑤

---

① 北海地委组织部：《南调干部工作总结》（1949 年 2 月 27 日），山东省档案馆藏，案卷号：G024-01-0332-012。

② 《冀南区党委关于南下干部情况给华北局的报告》（1949 年 3 月 27 日），《南下入湘干部历史文献资料汇编》，第 92 页。

③ 《中共山东编年史》第 6 卷，第 279 页。

④ 《澄清干部混乱思想　布置民兵冬整工作》，《胶东日报》1948 年 12 月 13 日，第 1 版。

⑤ 《冀南区党委组织部介绍四地委对南下干部动员的方法、步骤的通报》（1949 年 2 月 2 日），山东省档案馆藏，案卷号：G051-01-0099-003。

五 依靠干部、相信干部说服家庭

家庭阻力（即当时所谓的"父母哭闹""老婆拉腿"）是干部南下的最大难关。各级党和政府一方面通过各种方式动员、教育干部，另一方面努力做干部家属的说服工作。同时，依靠干部、相信干部能够克服家人"拉腿"。为了克服家庭阻力，很多干部坚定、努力地说服家庭，战胜"拉腿"。

从家人尤其妻子角度来说，不愿丈夫南下是较为普遍的现象。然而事实证明，面对家人的掣肘，只要干部真正坚定南下立场与思想，坚定服从组织安排，服从大局，就能克服家庭的阻力。在相关原始文献中记载了不少这样的实例。有的干部"自己想尽一切办法摆脱家庭，达到南下目的"。[①]山东寿张县"城关管委会主任孙绍恩，南下坚决，自己想尽一切办法摆脱家庭问题，向家庭作尖锐的斗争。起初不对家里说，怕找出更多麻烦，牵肘自己的南下。他儿子来问他，绍恩同志说：南下没我，晚天可能叫我受训，你回去吧"。"临走前自己到了家，老婆问，南下有你没？绍恩说有我。老婆说：你要南下我就跳坑死，绍恩说：我要不能南下我就跳井死，要死咱俩一块死。老婆一看用跳坑死威胁不行，就大哭。绍恩说：你要不哭，我待一年二年还回来，你要哭我就永远不回家啦，老婆一看用死用哭都威胁不了绍恩同志，她也没法啦……这说明只要自己坚决，就能坚决的向家庭作尖锐的斗争。"[②]在东海地委海阳县，"比较思想坚强一点的同志，家去老婆哭，他说你扯我的腿吧！老婆说：扯不住！又说，你拦着我吧，'拦不住！'老婆回答。他说，扯不住，拦不住，也不应该扯也不应该拦。欢欢喜喜送我走多好，再啰嗦就要离婚，

---

① 《寿张县调动政权干部南下工作总结报告》（1949年3月3日），山东省档案馆藏，案卷号：G052-01-0229-005。

② 《寿张县调动政权干部南下工作总结报告》（1949年3月3日），山东省档案馆藏，案卷号：G052-01-0229-005。

摔开就走了"。① 有的干部心平气和地通过说理，劝服家人，如"观城一个土改翻身的同志，家里父母、妻子大哭，不让他南下，他说：'过去家没饭吃，我十七八岁的那样小个孩子，你们叫我下关外②，为啥不哭？现在翻了身，有了饭吃，你们又哭咧，人人要不出去帮助穷弟兄解放，咱们也解放不了。'"③ 临清十区南下干部刘万祥回忆，在组织宣布其南下后，回家告别时，"我母亲趁机到我房子里轻手轻脚地把我的手枪拿走，并将房门关闭上锁。待我起床时，摸枪不在，拉门不开，这下可心急啦，倘若耽误时间，南下不成，怎么得了"。刘万祥急中生智，待家人中午做午饭时，趁机将房门弄开就走。"母亲见我跑了，旋即派我大哥随后追赶，没追多远就赶上了我，对我说：'回去罢，家里拦不住你，让你南下。'听大哥这么一说，我喜得跳起来，回到家里，母亲含泪将手枪交给了我，叮嘱我听党的话，南下后要好好干，多给家里来信。我不住地点头，安慰母亲说：'请母亲放心吧！我一定不辜负您老的教导。只是远隔千山万水，不能在母亲身旁尽孝，惟望母亲保重身体，注意寒暖，安享天年。'"④

当然也有不少父母亲人深明大义，积极主动地支持其南下。如《人民日报》1949年3月11日报道《各地欢送南下干部简讯》，提到冀鲁豫区东明县（即今山东菏泽东明县）："冀鲁豫东明县府杨鲁峰同志自报南下后，第二天便回家去通知，谁知他父亲早知道了，一见到他便说：'我已听说你要南下了，我很高兴，家里人我也都告诉了，她们也都同意。'临回县时老人送出村口嘱咐鲁峰道：'好好帮助江南老百姓翻身，不要挂家，保重身体……'"⑤

---

① 海阳县委组织部：《这次干部南下的几个情况报告》，山东省档案馆藏，案卷号：G024-01-0271-006。
② 下关外，即闯关东。
③ 冀鲁豫九地委组织部：《南调干部工作总结及调整组织训练培养干部的意见》（二月份报告），聊城市档案馆藏，案卷号：2-1-46-9。
④ 刘万祥：《南下沅江之回忆》，《沅江文史资料》第6辑，第9—10页。
⑤ 《踊跃南征　各地欢送南下干部简讯》，《人民日报》1949年3月11日，第2版。

六　"仁至义尽"，执行纪律

各地对于因家庭羁绊及各种其他问题不愿南下的干部，进行了艰苦、细致的动员工作，对一些听到南下就回家的干部，采取了包括写信叫、登门面谈等在内的各种方式，一些地方对于思想不通的干部，进行了反复、艰苦、不厌其烦的登门劝说，帮干部及其家庭打通思想。如茌平县"银行吴吉康同志，过去曾因家庭观念深，随便回家，受到处分。年前又请假至期不归，久居家中月余，表示坚决回家，年后我们强制叫来，经过领导屡次谈话及同志们的帮助，个人反省，由坚决回家转变到坚决革命，后离开茌平也可，最后愉快南下。据他本人说，叫我来县时，以为得受到严重处分（押公安局），结果和自己想的正相反，来后领导上再三的教育，同志们还帮助检讨，感觉到领导上对他很热情，完全是站在改造教育他立场上，因此决心革命到底"。[1]该县"十一区同志回家动摇了，区书（记）马上前去动员，无效，领导上又专门下派南下干部的积极分子去动员，还是动员成功了"。[2]朝城县分委级干部赵正文，"家庭观念较深"，被调到后一度"躺倒"，"现已回家半月余，坚决不干了，他们参加工作动机是打倒蒋介石即完成任务了，在他认为蒋介石已被打倒，他的任务完成了，故坚决回家不干"。但领导上绝不放弃，"作三番五次的动员"，"叫他反省……领导给他谈，叫他一天不中两天，十天，半月，一月，半年，总是会反省好的"，他一天不通，做一天的思想工作，一月不通，就做一月思想工作。结果把他叫来，"但他还是坚决回家不干了，现在已又回家"，领导上又动员家属、朋友给他谈，"这样反省一段，用尽各种方法才算把他的思想扭转

---

[1]　《茌平县南下政权干部总结》（1949 年 2 月 26 日），聊城市档案馆藏，案卷号：14-27-214-1。

[2]　冀鲁豫六地委：《南调干部工作总结》（1949 年 3 月），《一切为了前线（上）聊城地区党史资料第 15 辑》，第 91 页。

过来，现在已到区工作了"。①

一些地区还充分发挥群众的力量，造成社会压力，推动干部南下。有的干部不愿南下，跑回家躲避，基层政权就发动群众公议他为"参军对象"，使其不得不又同意南下。如筑先县"有的个别干部动摇后，受到外界压力又南下的"：该县二区某干部，"他听到自己南下后，就到家装病，因为他的兄弟们很多，就被公议为参军对象，在这一种群众力量和兄弟们害怕参军的情况下，又南下了"。②

然而仍有少数干部"死活论堆（自己落后）"，在一些县的南下汇报总结中记录了部分"论堆"干部的表现。如寿张县财科某干部"满脑子纯是家庭，毫无革命观念"，组织上"下到最大努力，结果是失败"：

> 非党员，很聪明，思想不进步，宣布他南下以后，表面上表示自己愿意南下，没有问题，请假回家动员家庭，但到家以后，母亲老婆均不同意南下，自己思想就起了根本变化，县里派财科出纳穆广有去他家动员无效，当面说第 × 天就回机关，结果第 × 天叫村干来试探领导态度，看是否能换人南下，经领导向村干表明了态度，村干回去对他以实学说，孟 ×× 听说领导上表明了态度，但自己坚决不愿南下，离不开家庭，自己就写长篇大信，派人送来说明母亲挽留的坚决，老婆的哭叫，自己没有狠心，这次不能南下，为了对他挽救，又派仓库主任孙镜清去动员，仍是无效，最后派财科副科长高凤岐去叫他，不论去与不去，一定要回机关来商讨，结果仍是不来，甘受处分，我们对孟 ×× 南下，下到最大努力，结果是失败，孟 ×× 本心甘愿落后，满脑子纯是家庭，毫无革命观念，对这种人真是无办法挽救，只有执行纪律。③

---

① 朝城县委组织部：《朝城县六月份组织报告》(1949 年 7 月 5 日)，聊城市档案馆藏，案卷号：2-1-38-7。

② 《筑先县南下干部思想总结》(1949 年 3 月)，聊城市档案馆藏，案卷号：0014-027-225-001。

③ 《寿张县调动政权干部南下工作总结报告》(1949 年 3 月 3 日)，山东省档案馆藏，案卷号：G052-01-0229-005。

　　又如东阿县银行经理杨子元，"开始宣布南下有他后，他并未表示不愿去的态度，并已填了履历表，自己要求回家作准备，并言定十七号一定回县集合一同南下，及到集合日期，不见其来，又等了两天，仍无踪影，曾派人找，也未找到，据说他可能藏到他以前向宠的破鞋家去了（徐翼县六区柳墩），后又经数次找，现在仍未找到，近来杨子元给陈经理来了一信，内称：'我一时脑子没转过弯来，走了末路，我没脸再见你们了！我准备到济南找点小事混'"。① 对这种"无法挽救"，甚至为了躲避南下而放弃革命工作，逃到济南"找点小事混"的干部只能严肃执行纪律。

　　此外，还有少数既不南下，又"说怪话（坏话）"，甚至煽动他人不去的落后分子，各地对其予以了特别重视与处理：一方面迅速更换他人，补足南下队伍；另一方面为免其影响他人南下心态和南下大局，对这些落后分子进行了批评教育甚至展开斗争。如冀鲁豫九地委南峰县"对不南下而说坏话的干部：据现在了解所听到的，有三个干部"，有的"说调南下用绳子捆否，如不捆就不去"，有的说"用绳子捆着也不去。这三个人的个别现象主要的由于他个人反对南下，故如此。我们要在党内外的与他们展开思想斗争来批判他们这种行动言论，首先进行个别谈话批评，必要时展开斗争"。② 冀南一地委元朝县某公安干事在南下动员中说，"柳林整党处分他的不对，领导上对他的态度不好，对他家照顾的不到，这次愿受到党的处理，也不能舍掉母亲而南下，并说'上级是鞭打快牛，谁积极叫谁去'的谬论"，其"煽动组织不服从南调，同谋对抗上级南调工作的进行"的表现，造成影响极大，"为改造教育他本人，及挽回党的影响，县委研究决定，经地委批准，给予开除党籍之处分，由地委分配工作"。③

---

① 《东阿县关于一九四九年南下的干部情况总结》（1949 年 2 月 25 日），聊城市档案馆藏，案卷号：14-27-230-1。

② 南峰县委组织部：《南峰县委组织部元月份组织工作月终报告》（1949 年 1 月 30 日），聊城市档案馆藏，案卷号：2-1-38-3。

③ 元朝县委：《元朝县委关于未服从南调干部的处理决定》（1949 年 6 月 23 日），莘县档案馆藏，全宗号 2，目录号 1，案宗顺序号 46，文书处理号 6。

由于南下新区是事关全国解放和新中国成立的重大战略任务，因此，各地在实践中对于干部南下，在考虑自愿和干部实际情况的同时，普遍更加强调了组织服从，即"要切实掌握原则，不要无原则的照顾干部落后意识，或听了干部片面的强调困难而发生怜悯思想，当然领导上决定前要慎重从各方面考虑，既决定了就不能轻易改变"。①

对于一部分执意"论堆"、"油盐不进"、以各种方式逃避南下的干部（有的地方形象地称为"躺倒"、"落水"、"弯腰"或"伸腿"），各地首先进行了仁至义尽的动员，仍然毫无成效的，应对其执行纪律处分，不得听之任之。如冀鲁豫区党委1949年3月2日就南下干部问题给华北局发电报指出，"在集合中，县委级干部只有个别的发生问题……区级则多，现各地委均有20至40人左右。在途中亦有个别的开小差（四地委3人）。我们对这一部分人是要大力地进行政治动员思想教育，并适当解决具体困难，争取其继续南下，不给处分，如做到仁至义尽的教育工作仍然无效，开除其党籍"。②

冀鲁豫六专署指出：

关于个别不服从调动，拒绝南下干部处理问题：按行署指示："县级干部由华府□处理，区级干部由行署处理，助理员级以下干部由专署处理。"但各县仍须仁至义尽的动员其南下，如动员成，就即可将名单报专署予以适当处分，准其南下。倘仍动员无效，各县必须立即依以下工作：

1.凡已公布南下，而在集中时隐匿不见，借故不来，或在南下途中逃跑之干部，均以不服从调动拒绝南下论处，各县应即将以上干部集中机关，□不分配工作，进行个别谈话令其反省。

2.将其姓名、年龄、籍贯、出身成分、职务、斗争历史（参加

---

① 《冀南区党委组织部介绍四地委对南下干部动员的方法、步骤的通报》（1949年2月2日），山东省档案馆藏，案卷号：G051-01-0099-003。
② 《冀鲁豫区党委就南下干部问题给华北局的电报》（1949年3月2日），《山东党的革命历史文献选编（1920—1949）》第10卷，第381页。

工作之年月、参加工作之动机、有哪些成绩、犯过什么错误）、不南下的原因、目前的思想情况，详细填写，经过分析，提出处理意见，均限于本月十三日前派专人送本署，以便转报（不准邮寄）。[①]

关于无正当理由或各种借口不服从南下的情形，有的县（如冀南一地委元朝县、冀鲁豫七地委崑山县、冀鲁豫九地委观城县等）曾公布对二三十个干部的处理，有的地区（动员较好地区）一县只处理了五六个干部，以严肃纪律，保证南调工作顺利进行。对这类干部给予的处分包括"记大过""留党察看""开除政籍""开除党籍""取消（撤销）革命职员资格""撤职留用""调外县留用"等。如冀鲁豫五地委在《动员南下干部工作总结报告》中指出：有的干部"报了名到家后，父母妻子拉腿大哭大闹，动摇不去了，宁愿牺牲革命利益及个人前途，甘愿作家庭顺训（驯）绵羊"，有的"没有病假装病，白天不敢吃，光睡觉，夜里吃的不少，请医生不叫见，怕暴露假的"，"解决办法——首先打通本人思想，区干部去说，县里干部去谈，村干部去谈。一般是村干谈收效大，本人思想通了，再给家庭老婆谈，母亲谈。并结合适当解决家庭困难问题。最难办的是不见面，虽带有打通思想最科学最有效的法宝，但是无处用也不行；对这些干部做到仁至义尽，真正不可挽救时，给组织纪律处理，开除党籍，除去革命职员成份"。[②]在冀鲁豫六地委，"对这一部分人，我们遵照区党委的指示，主要是对他们正面引导，采取个别谈话等方式进行帮助。对于极个别革命斗志衰退、不服从组织调动的干部，则区别不同情况，有的进行严肃的批评，有的进行组织处理"。[③]该地委的徐翼县总结，对"已确定宣布南下而论堆，不服从调动的"，"首先，行政撤职，党内开除，再调到机关，令其彻底反省，进行教育，如

---

① 《冀鲁豫第六行政区督察专员公署指示　关于干部南下后遗留问题的解决指示》（1949年3月2日），聊城市档案馆藏，案卷号：24-1-11-31。

② 冀鲁豫五地委组织部：《动员南下干部工作总结报告》（1949年3月15日），山东省档案馆藏，案卷号：G052-01-0098-008。

③ 姚传德：《组织干部随军南下》，《一切为了前线（上）聊城地区党史资料第15辑》，第145页。

能工作，即降级分配工作，仍继续反省，否则教育到仁至义尽，就开除党籍，永远不准予参加工作"。[①] 一些县对"调不动"干部还进行了有策略、有技巧的斗争，如冀南区一地委莘县通过南下组织动员工作，"深刻体验了一个问题，在这种工作中也得有斗争，有策略，对他们不得不相信，也不能不相信[②]，如王彦臣、张克封、徐连杰，领导上对落水干部仍继续不断的叫，绝不叫他心净，为着这一些人不管了算完了，别的干部不同情他们，落后到家也不起好作用，我们始终对他争取的。全体干部会，进行分析他的思想，到他一下宣布撤销革命职员，打回家去"，令其措手不及，也对其他干部起到了有效警示作用。[③] 1949 年 2 月 22 日，冀鲁豫区党委公开通报全区，对始终固守"家庭困难无法克服，不能因为革命不要家"思想而拒绝南下的观城县委委员、县委宣传部长岳烈光开除党籍、取消革命职员资格。[④]

当然，由于各县面临的实际困难不同，一些干部的工作历史、不南下的原因和表现也不同，因此有的县是当时就进行了处分，有的县则是当时没有马上处理，在干部南下工作结束后再着手进行处理。具体处分的轻重程度差别也较大。

总体来看，对于固执己见或实在无法挽救的干部给予组织处理，对稳定南下大局和社会风气是完全必要的，但这并不是多数地区组织动员干部南下的主要及首要手段。多数地区对干部南下前所面临的个人、家庭、社会实际困难，首先是给予了积极的、真诚的解决，有些无法马上解决的，也做出了承诺，可以说是既坚持了原则性，又从本地实际和干部个人、家庭实际出发，注重一定的灵活性，调整了干部及其家属的心态，保证了社会的安定，努力让南下干部及其留鲁亲属放下顾虑，"走的放心，留的安心"。如冀南一地委在南下组织工作中对干部困难与要

---

① 《徐翼县南下干部总结》（1949 年），聊城市档案馆藏，案卷号：0014-027-225-002。

② 原文如此。

③ 《莘县三月份组织工作回报》（1949 年 3 月 25 日），莘县档案馆藏，全宗号 2，目录号 1，案卷顺序号 52，文书处理号 12。

④ 《地委关于开除岳烈光党籍的决定》（1949 年 2 月 22 日），聊城市档案馆藏，案卷号：2-1-44-5。

求的处理是："家庭没劳动力，个别生活困难，小孩念书，老婆上学，按原则该优抚进行按军属优抚，该代耕代耕，应公费批公费，个别没办法救济一二百斤米，安置家庭"；"个人治病，带点药，保健有账还不起，送老婆安家等，根据实际情况给以解决，小孩育婴儿问题，解决了两个南下干部的小孩"；"党籍问题，要求入党，没问题够条件即进行介绍，按章办事，关于处分，（整党）根据情况表现给以停止，候补要求转党，经支部讨论合格即转"；"个别同志对自己提出意见，如愿作这不愿作那，则给以解释，或与南下负责（人）谈一下今后照顾"。[1] 各地面对严峻而又艰巨的大规模调干南下任务，既切实帮助干部解决了一些实际困难、后顾之忧，又坚持了基本原则，不做无原则的迁就。"总之，这些问题的解决，领导上本解决问题之精神，合理适当的予以解决，同时动员干部站在党的立场上，自己主动的解决，组织上是帮助按原则正确处理，决不能因南下而特殊。"[2]

各地在南下组织工作中也及时总结经验教训，并形成了相关报告。1949 年 6 月，华北局根据各地上报的南调经验，总结发布《关于南调干部中的几点主要经验教训》，指出"华北局今春以来，先后南调干部二万余人。兹将此项工作中的几点主要经验教训写出，供各地同志的参考"：

（1）成套调动干部的办法是好的，比过去分散的抽调再配备的作法简便易行，可省去下面许多的不必要的麻烦，把原有一套干部配备为两套，这种作法的本身，就照顾了留去双方，彼此熟悉了解，在干部使用配合及今后工作上，诸多方便。

（2）注意配备骨干与调剂知识分子。骨干在完成南调任务中，起了很大的主导作用与带头作用。那个地方没注意这个问题或没有

---

[1] 《冀南一地委组织部 1949 年 2 月份南调干部工作报告》（1949 年 3 月 28 日），《南下入湘干部历史文献资料汇编》，第 108 页。

[2] 《冀南一地委组织部 1949 年 2 月份南调干部工作报告》（1949 年 3 月 28 日），《南下入湘干部历史文献资料汇编》，第 108 页。

骨干，那个地方就不能很好完成任务，且易发生许多问题。在骨干缺乏的情况下，配备骨干是比较困难的。因此，骨干的配备，留调双方的照顾，防止本位主义很要紧，其办法是：在上级党委的南下人选未宣布前，即逐级考虑配备下一级的骨干人选，并报上级批准，这样配备的结果：会是精神一致，照顾全面，不会有本位主义（因为这时还不知谁去谁留）。骨干人选（一般干部也同）一经确定，就不要再轻易变更；否则，少数的变更，会影响其他，会影响到山头情绪的增长与庸俗的人事观点（如某某人把某某干部留下了等）。如有必需变动者，亦要留下的与调走的党委共同协商，报上级批准，片面的变动，必然会引起意见的分歧，而影响团结。在南调干部中，适当配备相当数量的知识分子亦很必要。因地方干部大多是农民干部，到新区工作特别是去城市工作，确有许多困难处，必须有一些知识分子做助手，此点在这次南调中，全盘的注意不够，且因干部文化水平的限制，不能达到这个要求，后期武光队预备加进二千余学生，这也是因到平津后，才具备了解决这个问题的条件（尚未调）。

（3）深入的自下而上的思想动员与自上而下的组织决定相结合。深入细致的思想动员，就是具体的阶级教育，也就加强了对组织决定的政治保证与服从组织的自觉性。凡思想动员工作作的好的，则问题不大；否则，问题就发生较多。而动员重点，尤以注意放在骨干分子方面，经过深入的思想动员，一定有许多人自报南下，在这种情况下，必须结合以组织决定；否则其情绪不会稳定，也不会作到双方照顾。在思想动员中，应充分估计到干部的家庭阻力。因此，对干部在思想上事先打个招呼，使其有一定思想准备是很必要的，这样才不致在回去安置处理家庭问题时，为环境为落后思想所包围，而动摇其南下意志。

（4）思想动员与解决干部实际问题相结合。南下干部中，有不少具体问题，如党籍问题、整党处分结论问题、婚姻问题、家庭困难等等，对这些问题，领导上应予以主动解决处理，特别是家庭困难问题，应实事求是的予以主动解决。该予以实物帮助者，就应根据目前可能的条件，尽量予以实物帮助。有些地区的县份，留下的县委亲自去拜访南下干部家属，予以具体安置的办法很好。当然在解决家庭问题上，不能单纯的用救济观点与迁就观点，而应与思想教育相结合。问题讲清了，帮助他出主意想办法，使其主动安置处理家庭问题。

（5）对于不服从组织及逃亡干部，要及时分别情节予以处理。对少数的多次动摇、投机分子及进行有组织的对抗和破坏者，应开除党籍并在干部群众中进行教育，这种纪律处分是很必要的，只有这样，才能坚定不动摇的与争取已动摇的。如一个区干部宣布开除党籍后，他老婆也提出要与他离婚，结果他又来了，并表示就是开除也一定要南下。为慎重起见，对多数的政治上的落后分子，拟集中省委学习，根据教育后的觉悟程度，再行处理。

（6）南调干部集中后，要经过一定的训练时间，进行组织上的整顿（不够南下条件者，可减掉，免以后麻烦），及时事、政策、思想的学习教育，继续巩固情绪，坚定南下意志，提高认识，作（做）到走的安心与愉快。①

华北局关于1949年南调干部的经验总结，涉及了成套方式调出干部、发挥骨干作用、克服家庭阻力、主动解决干部婚姻家庭生活等实际困难、处理不服从调动干部等诸多方面。

1949年山东地区的南下干部动员工作，体现了在中国历史转折时刻，在由革命党向执政党转型的重要历史阶段，中国共产党在面对基层干部心态变化及老区社会复杂情况时运用政策的灵活性、人性化与原则性的统一，在老区人力、物力极为有限的状况下，顺利完成了南调动员任务，也实现了个人、家庭、社会与政权的良性运作。

---

① 华北局：《关于南调干部中的几点主要经验教训》，《建设》第28期，1949年，第7—8页。

第五章 调动与集训：山东各区干部南下历程

由于 1948 年底，今山东省范围大体以津浦铁路为界，路西地区归属中共中央华北局管辖，路东地区归属中共中央华东局管辖，因此，此次南下的组织调动、集结、行军工作，也是由华北局、华东局在其所管辖的山东区域内各自独立进行的。

一 华北局在山东的南下调动与集结工作

（一）华北局在山东的调动工作

1948 年 10 月 28 日，中共中央发出《中共中央关于准备五万三千个干部的决议》，要求华北局准备 17000 名干部南下。华北局管辖的今山东省范围主要是津浦路以西部分，在当时分别归属华北局的冀鲁豫区和冀南区。具体为冀鲁豫二地委、三地委、四地委、六地委、七地委、九地委，冀南区一地委、二地委的大部分县份。1948 年 10 月 29 日华北局根据中央指示，发布了《关于外调 17000 干部及补足干部缺额的决定》，指出："为了争取 5 年左右根本上打败国民党，特别是为了准备战争第四年度之大发展，中央最近给予华北党一项极为光荣而艰巨的任务，即在战争的第三年度内，准备好 17000 干部，于战争第四年度的开始

（明年 7 月后）派到南方新解放区工作。"①华北局认为，南下征调的有利
条件是，"华北党有久经战斗考验的 100 余万党员，有八九万具有相当
高度政治觉悟与丰富工作经验的在职干部，有全国即将胜利令人十分兴
奋的政治环境，有中央的正确指导和华北局的全盘计划，这一任务是可
能而必须完成的。但亦必须认识到困难的方面，这主要的是时间短（实
际上只有半年时间），数量大（17000 人），而大多数农民干部均不愿远
离家乡，特别是华北各级领导机关（主要是县区两级）均不满员（全区
按编制约缺 14000 人）。因之全华北党必须以最严肃负责的态度，克服
各种困难，发挥一切有利条件，以全力完成中央所给我们外调 17000 干
部的伟大任务"。②

　　1948 年 12 月，华北局在石家庄唐家花园召开会议，冀鲁豫、冀南
及太行、太岳、晋察冀、晋西北等区党委负责同志参加。"会议的主要
内容是传达贯彻中共中央关于当前形势和任务的指示精神。为了'打过
长江去，解放全中国'，中央决定从各个老区抽调大批干部随军南下。
会议确定，每个区党委各抽调一个省的干部（从省到地、县、区）架子，
从区党委到地委、县委、区委要迅速把干部一分为二，组成两套领导班
子，一套留当地工作，一套南下到新解放的地区。"③会后，华北局各区
进行了南调干部工作。

　　1. 冀鲁豫区的调动工作

　　1948 年 12 月华北局的石家庄会议向各区党委负责人传达并布置了
南下工作，冀鲁豫区党委书记潘复生、区党委副书记徐运北代表冀鲁豫
区参会。徐运北回忆："会议期间，华北局决定我南下，潘复生留冀鲁
豫区党委工作。会议结束后我从石家庄返回冀鲁豫区党委，在旧城黄河
渡口遇到了刘、邓首长。他们是从淮海前线回来。刘、邓首长对我说：

---

① 《华北局关于外调 17000 干部及补足干部缺额的决定》（1948 年 10 月 29 日），《从冀鲁
豫到贵州——南下支队和西进支队专辑》，第 51 页。

② 《华北局关于外调 17000 干部及补足干部缺额的决定》（1948 年 10 月 29 日），《从冀鲁
豫到贵州——南下支队和西进支队专辑》，第 51 页。

③ 中共贵州省委党史办公室冀鲁豫小组编印：《冀鲁豫党史资料选编》第 12 集，1989 年，
第 18 页。

全国形势很好。转告区党委，你们要准备南下。"① 随后，12 月底，冀鲁豫区党委召开有各地委组织部长参加的联席会议，"主要是解决外调干部问题和调后组织调整、今后培养提拔干部问题以及组织部门的工作问题"，② 以贯彻中央、华北局关于外调干部的指示。会议首先由各地委汇报了目前干部情况及思想情况；其次，根据干部情况各地委自报公议外调干部数目；最后，"研究如何保证完成这一任务的步骤与方法"。③ 区党委要求各地委"在加强政治教育、阶级教育和党的教育的基础上，采取自愿报名南下和服从组织调动相结合的方法，保证在 2 月中旬前有领导、有组织、有计划地完成这一任务"，并公布了各地委应调的地、县、区干部架子数目。④

冀鲁豫区党委预估了南下调动可能存在一定的甚至较大的困难，主要是农村干部占绝大多数，文化程度不高，政治觉悟和阶级觉悟可能存在一定局限，具体来说分以下五种：一是"乡土观念、地方观念"，要守在家给父母尽孝，留恋父母、妻儿；二是"土地平分后有了生产资本，发家致富的思想上升"；三是一部分干部认为自己的文化程度低，到了南方，难以适应当地工作；四是部分南下干部的家庭还存在着一些实际困难；五是"干部中存在着愿北上不愿南下（不懂话，生活不习惯，怕过江），晚走不如早走等思想"。⑤

有鉴于此，冀鲁豫区党委要求各地委应召集各县组织部长联席会议，商讨具体计划安排，在干部中普遍加强政治教育、阶级教育、党的教育，以提高阶级觉悟与政治觉悟，通过"自愿报名南下和服从组织调动相结合"的方式，"分配各区数目并确定人选，然后集中（预计 3 月

---

① 《冀鲁豫党史资料选编》第 12 集，第 18 页。
② 《冀鲁豫区党委关于南调干部工作布置报告》（1948 年），《中共冀鲁豫边区党史资料选编（第三辑）·文献部分》（下），第 330 页。
③ 《冀鲁豫区党委关于南调干部工作布置报告》（1948 年），《中共冀鲁豫边区党史资料选编（第三辑）·文献部分》（下），第 330 页。
④ 《从冀鲁豫到贵州——南下支队和西进支队专辑》，第 3 页。
⑤ 《冀鲁豫区党委关于南调干部工作布置报告》（1948 年），《中共冀鲁豫边区党史资料选编（第三辑）·文献部分》（下），第 331—332 页。

中旬）训练"。同时强调，各地委、县委应"严禁强迫命令欺骗等办法。在未确定谁去前要慎重考虑，做好动员工作，到既经组织确定时就必须服从组织。对少数不服从者要执行纪律，以严明是非"。①

1949年2月5日，冀鲁豫区党委发布的《南下干部集中整训办法》指出，"根据目前战争形势迅速发展，天津、北平相继解放，我军可能提早过江，为此华北局令我区南下干部于2月底集中到区党委整训，待命出发。区党委根据以上精神，提出集中办法如下"：

一、已批准之南下县委应立即宣布。区级已酝酿成熟者，即刻确定并宣布南下干部名单，如尚未酝酿成熟即加紧政治动员，迅速确定并宣布南下干部名单，切忌强迫指定等办法。南下干部配备，应按区党委组织部南调干部编制表执行。

二、各地委南下干部务于二月廿八日整队到菏泽××村集中，以便整训学习。各地委集合时间，由地委自定。

三、南下地委委员，应将工作交待清楚后，立即脱离原职，成立办事机关，专心组织南下干部工作。

四、南下干部和杂务人员之家属，一律以革命军属待遇。南下干部供给待遇，按区党委组织部规定执行。

五、对南下干部应作极充分的政治动员，以地委为单位，召开盛大而富有教育意义的欢送大会（但不要铺张浪费）。对逃跑干部，按华北局关于逃跑干部处理的指示（草案）原则处理。

六、身体健康不带小孩之妇女干部，相当于南下干部条件者，均可以南下。

七、南下干部在集合前必须进行鉴定，有组织问题者，可根据材料作出适当结论，材料不足者可以保留。每人必须自带整党登记表及鉴定表，有嫌疑问题者，不准自带材料，由组织带走。

---

① 《冀鲁豫区党委关于南调干部工作布置报告》（1948年），《中共冀鲁豫边区党史资料选编（第三辑）·文献部分》（下），第333页。

八、各地委执行南调干部任务的速度与集中时的干部思想及困难，望于二月十二日、廿日做两次报告。①

在区党委南下领导班子组成上，冀鲁豫区坚决贯彻"以新区为主"原则，抽调主要领导力量带领南下队伍，确定冀鲁豫区南下领导班子同志为徐运北（冀鲁豫区党委副书记，山东聊城人）、傅家选（冀鲁豫军区副司令员兼参谋长，河南光山人）、万里（冀鲁豫区党委秘书长，山东东平人）、申云浦（冀鲁豫区党委宣传部长，山东聊城阳谷县人）、郭超（区党委组织部长，山东濮县人）。②"按照到新区从省、地、县、区建立党组织和人民政权及地方军事组织所需一个省的干部，以党政军按系统定员定额，从全区8个地委、专署、军分区抽调了3960名干部，1330名战士和勤杂人员，共5290人，组成了中国人民解放军第二野战军第五兵团南下干部支队。司令员傅家选，政治委员徐运北，参谋长万里（过长江前，万里奉总前委首长指示率领540余名干部战士去南京参加接管工作），政治部主任申云浦，副主任郭超，供给部长陆耀海。南下支队辖6个大队（一个地委为一个大队），数十个中队（一个县为一个中队）。"③

在今山东省范围内的冀鲁豫二、三、五、六、七、九各地委，根据冀鲁豫区党委要求，于1948年底开始进行南下组织动员工作。各县调出的南下干部首先在县城集合，随后开往地委（专署）驻地进行短暂的集训、学习。

以冀鲁豫六地委为例，该地委辖茌平、博平、东阿、聊阳、筑先、齐禹、河西、徐翼八个县，均在鲁西北地区。八个县的南下干部自各县分别调出后，于2月上旬陆续到达地委驻地筑先集中，六地委用了数日时间进行编队学习及进一步动员工作。在组织编队上，南下干部队伍组

---

① 冀鲁豫区党委：《南下干部集中整训办法》（1949年2月5日），山东省档案馆藏，案卷号：G052-01-0073-005。

② 中共濮阳市委党史研究室编：《丰碑永树冀鲁豫》，中共党史出版社2004年版，第412页。

③ 《冀鲁豫党史资料选编》第12集，第20页。

成以后，按照六地委在冀鲁豫区的序列，以军队的建制组成了冀鲁豫南下支队第六大队，"地委和分区机关的南下干部组成直属中队，县为中队，区为班。六地委的南下干部队伍由 900 多人组成"。①南下干部初步学习了上级有关南下的指示精神，从思想上明确了南下的重大意义，同时接受了必要的纪律教育。在地委集合期间，"六地委党政机关干部及聊城市民七千余人"，在聊城万寿观"热烈举行欢送千余南下干部大会。是日全市，锣鼓喧天，口号声、鞭炮声，此起彼落。大会在主席报告开会意义后，六地委代表陶东岱同志讲话，他说：'我们欢送南下干部，必须要以实际行动，加紧工作，做好优军，解决军属的困难，特别要大力发动群众，加紧生产，支援前线，为彻底打垮国民党反动派而奋斗。'"②随后，工人代表、妇女代表、青年学生代表及群众代表分别讲话，热烈欢送全体南下同志。③

各县调出的南下干部在地委经过短暂集中学习后，即前往当时的冀鲁豫边区首府、冀鲁豫区党委（行署）驻地山东菏泽，进行进一步的整编、集训与学习。当时调出的南下干部多数是华北老区土生土长的干部。山东人重情义、重家乡，当六地委的干部集结完毕，将要离开地委驻地聊城南下，"当大家离别家乡和离别亲人时，那种难以排遣的惜别之情油然而生。有的同志'一步三回头，望望聊城的大古楼'；有的同志向自己的村庄方向望了又望，高喊着：'家乡再见了！'；有的同志抓上一把土揣在怀里上路，说家乡土可治水土不服。思念归思念，惜别归惜别，但这丝毫没有阻止我们南下的脚步"。④

2 月中下旬，冀鲁豫区下辖八个地委的南下干部陆续到达冀鲁豫区

---

① 吴肃、曾宪辉、姚修文、张玉环等：《风风雨雨千里行——记冀鲁豫六地委干部南下西进的历程》，《从冀鲁豫到贵州——南下支队和西进支队专辑》，第 371 页。
② 《昆吾聊城万余人隆重集会　欢送南下干部与新战士　坚决表示勇敢地去帮助江南劳苦人民的解放！》，《冀鲁豫日报》第 1575 期，1949 年，第 2 版。
③ 《昆吾聊城万余人隆重集会　欢送南下干部与新战士　坚决表示勇敢地去帮助江南劳苦人民的解放！》，《冀鲁豫日报》第 1575 期，1949 年，第 2 版。
④ 张武云、杜竹林等：《从聊城南下接管临川亲历记》，中国人民政治协商会议临川市委员会文史委员编：《临川文史》第 1 辑，1996 年，第 89 页。

党委、行署驻地——菏泽，进行了长达一个月的南下前的集训学习。

2. 冀南区的南下调动工作

1949 年初华北干部南下新区时，鲁西北的部分地区受当时中共中央华北局的冀南区管辖，具体有冀南区一地委的大部分县份（冠县、元朝、莘县、临清、武训、永智六县大部及临清市）、二地委的大部分县份（高唐、武城、恩县、夏津、平原）。

根据华北局的指示，冀南区所辖 5 个地委（专署）、45 个县（市），总计抽调 3000 多名干部南下，成建制地组成区党委、地委、县委和区委各级领导班子。为了部署南下事宜，1948 年冬，冀南区党委召开了各地委书记会议，具体"部署安排南下干部的工作。地委书记会议结束之后，各地委召开了县委书记会议，具体落实了组织南下干部的任务"。[①]各县调出南下干部的集结程序与冀鲁豫区相同，即在所在县集合后，出发赶赴地委驻地，再从地委驻地前往区党委驻地学习。如冀南区一地委各县南下干部于 2 月中旬陆续抵达一地委驻地——山东临清集合。二地委各县南下干部赴二地委驻地——山东夏津集合。在地委驻地进行简单集训、编组、学习及欢送后，各地委的南下干部离开地委驻地，前往当时冀南区党委（行署）驻地——河北威县集结、整训。

在南下干部的组织编队上，1949 年 2 月，冀南区党委发布《冀南区党委关于南下干部的编制等问题的决定》，规定："一、各级各部门之干部勤杂人员，均以军队组织统一混合编制之。（不分党务、政权、军队）；二、南下之区党委一级组成支队部以统一指挥，其命名为'中国人民解放军冀南支队'。各地委之组织应依其地委次序为'中国人民解放军[冀南支队]第 × 大队'，如一地委为一大队。各县应组成中队，其命名为'中国人民解放军冀南支队第 × 大队第 × 中队'。但其中队次序之排列由地委确定。"[②]同时，冀南区公布该区南下干部支队主要领

① 赵畅：《冀南南下干部的组成情况和经过》，中国人民政治协商会议冠县委员会文史资料研究委员会编：《冠县文史资料》第 2 辑，1989 年，第 25 页。
② 《冀南区党委关于南下干部的编制等问题的决定》（1949 年 2 月），《南下入湘干部历史文献资料汇编》，第 87 页。

导如下："支队级已确定孙卓夫任支队司令员，王任重任政治委员，韩宁夫任副政治委员兼政治主任，周东关任政治副主任，韩克华任参谋长，安东泰任供给处长。"冀南区党委要求"各地委应即转知县委，依此精神进行编制，并于本月廿日前将大队及中队之首长名单报来"，"所有南下干部人员除本人穿着衣服外，每人最多携带之物质重量不得超过十五—廿斤"。[1]

以冀南二地委为例，1949年2月18日，地委发出《冀南二地委关于南下人员组织编制问题初步决定》，指出"地委命名为中国人民解放军冀南支队第二大队，各县命名为中国人民解放军冀南支队第二大队第 × 中队"，共设六个中队。"大队部的组织，田厚义任大队长，黄世忠任大队副，周惠任政治委员，赵立春任副政治委员。"在组织编制上：（1）"大队部以下设办公室、参谋处、供给处、政治处"。其中办公室设主任、秘书、文印员、电话员、通讯员等，卢恒仁任主任。参谋处下设行军科、总务科、卫生科，牛明奎任参谋处长。政治部下设组教科、民运科，卢青云任政治部主任。供给科下设会计科、财粮科，郝秀岩任供给处主任。[2]（2）"中队级设正副中队长、正副政治员，中队部下设秘书，秘书干事辖文印收发员各一人，组教民运军事三个干事，另设总务股长一人，辖管理员一，事务长、粮秣员、设管员各二，其余以下编成班排"。（3）中队以下为班，"每区编为一班，设正副班长，正班长负责行军，副班长负责生活，并设党的正副组长，正组长为党内小组长，负责政治生活，领导学习等工作，副组长负责检查群众纪律和驻地群众工作，够三个班即编成排，设正副排长，其主要任务协助中队部进行工作"。"各中队部通讯员除县长、正副县委书记每人有一个固定通讯员外，其余按区的多少规定通讯员编成班（各区通讯员不在内）由军事干部领

---

[1]《冀南区党委关于南下干部的编制等问题的决定》（1949年2月），《南下入湘干部历史文献资料汇编》，第87页。

[2]《冀南二地委关于南下人员组织编制问题初步决定》（1949年2月18日），《光荣的使命德州干部随军南下简史》，第364页。

导"，且公布了各级各职人员的具体名单。① 从冀南二地委编制组织中可以看出，冀南区的南下干部，从大队（地专）到中队（县）、班（区）成套调出，各级组织架构完善，分工细致，有利于南下行军的纪律性、保障性，以及到新区后有能力全面、迅速接管一个地区，展开工作。

1949 年春，冀南区调出南下人员组成的冀南支队总数近 5000 人："南下干部三千五百九十六名，勤杂人员一千三百八十一名（内有部队二百名），共计四千九百七十七人，南调未到干部可能还来二十人左右，总计不超过五千人。"② 其中，主要由鲁西北干部组成的一大队（即一地委，临清地委）调出干部数目，据冀南区一地委组织部向区党委汇报，"已送去"659 名干部，278 名通（勤）杂人员，合计 937 人。按照区党委要求的调干数目（712 人），"干部尚差 53 人，通（勤）杂人员已超过任务，有些全（同）志本身没问题，因病或其他原因尚未来到，大部分已确定之南调干部，因为动摇和思想不通尚继续动员，以后继续送去"。③ "如南调干部集中到了区党委以后，各县又将没有赶去的南调干部集中到县，再次进行说服教育，使 18 名不愿意走的南调干部转变了态度。"④ 二大队（即二地委，夏津地委）调出干部 683 人，⑤ 基本完成冀南区党委分配的南调组织任务。

（二）华北局在山东的集训工作

1. 冀鲁豫区的集训工作

1949 年 2 月中下旬，冀鲁豫区党委（行署）下辖八个地委（专署）

---

① 《冀南二地委关于南下人员组织编制问题初步决定》（1949 年 2 月 18 日），《光荣的使命德州干部随军南下简史》，第 363—364 页。

② 《冀南区党委关于南下干部情况给华北局的报告》（1949 年 3 月 27 日），《南下入湘干部历史文献资料汇编》，第 92 页。

③ 《冀南一地委组织部 1949 年 2 月份南调干部工作报告》（1949 年 3 月 28 日），《南下入湘干部历史文献资料汇编》，第 110 页。

④ 《南下湖南》，第 65 页。

⑤ 尹振兴等：《冀南二地委二专署二军分区始末》，中国人民政治协商会议山东省平原县委员会编：《平原文史资料 第 14 辑 人民武装专辑》，2002 年，第 57 页。

的南下干部陆续到达区党委驻地菏泽。菏泽地处鲁西南，是当时冀鲁豫边区首府，区党委、行署、军区首脑及机关驻地，也是冀鲁豫解放区的政治社会文化中心。"2月28日集中到菏泽城东南晁八寨一带整训，一面准备房子给养。"①来自冀鲁豫全区各地的南下干部在这里接受了渡江进军南方前一次最为系统、深入的整训、学习。"晁八寨"又称晁大庄，当时据说是梁山首领之一晁盖的家乡。南下干部回忆，"当年晁盖在此仗义疏财，结交各路绿林好汉，准备举事来替天行道，今日我们在此整训学习，熟悉党的政策，掌握军事本领，准备南下服务江南人民，这大概可说是一种'缘分'吧？"②

冀鲁豫各地委南下干部行军到达菏泽集结后，冀鲁豫区党委召开了大会进行动员。3月5日，冀鲁豫区党委在晁八寨召开有5000多人参加的学习动员大会，冀鲁豫区党委书记潘复生、南下支队政治委员徐运北、政治部主任申云浦等领导都在会上讲了话。潘复生对冀鲁豫区全体南下干部说："1949年是我们全中国胜利的一年。在这个胜利的局面下，江南群众欢迎我们去。革命从南方到北方，又从北方到南方。回忆我们十年内战，从南方到北方，现在又从北方到江南去，帮助江南群众翻身。十几年来党培养了我们，依靠我们开辟了冀鲁豫，我们光荣的完成了任务。我们现在又响应党的号召南下，这是光荣的。"③潘复生指出，首先，全体南下干部必须利用没南进之前的一个月时间，"好好学习城市政策"，"特别要注意群众纪律"，"过去是乡村包围城市。我们没有城市经验，现在都是新问题。我们很可能到城市去，必须学习如何管理好城市"。其次，"要反对无组织、无纪律、无政府状态"，不要发展为"个人主义思想和行动"，甚至"地方主义"。最后，"我们还可能有些顾虑"，南方"雨水多，有蚊子，这些都是可能的。我们要准备好，但最大的问

---

① 《冀鲁豫区党委就南下干部问题给华北局的电报》(1949年3月2日)，《山东党的革命历史文献选编（1920—1949）》第10卷，第381页。

② 张武云、杜竹林等：《从聊城南下接管临川亲历记》，《临川文史》第1辑，第90—91页。

③ 《潘复生等同志对南下干部的讲话》(1949年3月5日)，《从冀鲁豫到贵州——南下支队和西进支队专辑》，第73页。

题是家庭问题"，对于南下干部走后其在华北老区的家属，"区党委要尽可能做好，我们党是不骗人的，这些事情可能办到的就要尽可能办到"。①潘复生的表态也使不少干部在思想上解除了后顾之忧。

徐运北向大家指出："我们到新区去，彻底解放全中国，响应党的号召，绝不辜负党的培养教育，一定要完成任务。我们这次南下与过去是不同的。全中国要彻底解放，随着几百万大军浩浩荡荡南下是我们二十余年来所没有的。现在各方面都有比较充足的准备，我们可以稳稳当当的南进，有强大的主力军。这些许多有利条件我们要看到。学习时间一个月，学习三个内容：1.形势与任务，将革命进行到底，毛主席的几项声明。2.政策问题，减租减息，城市政策，新区武装政策。3.关于党的建设，思想意识的锻炼等等。"②

冀鲁豫南下干部在菏泽晁八寨的主要任务是集中整训学习，从思想上、组织上、身体上都充分做好南下的准备。

对集训学习的内容，华北局做出过较为明确的规定。1949 年 2 月华北局公布《关于加强南下干部政策教育的指示》，指出"对南下干部，应根据中央指示，进行深入的政策教育。除中央所规定的各种政策及各大城市的接管经验，应深入传达反复教育外，还应着重说明下列各问题"：

（一）由于革命形势的发展，我们已占领了若干大城市，不久将占领更多的以至全国一切大城市，我党的工作方向，过去二十年来都是先乡村后城市，以乡村包围城市，今后将一反二十年来的办法，先城市后乡村，把城市工作做好，返回来再领导乡村前进。这一变化，每一同志，均应有深刻认识。因此，今后必须学会、特别领导者必须学会：如何对付帝国主义和国民党反动派；如何对付资

---

① 《潘复生等同志对南下干部的讲话》（1949 年 3 月 5 日），《从冀鲁豫到贵州——南下支队和西进支队专辑》，第 73—74 页。

② 《潘复生等同志对南下干部的讲话》（1949 年 3 月 5 日），《从冀鲁豫到贵州——南下支队和西进支队专辑》，第 76 页。

产阶级；学会善于接近工人和组织工会；善于动员和组织青年；善于接近和组织新区群众；干部学会管理工业和商业；管理报纸、通讯社、广播电台；学会处理外人事务；处理各民主党派、人民团体的问题；调剂城市与乡村的关系，解决粮食、煤炭和其他必需品的问题；处理金融和财政问题（以上均系中央最近所指示者）。总之，要学会管理城市的一切问题。我们曾是长期处在乡村中，对城市问题是不熟悉的，必需用心努力学会。

（二）东北已经解放，华北、华东、中原业已基本上解放，从军事上、政治上以至经济上讲，也可以说我们已经根本上打败国民党了。因此，中央指出，今后像辽西、淮海那样大的战役，基本上过去了；但这并不是说可以松懈斗志，相反必须继续增强战斗力，时刻准备像天津那样的战役，这样战役的机会可能还很多。但应特别指出，北平和平解决的形式的可能性更增多起来。因此，在学习接管工作时，不仅应学会（必须学会）像济南、天津打进去那样的接收工作，而且特别应学会北平式的和平接收工作。

（三）应加强对建设新中国的教育，从思想上开导每一同志集中注意于新的建设问题，反复教育毛主席所指出的道路，从军事上、政治上、经济上打倒一个国民党，较之建设一个新中国是比较容易的。但建设新中国，比如农村普遍建立起合作社来，则是更长久更大的任务。

（四）到新区工作，应特别反对急性病，凡事应调查研究，自己没有把握的事情，就不要冒然去做。凡属政策性的问题，原则问题，必须事先请示，事后报告，避免犯大错误。[①]

具体来说，冀鲁豫南下干部的集训学习分两个阶段。
第一阶段从 3 月 2 日到 12 日，主要是学习形势和我党当前的任务。

---

① 《华北局关于加强南下干部政策教育的指示》，《建设》第 15 期，1949 年，第 5 页。

提高全体南下干部的思想认识，坚定南下信心。[①]学习内容包括毛泽东同志 1949 年 1 月 1 日在《人民日报》发表的社论《将革命进行到底——一九四九年新年献词》，以及 1 月 14 日发表的《关于时局的声明》。通过学习，使广大干部树立正确的革命目标，端正了南下态度，提高了思想觉悟，自觉自愿地南下江南。

第二阶段从 3 月 13 日到 28 日，较系统地学习了城市政策、入城纪律，了解了南下后的任务。"内容包括入城后依靠谁、团结谁；党对国民党起义人员的政策，对被接收的国民党人员的政策，对私营工商业者的政策，统一战线政策；'三大纪律、八项注意'；到新解放区进行接管的主要任务等等。为了使全体南下干部增强政策观念和纪律观念，3月 15、16 日，由南下支队政治部副主任郭超向南下支队全体同志作了关于党的城市政策和入城纪律的报告，中心是讲随着革命形势的变化要正确认识执行党的政策的重要性、进城后的主要任务和各项具体政策……3 月 26 日，徐运北同志在晁八寨向全支队干部作了学习总结，明确指出：前段的主要任务是学习，今后的主要任务是行军，号召全体共产党员和各级党组织，保证行军任务的完成，随刘、邓大军打过长江去。"[②]

除了政治政策、思想及相关知识学习外，冀鲁豫南下干部支队在菏泽集训期间，还进行了军事训练。南下干部"每个人都发了二野的一套土布军装和一个只能罩住头的小蚊帐"。[③]每人都身着军衣，要严格遵守军风纪。在学习军事技能方面，要求不太高，因为都是些党、政干部，仅学习了在行军中的一些常识，如集合、跑步、整队、紧急集合、急行军、打绑腿、打背包、防空和应注意的一些事项等。但特别强调了"三大纪律、八项注意"，行军途中要严格遵守组织纪律，在每一驻地出发前，要检查地扫干净了没有，借的门板、稻草归还了没有，损坏的东西赔偿了没有。中队设有纪律检查委员，负责检查各班

---

① 《冀鲁豫党史资料选编》第 12 集，第 21 页。
② 《冀鲁豫党史资料选编》第 12 集，第 22 页。
③ 姚传德：《组织干部随军南下》，《光岳春秋》（下），第 452—453 页。

的纪律执行情况。①

训练结束后，区党委又对所有的南下干部重新做了考察，"留下了体弱有病的干部和个别的女同志"。②"鉴于战争仍在进行，区党委决定，除区委以上的女同志以外，其他女同志一律暂返原县待命。"③如来自鲁西北的六、九地委动员了部分女同志暂时回乡，"待到目的地后再来接她们"。④同时，"区党委还要求我们尽量轻装，将一切可带可不带的东西，如多余的被子、大衣及其他日用品都留下来"。⑤

在菏泽集训期间，冀鲁豫区党委还对各地委调出的南下干部按照军队编制进行了重新编组。冀鲁豫区党委将从8个地委、专署、军分区和57个县（市）抽调的3960名干部，外加勤杂、通信、护卫人员2027名，共5987人，⑥按部队编组，组成"南下干部支队"，番号为"中国人民解放军第二野战军第五兵团南下干部支队"。由傅家选担任南下支队司令员，徐运北担任南下区党委书记、南下支队政委，申云浦担任南下区党委宣传部长、南下支队政治部主任，郭超担任组织部长，万里担任行署主任。⑦下辖6个大队，44个中队。6个大队，即八地委干部为第一大队，二地委干部为第二大队，三地委干部为第三大队，七、九地委干部为第四大队，四、五地委干部为第五大队，六地委干部为第六大队。44个中队，"即32个县各为一个中队，区党委机关、行署机关、行署干校、军区机关各是一个中队，报社、文联、书店等单位为一个中队"。⑧

---

① 孔焕章、高兴中：《随军南下、西进的战斗历程》，《冀鲁豫党史资料选编》第19集，1994年，第31—32页。

② 姚传德：《组织干部随军南下》，《光岳春秋》（下），第452—453页。

③ 时建：《奔腾在全国解放的洪流中——回忆阳谷县干部南下队伍》，冀鲁豫边区党史工作组上海市联络组：《冀鲁豫边区党史资料选编》，1991年，第136页。

④ 李吉民、王万里：《对四八年聊城县干部随军南下的片断回忆》，《聊城市党史资料》第5期，第281页。

⑤ 姚传德：《组织干部随军南下》，《光岳春秋》（下），第452—453页。

⑥ 《从冀鲁豫到贵州——南下支队和西进支队专辑》，第3页。

⑦ 中共中央党史研究室、中央档案馆编：《中共党史资料》第72辑，中共党史出版社1999年版，第151页。

⑧ 《从冀鲁豫到贵州——南下支队和西进支队专辑》，第33页。

其中，今属山东聊城地区调出的六、九地委南下干部分别编为南下六大队和四大队，今属山东菏泽地区范围调出的二、三、五、七地委干部分别编入南下二大队、三大队、四大队、九大队。今属山东济宁地区调出的三、七地委干部分别编入南下三大队、四大队。加上原驻边区首府菏泽的冀鲁豫区党委、行署、军区、干校等机关及单位调出人员，冀鲁豫边区在今山东地区调出的南下干部及勤杂人员（包括各地、县调出的警卫班及警卫员、医生、卫生员、通讯员、炊事员等）约近 5000 人，超过本次冀鲁豫边区南调新区总人数的 3/4。

冀鲁豫干部在菏泽集训大约一个月。临出发前，区党委和行署在晁八寨召开了盛大的欢送会，据南下同志回忆，"南下支队政委徐运北和政治部主任申云浦同志在大会上讲话，表示南下的决心。军区的战友剧团还为我们演了《甲申三百年祭》（即闯王进京）"，大家深受教育与鼓舞。[①] 通过长达一个月的学习与整编、动员，广大冀鲁豫南下干部提高了对南下的认识，坚定了信心，增强了行军能力，跟随二野五兵团踏上了南下征程。

这批冀鲁豫南下干部南下后的主要去向较为复杂。当南下干部支队到达合肥后，由于国民政府首都南京解放在即，由万里、宋任穷等同志率领原七地委、九地委 500 名南下干部连同豫皖苏、冀中等解放区干部合编为"金陵支队"，前往南京接管。此后，部分鲁西北干部从南京调出，"又随二野后勤部，在段君毅、万里同志的率领下，组成了西南工业部的机构，并吸收了近百名京、沪地区的大专毕业生和技术人员，组成技术大队，进军西南的重庆"。[②] 由段君毅担任西南军政委员会工业部长，万里担任西南军政委员会工业部副部长，辅助邓小平同志（时任中共西南局第一书记，主持整个大西南的工作）开展工作。他们自南京西进四川后，一部分干部跟随段君毅、万里同志留在西南工业部工作，并

---

① 孔焕章、高兴中：《随军南下、西进的战斗历程》，《冀鲁豫党史资料选编》第 19 集，第 31—32 页。

② 冯之琨：《我参加的阳谷县干部南下》，中共阳谷县委党史资料征集研究委员会办公室编印：《谷山烽火》，1990 年，第 575 页。

参加了重庆的接管工作，另一部分同志参加了川东重庆周边地区的接管工作。[①]

冀鲁豫南下干部支队，除由万里同志等带领原七、九地委 500 余名干部接管南京外，其他干部的主要南下目的地是江西省。南下支队停驻合肥期间，根据总前委指示，赣东北区党委于 4 月中旬在合肥成立，原冀鲁豫区党委副书记徐运北担任赣东北区党委书记，原冀鲁豫区党委组织部副部长兼党校校长郭超任组织部长，原冀鲁豫区党委宣传部长申云浦任宣传部长。[②]1949 年 5 月，冀鲁豫干部开始了在赣东北地区的接管等工作。他们在赣东北工作了四个月，顺利完成了接管、建政、征粮、剿匪、恢复生产等各项事业，全面开创了赣东北地区的工作局面，为四野南下江西工作团的后续工作打下了良好基础。随后，原组建赣东北区党委的冀鲁豫南下干部支队成员全部调出，随二野五兵团继续西进，成立贵州省委，解放和接管贵州。从 9 月 24 日起，重新集中的冀鲁豫南下干部从江西上饶分批出发，挺进贵州。此后，广大冀鲁豫南下干部奔赴贵州各地，进行接管、建政、征粮、禁烟禁枪、恢复生产、剿匪、土改等工作。"至此，实现了跨越鲁、豫、苏、皖、赣、鄂、湘、黔 8 省，行程 8000 里，从华北到江西，又从江西到贵州的两次大进军。"[③]他们数十年扎根黔省，为贵州的接管、土改及此后的社会主义建设各项事业做出了重大贡献。冀鲁豫南下干部将青春年华奉献给了贵州，在祖国的西南谱写了革命与建设的新篇章。

2. 冀南区的集训工作

1949 年 2 月中下旬，冀南区各地委调出的南下干部陆续到达区党委驻地威县。冀南区干部集中后的学习主要分三个部分：一是继续进行思想教育，二是学习城市政策，三是基本的军事教育。

思想教育主要针对集中后的南下干部在心理上仍存在的较多疑惑、

---

① 冯之琨：《我参加的阳谷县干部南下》，《谷山烽火》，第 575 页。

② 中共江西省委党史研究室：《中共江西地方史》第 1 卷，江西人民出版社 2002 年版，第 574 页。

③ 《南下干部心向党》，第 34 页。

顾虑。该区干部集中后，思想上对当前形势、对家庭、对个人前途的担忧、顾虑还未完全消除，即"所集合起来的干部思想问题特别多"。冀南区"强调克服干部中的右倾观点，对敌人估计过高，怕美国，不相信国民党的力量不行了，不相信今后没有像淮海战役的仗了。过高的估计特务的严重性的作用，过高的估计飞机的轰炸作用。有的对敌人怜悯，认为蒋（介石）提五条，我们八条，怀疑是否有诚意。而对我们的力量估计过低，如我们军队没有那么多，过长江比过黄河难的多，江南工作薄弱，群众基础差，自己是土包子，进城不中（用）等。也有盲目乐观的思想，如认为一过江敌人就完，美国绝不会出兵，但（这）是少数。所以必须将有利条件与困难条件进行适当的解释，然重点应是克服右倾观点"。"教育方式采取多讲多启发多教育，反复进行教育，因为区级干部政治理论水平低，且不少是新干部，不如此不能很好的接受，另外采取出墙报，报告分析典型，进行测验，宣读南下誓言都是好的方法。"当时，一部分干部思乡心切，情绪不稳定，该区"对思想极不稳定或企图逃跑者，进行公开的启发和教育，说明跑了前途的危险，南下的应该是前途光明，如最后仍不通，就说明自愿退党是许可的，不必跑，让他最后下决心，其实这样反而停止了逃跑，而一味迁就不敢说明，或用监视办法，却增加了逃跑"。①

学习城市政策方面："从十八号开始城市政策的报告和学习，重点是县以上干部。区级干部要完全懂得入城纪律和城市政策的原则精神，特别是入城后阶级路线，依靠谁和对各阶级的态度，必须弄清楚。勤杂人员则是学入城纪律，因为对入城完全是新事，无实际经验，所以讨论时只能限于政策本身，但学习情绪还很高涨，在区干中暴露了两种思想：（一）懂得城市这样复杂，土包子不行，还是在乡村好。（二）自私自利思想没有完全根除，还需引起警惕，继续进行教育，如一个干部说，不叫拿东西，如见了钢笔只换一个头，谁知道。城市政策学习到廿八日，

----

① 《冀南区党委关于南下干部情况给华北局的报告》（1949 年 3 月 27 日），《南下入湘干部历史文献资料汇编》，第 93—94 页。

二十九日即转向动员行军，职工运动及农村工作。"①

基本的军事教育方面，据南下干部回忆，当时"我们南下人员大部分没有在军队工作过，没有受过军事训练……有的中队干部连'稍息''立正''看齐''报数'等军事口令都不会喊，队伍像一群羊，因此军事训练在当时说是非常必要的"。②冀南区要求干部"由散漫的农村环境，而转变到集中行动，适合行军要求，必须进行军事教育和军事防空锻炼，此次集中后所有南下人员都按军事编制，进行三大纪律教育，每日行军三十里，进行点验，一切生活制度军事化。同时需要加强群众纪律及吃苦耐劳的教育，此次东北军南下③的模范行动，给了干部不少的教育和鼓励"。④

4月3日，冀南区南下支队在南下区党委统一安排下，以大队为单位，从威县方家营开拔，直奔河南开封。⑤由于冀南区干部南下后的接管地区主要是湖南省，当时湖南解放相对较晚，因此冀南区干部在渡过长江前的集训学习时间也较长，先是在区党委驻地威县学习月余，南下行军至河南开封后，又停驻月余才开赴武汉整训，等待湖南和平解放。

南下湖南后，主要由鲁西北干部组成的一大队和二大队分别接管不同地区，迅速展开工作。一大队组成湖南益阳地委，到湖南省益阳地委下辖的湘乡、安化、沅江、宁乡、汉寿、益阳六个县进行接管工作。⑥二大队联合三大队和四大队部分干部组成了湖南常德地委，到湖南省常德地委下辖的常德、南县、华容、桃源、安乡、慈利、澧县、石门、临

---

① 《冀南区党委关于南下干部情况给华北局的报告》（1949年3月27日），《南下入湘干部历史文献资料汇编》，第94页。

② 孙云英：《在南下的日子里》，《常德人民翻身谱（1949—1953）》，第198页。

③ 东北军南下，指1949年平津战役结束后，四野主力大军南下。

④ 《冀南区党委关于南下干部情况给华北局的报告》（1949年3月27日），《南下入湘干部历史文献资料汇编》，第94页。

⑤ 刘万祥：《南下沅江之回忆》，《沅江文史资料》第6辑，第12页。

⑥ 赵畅：《关于冀南南下干部的组成情况和经过》，《一切为了前线（上）聊城地区党史资料第15辑》，第155页。

澧、津市十个县市进行接管工作。①

二　华东局的南下调动与集结工作

（一）华东局的调动工作

1948 年 10 月 28 日，中共中央发出《中共中央关于准备五万三千个干部的决议》，要求华东局准备 15000 名干部南下。根据《中共华东中央局关于执行中央准备五万三千干部决议的指示》，"我们注意到目前华中的干部（尤其中级和高级干部）特别缺乏，因此准备一万五千干部规定完全由山东来负责"。②华东局将华东地区调干南下的任务全部交给了山东，对当时华东局所属的山东地区来说，这既是巨大的信任，也是极为艰巨的任务。

人民解放战争开始以来，根据中共中央和山东分局、华东局的部署，山东地区已经进行过数次大规模的干部外调工作，如 1945 年抗战胜利后曾组织 6000 多名地方干部跟随近 7 万名山东军区八路军主力挺进东北，此后，"仅在 1948 年春天就先后组织 7000 余人组成山东南下干部队和中原支队随军挺进中原，经过战争和工作考验的干部已经十分缺乏。同时，随着济南战役的胜利结束和山东全境的大部解放，部分干部也开始滋生了和平和享乐的思想，再加上传统观念乃至偏见的影响产生了种种顾虑"。③但各地还是努力克服重重困难，完成南调干部任务。

1. 先期调动

其实，华东局的调动干部、准备南下的工作，在 1948 年 10 月 28 日中央正式决议下达前，已根据解放战争实际状况和山东地区具体情况进行了。1948 年 9 月，济南战役即将打响。此时，国民党在山东省会

---

① 赵畅:《关于冀南南下干部的组成情况和经过》,《一切为了前线（上）聊城地区党史资料第 15 辑》, 第 155 页。
② 《中共华东中央局关于执行中央准备五万三千干部决议的指示》（1948 年 12 月 25 日）,《山东党史资料文库》第 25 卷, 第 453 页。
③ 《中共山东编年史》第 6 卷, 第 279 页。

济南虽仍驻有重兵 12 万，但人民解放军"有着一切胜利的条件：第一、济南处于解放区四面围困之中，如像海上孤岛一样，三面绝援，一面远隔蒋匪主力数百里；第二、守城之敌大部都曾经被我歼灭或受过严重打击，士气低落，战斗力减弱……在我军胜利威势与政策影响之下，敌人军心愈益动摇……第五、我有广大群众拥护，特别经过土改与生产救灾之后……第六、整个时局有利于我不利于敌"。① "国民党军在山东只剩下济南、青岛、烟台、临沂几个孤立城市，处于被动挨打的局面。山东解放区则连成一片，并与华北、中原解放区打通了联系。"② "我军在津浦、胶济铁路沿线作战的胜利，把济南变成一座'孤岛'，但它仍然是威胁解放区安全的祸患。蒋介石意识到，共军要在中原与国民党军决战，就一定要先拔掉济南这个'钉子'。国民党军则必须死守济南，维持这个政治、军事、地理上都十分重要的据点。"③ 人民解放军山东兵团决心夺取济南，将整个山东建成人民解放军南下的战略基地。一旦夺取济南，山东战场国民党军的彻底失败势必不可避免。事实也正如华东局所预料，9 月下旬济南攻克后，临沂、菏泽、烟台等地国民党军全部弃城，不战而逃。山东全境除青岛（当时驻有美军）外基本获得解放。济南解放也使华北、华东两大解放区连成一片，完全解除了华东野战军全部南下的后顾之忧。就在济南战役即将发起前的关键时刻，1948 年 9 月 10 日，华东局组织部、军政治部发布了《关于抽调南下干部的通知》，指出：

一、现在渤海地区之各机关学校，凡系鄂豫皖、苏皖浙、苏鲁边干部尽量抽调，其原则如下：

1. 鲁中、鲁南后方外来干部全部抽调，渤海外来干部抽调三分之一，遗职由鲁中、鲁南本地干部补充。

2. 凡未分配工作者全调；在职而有正副各一者，抽调一人；如在新开辟地区作用较更大者，亦应调出另行补充。

---

① 《济南战役总动员令》，《鲁中南报》（创刊号）第 1 期，1948 年，第 1 版。
② 刘统：《中国革命战争纪实　解放战争（华东卷）》，第 388 页。
③ 刘统：《中国革命战争纪实　解放战争（华东卷）》，第 393 页。

3.华东局及军直所属各机关、学校，除卫生部、兵站部作个别调整外，其他一律厉行精简尽可能抽调；党校的东纵干部随两广纵队南下，军大党校学员中外来干部（包括华中、皖中、皖南、中原军区来的干部）全调，教职员斟酌抽调一部。

4.凡体弱、疾病、残废及家属小孩暂不抽调。

二、以上各地区抽调人数之分配：

1.鲁中三百；2鲁南二百；3.渤海三百，另财经干部四百（共七百）；4.机关学校五百至七百；5.国区部已集中约七百，共约计二千六百人左右。

三、全体干部于十月二十五日前调集完毕，十月二十五日前将干部名册送华东局组织部，以便计划分批起程（第一批国区部的，第二批鲁中、鲁南的，第三批渤海的，第四批机关学校的）。

四、胶东、滨海、鲁中、鲁南地区及省直属后方外来干部，由华东局在胶东另行抽调送走。

五、分区与地委级以上干部由华东局、军区按名册指定抽调。①

此次华东局的南下干部抽调工作，总数约2600人，根据华东局要求，"全体干部于十月二十五日前调集完毕，十月二十五日前将干部名册送华东局组织部，以便计划分批起程（第一批国区部的，第二批鲁中、鲁南的，第三批渤海的，第四批机关学校的）"。②各地工作进行较为顺利。1948年10月28日，中共中央发出《中共中央关于准备五万三千个干部的决议》；1948年初冬，华东局在益都县南部闵家庄召开会议，全面布置调动南下干部的工作。

12月25日，华东局正式发出《中共华东中央局关于执行中央准备五万三千干部决议的指示》，要求"必须遵照中央的指示精神，积极办党校，以提高党员干部的理论水平、政策水平、增强党性、改善作风。

---

① 《关于抽调南下干部的通知》（1948年9月10日），《泰安南下干部纪实》，第409页。
② 《关于抽调南下干部的通知》（1948年9月10日），《泰安南下干部纪实》，第409页。

华东局决定，要各级党委于十二月选送三千党员干部到华东局党校学习（已通知各区党委）"。[①] 各地提前准备的 2600 余名干部，分别来自渤海区、鲁中南区、胶东区及华东局机关，作为首批集结的南下干部，由于淮海战役尚未结束，并未启程南下，而是在华东局党校培训学习。1948年 12 月，他们"开始集结在华东局党校所在的益都县境内王岗村一带集训，组成华东局党校的 4 个部参加培训。1949 年 2 月，2000 余名南下干部根据华东局的决定随华东局党校南迁至临城（今山东省枣庄市薛城区一带）"。[②] 1949 年 3 月，这部分在党校学习的干部，会合了从全省大规模抽调的南下干部后，分批南下，渡江前往南方新区工作。

本次南下抽调工作进行顺利。由于这次抽调主要是来华东局党校（在今山东省青州市）学习，距离近，干部情绪上基本没有很大波动，一些地区调动时也只说是来党校学习，并未说明要南下。又因为以优先抽调外来干部为主，即"现在渤海地区之各机关学校，凡系鄂豫皖、苏皖浙、苏鲁边干部尽量抽调"，"鲁中、鲁南后方外来干部全部抽调，渤海外来干部抽调三分之一，遗职由鲁中、鲁南本地干部补充"，"胶东、滨海、鲁中、鲁南地区及省直属后方外来干部，由华东局在胶东另行抽调送走"等。[③] 加上总的抽调人数有限，具体分配到各区、地、县的人数就相对较少，各区党委、地委、县委无须在各地、县面向全体干部进行普遍动员和鼓励自报，因此从调动到集结华东局党校，都较为顺利。

2. 全面调动

自 1948 年 12 月 25 日华东局正式发出《中共华东中央局关于执行中央准备五万三千干部决议的指示》后，华东局大规模的干部调动工作就开始了。按照指示规定，本次华东局的 1.5 万名南下干部将全部由山东调出。除前期已集中在华东局党校学习的 2600 名干部外，还要大规模动员 12000 多名干部南下。据山东分局 1949 年 4 月统计，

---

① 《中共华东中央局关于执行中央准备五万三千干部决议的指示》(1948 年 12 月 25 日)，《山东党史资料文库》第 25 卷，第 454 页。

② 《中共山东编年史》第 6 卷，第 279 页。

③ 《关于抽调南下干部的通知》(1948 年 9 月 10 日)，《泰安南下干部纪实》，第 409 页。

华东局在山东实际调出南下人数超过原计划（15000 人）近 8000 人，为 22968 人。[①]

（1）鲁中南区的调动工作

按照指示，鲁中南区"外调干部任务：应组成一套区党委，十套地委，五十套县委，四百套分区委。区党委八十人，内主要干部十五人，一般干部六十五人；每套地委六十人，内主要干部十人，一般干部五十人；每套县委廿七人，内主要干部七人，一般干部廿人；每套分区委六人，总计以上各级各项主要干部四百六十五人，一般干部三千九百六十五人"，[②] 合计应调干部 4430 人。具体抽调任务如下：

> 共分两批完成。第一批七百二十人，组成两套地委，八套县委，六十四套分区委，已于一月初完成。第二批应调三千七百一十人，组成一套区党委，八套地委，四十二套县委，三百三十六套分区委；内定主要干部三百八十九人，党群干部一千七百九十人，政财干部一千六百三十一人，军事干部二百八十九人（此系按华东局编制表配备。另按华东局关于执行中央准备五万三千干部决议的指示，军事干部应配备七百二十四人，尚差四百三十五人，以后研究分配）。根据以上总的要求，各地委具体分配如下：
>
> 一地委调一套地委、四套县委、三十八套分区委，另调组织科长、干事、专员各一人，内有地级六十人，县级九十人，区级二百二十八人；党群干部一百九十八人，政财干部一百五十三人，军事干部二十九人，共计三百八十人。
>
> 二地委调一套地委、七套县委、六十六套分区委，另调地委组织部长一人，专署秘书处干部六人，民政科长、科员各一人，内有

---

① 《山东分局组织部调一万五千干部南下的情况补充报告》（1949 年 4 月 29 日），山东省档案馆藏，案卷号：G046-01-0200-009；又见《中共山东编年史》第 6 卷，第 279 页。

② 鲁中南区党委：《关于执行华东局准备一万五千名干部外调任务的指示》（1949 年 2 月 1 日），山东省档案馆藏，案卷号：G030-01-0055-001。

地级六十六人，县级一百六十一人，区级三百九十六人；党群干部三百三十三人，政财干部二百五十五人，军事干部三十五人，共计六百二十三人。

三地委调一套地委、四套县委、三十套分区委，内有地级五十七人，县级九十二人，区级一百九十二人；党群干部一百七十二人，政财干部一百四十人，军事干部二十九人，共计三百四十一人。

四地委调一套地委、六套县委、四十二套分区委，另调专署粮食科长一人，科员三人，县委书记组宣部长各一人，区级二百五十二人；党群干部二百三十一人，政财干部一百九十人，军事干部三十三人，共计四百五十四人。

五地委调一套地委、六套县委、三十四套分区委，另调专署财经科长一人、科员三人。内有地级六十一人，县级一百三十八人，区级二百零四人；党群干部一百九十六人，政财干部一百七十四人，军事干部三十三人，共计四百零三人。

六地委调一套地委、七套县委、七十套分区委，另调地委民运部长一人，干事四人，专署银行行长一人，科员二人，内有地级六十五人，县级一百六十一人，区级四百二十人；党群干部三百五十三人，政财干部二百五十八人，军事干部三十五人，共计六百四十六人。

七地委调一套地委、六套县委、四十二套分区委，另调地委宣传部长、干事各一人，内有地级五十九人，县级一百三十八人，区级二百五十二人；党群干部二百三十人，政财干部一百八十六人，军事干部三十三人，共计四百四十九人。

淄博特委调二套县委、十二套分区委。另调地委书记、秘书主任各一人，专署公安局长一人、科员三人，内有地级六人，县级四十六人，区级七十二人；党群干部六十三人，政财干部五十四人，军事干部四人，共计一百二十一人（缺县委书记、组、宣部长各一人，由四地委补）。

区党委由原机关负责组成一套区党委，内有党群干部十四人，政财干部二十九人，军事干部三十七人，工商干部一百九十二人（各地应配备之工商干部每地三人，县四人包括在内），共计二百七十二人。①

鲁中南区党委高度重视南下工作，按华东局要求，先期共抽调出700多人赴益都县华东局党校集中学习，于1948年12月底到达。1949年1月，鲁中南区"召开各地委组织部长会议，专门研究外调和培养提拔干部等问题。会议根据中共中央和华东局的指示，按照'顾全大局，服从分配，选强留弱'的要求，下达了《动员与集中外调干部的决定》"。②2月1日鲁中南区党委发出《关于执行华东局准备一万五千名干部外调任务的指示》，将南下干部名额具体分配到各地委。"秘书长张雨帆、区党委委员李培南、民运部长刘建中等带头报名南下，促进了外调干部南下工作的开展。由于各级党委组织工作做得好，鲁中南区南下干部工作得以顺利完成。""为了加强南下干部的领导，中共鲁中南区委确定由区委委员张劲夫、张雨帆、魏思文、刘建中、李培南及泰山地委书记林乎加等组成一套战略区领导班子带队南下。战略区领导班子配备是：区党委书记张劲夫，行署主任张雨帆，军区副司令员胡定千，军区副政治委员兼政治部主任李培南，区党委组织部长魏思文，宣传部长林乎加，民运部长刘建中。"③"后来，各地的干部在调动中又有些增加和调整，最终实际南下干部均超过了分配数"，该区实际调出南下干部5000余人，"这次抽调干部是鲁中南区外调干部最多的一次"。④

根据区党委及各地委安排，各县经过动员后抽调的南下干部，首先集中到地委机关驻地进行学习与调整补充，以县为单位，每一县（有的

① 鲁中南区党委：《关于执行华东局准备一万五千名干部外调任务的指示》（1949年2月1日），山东省档案馆藏，案卷号：G030-01-0055-001。
② 丁龙嘉主编：《中共鲁中地方史（1919.5—1949.10）》，中共党史出版社2006年版，第418页。
③ 丁龙嘉主编：《中共鲁中地方史（1919.5—1949.10）》，第418页。
④ 丁龙嘉主编：《中共鲁中地方史（1919.5—1949.10）》，第418页。

是两县合并）干部编组为一个中队，每地委干部编组为一个大队，然后
陆续开赴华东局驻地——山东临城进行集训、休整。

　　具体调动过程，可以鲁中南区一地委（泰山地委）为例。一地委辖
泰安、莱芜、历城、章丘四个县，地委书记为林乎加。1948 年 12 月，
泰山地委宣传部长金韬率 84 名干部参加华东局第一批南下干部队伍，
赴华东局党校学习。泰山区又紧急部署，各县区都要迅速配备齐全双套
（正副职）班子，随时准备听调南下。全区组织包括 1 个地委、4 个县
委、50 个分区委的整套干部班子。抽调南下的干部条件是：经过长期
斗争的考验，敢于和善于领导群众斗争，历史清楚，出身成分好。掌握
抽调的原则是：工作基础好的老解放区多抽调，新解放区少抽调，在不
太影响地方工作的情况下，优先加强南下干部的配备。①

　　1949 年 1 月，泰山地委奉命组建第二批南下干部队伍。按照要求，
抽调的班子要配备党政民机关职能部门的领导干部及武装干部，并配备
一定比例的妇女干部。全大队由地专机关抽调的干部和各县抽调的干部
组成，番号为“华东局南下干部纵队第一支队（鲁中南）第一大队（泰
山区）”，下分 6 个中队，55 个班组。全大队有干部，战士及行政、后
勤、通讯联络、炊事人员等共计 720 余人。②

　　从泰山地委各区南下干部配置看，有以下特点。

　　第一，干部班子基本按山东老区现有地、县配置，较为完整地成套
调出。以一个地委干编为一个南下大队，一个县干部编为一个南下中
队，一个区干部编为一个班为原则。泰山地委南下干部下辖的六个中队
中，第一中队由军分区选拔战士组成，在南下行军途中担负大队警卫和
后期联络等工作，到南方新区后负责组建军分区政治、军事领导机构；
第二中队由原泰山区地专机关干部组建，是配备到南方新区地专机关党
政民各职能部门的主要负责人；第三中队由泰安县干部组建，全队共有
110 余人，编为 9 个班；第四中队由莱芜县干部组建，共 120 余人，编

---

　　① 杨仲起：《泰山区干部渡江南下纪实》，《泰安党史资料　总第 19 期》，1992 年，第
　　　 170—172 页。
　　② 杨仲起：《泰山区干部渡江南下纪实》，《泰安党史资料　总第 19 期》，第 170 页。

为10个班；第五中队以章丘县干部为主，由编入泰山地委党校一个班的学员组成；第六中队由历城县和莱芜县两部分干部合编组建。因历城县是新解放区，工作基础薄弱，干部来源少，因此将历城县抽调的南下干部同干部实力较强的莱芜县的仪封、鲁西、香山等区干部合编为一个中队，以加强南下后该县干部的工作力量，共编为10个班，120余人。

第二，南下干部职务较老区职务普遍进行了提升，且对很多干部仍按其原工作领域分配新区职务。如原地委书记林乎加，上调到鲁中南区党委，担任南下区党委班子的宣传部长。泰山地委同时对干部到南方新区后的职务进行了初步安排，具体为：章丘县委书记苏展任大队政委、新区地委书记；莱芜县委书记王醒任大队长、新区专员；历城县委书记李频如任新区地委宣传部长；历城县委副书记刘亦夫任新区军委秘书长；泰山军分区政治部主任黄益源任新区军分区政治部主任等。下辖六个中队的干部到新区后拟任职也多在山东老区原职的基础上提升了。

第一中队中队长由黄益源兼任，指导员高寿亭原任军分区参谋。

第二中队中队长朱信，原章丘县财政科长，到新区任专署财粮科长。中队指导员闫墨林，原是泰山专署粮食局长，到新区任专署秘书长。队委陈新，原是专署公安局副局长，拟到新区任专署公安局长。

第三中队中队长杨仲起，原任泰安县粮食局长，拟到新区任县长。指导员刘刚，原泰安县委组织部长，到新区任县委书记。队委程中行，原泰安县委组织部副部长，到新区任县委组织部长。队委乔中均，原地委宣传部科长，到新区任县委宣传部长。队委李青龙，原泰安县赵庄区委书记，到新区任县委民运部长。队委戴子彬，原泰山区公安局干部，到新区任县公安局长。

第四中队中队长周效儒，原莱芜县委宣传部副部长，任新区县长。副中队长张照田，原专署机关党总支书记，到新区任县委组织部长。指导员芦云亭，原莱芜县委组织部长，到新区任县委书记，因带队支前没有到职。队委任子诚，原莱芜县财政科副科长，到新区任县政府财粮科长。队委王化祥，原莱芜县农会主任，拟任新区县委民运部长。队委李村明，原莱芜县仪封区委书记，到新区任县委宣传部长。队委朱宝峰，原是莱芜县某区委书记，到新区任县政府公安局长。队委黄汝尧，原是莱芜县独立营副营长，到新区任县大队长。

第五中队中队长韩寓吾，原是专署秘书，到新区任县长。指导员纪中一，原章丘县委副书记，到新区任县委书记。队委毕向荣，原章丘县委组织部副部长，到新区任县委组织部长。队委左文轩，原章丘县政府文教科长，到新区任县委宣传部长。队委李传孝，原章丘县某区委书记，到新区任民运部长。队委卓纂舟，原章丘县政府实业科长，到新区任县大队长。队委亓道学，原专署公安局科长，到新区任县公安局长。

第六中队中队长王裕民，原历城县委组织部长，任新区县长。指导员英宣之，原莱芜县武装部长，到新区任县委书记。队委谭永刚，原专署公安局副局长，任新区县公安局长。队委李方平，原历城某区委书记，到新区任县委宣传部长。队委吕道成，原历城某区委书记，到新区任县委组织部长。队委范立明，原专署公安局干部，到新区任县大队长。队委任玉礼，原历城某区长，到新区任县委民运部长。[①]

以地、县为单位成套配置、成套调出，保持其原有行政组织框架，干部相互之间比较熟悉，有利于南下新区后迅速组成一个地委（地专）、一个县委（县专）展开接管工作，也减少了动员南下的阻力。各地普遍选拔新干部，配备副职，对调动南下干部在新区的职务普遍在山东老区职务基础上进行了提升，能够激发干部南下后工作的积极性，也有利于对新区、老区工作的兼顾。以上两点，是此次山东各地方南调干部配置方式的普遍特点。

在集结步骤上，泰山地委南下干部于1949年农历正月二十三日至二十五日，分别以中队（县）为单位在口镇、涝坡、泰城西关、岱庙、章丘埠村等地集合整队，宣布干部队伍的组织编制、番号，行军途中的职务和到江南新区后的职务等。各县（中队）分别举行欢送会。正月二十六日（公历2月23日），各中队到达当时泰山地委机关驻地——莱

---

① 杨仲起：《泰山区干部渡江南下纪实》，《泰安党史资料　总第19期》，第170—172页。

芜县寨里镇。在地委，全体南下干部进行了三天的学习和休整，留下的地委副书记张敬焘和专员刘舜卿讲了话，鼓励南下干部到新区再立新功。他们的讲话不时被热烈的掌声打断，会场气氛十分活跃。当南下干部大队政委苏展代表全体南下干部战士致答词表决心时，会场响起雷鸣般的掌声，随后，泰山地委文工团做了慰问演出。次日，全体一地委南下干部开始行军，步行赴泰安城，准备在泰安火车站乘火车南下。从泰安城到火车站的大关街、车站街两旁，全城民众和各单位干部职工从四面八方云集而来，夹道欢送南下干部，群众打起"热烈欢送南下干部到新区立功""打到南京去，活捉蒋介石""打到江南去，解放全中国"的标语，敲锣打鼓，高呼口号。随后，南下干部队伍集结在火车站广场，泰安民众又举行了欢送大会，泰安县委书记刘众前代表全县党政军民向南下干部致辞欢送，全场响起一阵又一阵的掌声和口号声。最后，一地委全体南下干部告别家乡父老，按中队顺序登上列车，机车汽笛长鸣，向南开赴当时中共中央华东局驻地——山东临城集结、整训。

鲁中南区其他各地南下干部，也以类似步骤从各县调出，在地委完成集结后，开赴华东局驻地山东临城附近集结、整训。

（2）渤海区的南下调动工作

渤海区的南下调动工作与鲁中南区有所不同，是分三批赴华东局集结的。第一批与鲁中南区相同，先调出一部分干部去益都县华东局党校学习。然后第二批进行全区范围的大规模调动。按照华东局的要求，第一批约 3000 名山东各区南下干部应于 12 月底集结至华东局党校（益都县）学习。其中渤海区在该批次实际调出 820 余人，全部由渤海区一地委机关及下属各县（一地委共辖七个县）调出，具体为乐陵 180 人，盐山 150 人，宁津（当时称振华县）140 人，吴桥 110 人，南皮 70 人，东光 75 人，庆云 80 人，加上地委、专署抽调的 20 余人，共 820 余人，由地委副书记燕明带队，到渤海区党委驻地——阳信县何家坊附近的道门王家集中。在初步学习了 1949 年"新年献词"以及整编后，被定名为渤海区南下干部第一大队，1949 年 1 月 8 日开始行军，15 日到达益都县大陈家村（当时华东局驻益都县），作为华东局党校学员，学习月余，^①后随华东局党校南下山东临城。

"1949 年春节前后，渤海区抽调第二批（一大队为第一批）随军南下干部的工作以更大的规模展开。"^②区党委"要求各县、区的党、政、军、群领导机关都要配备两套领导班子，一套留下坚持当地工作，一套随军南下接管新解放区。区党委还就南下干部的调动、组织、南下日期、南下注意事项等通告各地委，要求各地委认真做好抽调南下干部的宣传动员和具体组织工作，对各级领导班子作好通盘安排"。^③"抽调干部随军南下的消息传出后，在一些干部家属的思想上也引起了一定的波动。各县、区领导机关决定趁春节之际，放假让干部回家作家属的思想工作，使绝大多数家属愉快地支持自己的亲人随军南下。各级政府也决定南下干部的家属均享受军属待遇。"^④

各大队分别组成第二、第三、第四大队。"区党委决定下属的二、三、四地委（军分区、专署）分别组成华东南下干部纵队渤海三支队的第二、第三、第四大队。任命刘季青任二大队大队长，李代耕任大队政委兼大队党委书记，肖平任军分区司令员；刘博泉任三大队大队长，王乐三任大队政委兼大队党委书记，冯仁恩任军分区司令员；傅光汉任四大队大队长，彭瑞林任大队政委兼大队党委书记，王文长任副书记，李铁峰任副大队长，杨信任军分区司令员。"^⑤渤海区南下干部由区党委主要领导刘格平、周贯五、陈放、彭瑞林等率领，根据华东局要求，编为华东南下干部纵队第三支队，由周贯五任支队长、刘格平任政委率队南下临城。^⑥

渤海区与鲁中南区干部南下的集中过程基本相同，根据区党委、各

① 关器：《渤海区一地委干部南下情况》，《中共乐陵地方史　第 1 卷（1921—1949）》，第 278—279 页。
② 李晓黎主编：《中共渤海区地方史》，第 541 页。
③ 李晓黎主编：《中共渤海区地方史》，第 541 页。
④ 李晓黎主编：《中共渤海区地方史》，第 541 页。
⑤ 李晓黎主编：《中共渤海区地方史》，第 541 页。
⑥ 燕明：《离别津南下江南　跨越长江到浙江——第一大队南下历程纪略》，《中共乐陵地方史　第 1 卷（1921—1949）》，第 273 页。

地委的安排，各县经过动员后抽调的南下干部，首先从各县集中到地委机关驻地，进行学习与调整补充，以县为单位，每县干部编组为一个中队，每地委干部编组为一个大队，然后从地委驻地开赴华东局驻地——山东临城进行集训、休整。每个大队的队长和书记拟定是将来南下后在南方新区的地专专员、地委书记。大队下的各中队的队长、支书（指导员）就是将来新区的县长、县委书记。中队下设各班，班长、副班长就是将来南下后的区委书记、区长。调出干部在新区职务基本较山东老区有所提升。原则上到南方后，每个大队接管一个地区（地委），每个中队接管一个县。

即将离开生活、工作多年的家乡，干部们心中充满了不舍，如在三地委临淄县，"被批准的南下干部，带着家里准备好了的行李到县委集合"，有的同志新婚宴尔，带着新婚妻子给他做的绣花烟袋荷包，充满了对妻子、对家人的眷恋。① 但是，为了将革命进行到底，完成新区接管重任，他们"舍小家、为大家"，毅然南下了。

"1949 年 2 月中旬至 3 月上旬，全渤海区抽调南下的干部以县为单位分别到各自的地委机关驻地集中。二地委（二大队）各县干部在临邑县集中，三地委（三大队）各县干部在桓台县索镇集中，四地委（四大队）各县干部在阳信县何家坊集中。"② 二、三、四大队南下干部在各自地委驻地进行了整训、统一编队与学习，各地举行欢送大会。在渤海区党委驻地何家坊，"行署王（卓如）主任代表渤海八百万人民向南下干部致敬后，他慰勉大家：可能遇到些困难，如北方同志会感到风俗人情不熟悉、语言不懂、生活不习惯等，但只要南方、北方的同志大家互相帮助，互相学习，这个问题便可解决。我们留在渤海的同志，要加倍努力，把你们的成绩发扬巩固起来，支持你们！并预祝你们到南方'旗开得胜，马到成功！'"③ 3 月上旬，渤海区二、三、四大队南下干部从各自地委步行前往山东省会济南，在济南乘火车南下前往华东

---

① 张精忠：《临淄县干部南下记》，《齐城丰碑》，第 152 页。
② 李晓黎主编：《中共渤海区地方史》，第 541 页。
③ 《解放江南人民　我区南调干部奉命启程》，《前锋》第 475 期，1949 年，第 1 版。

局党校驻地山东临城附近集结，并在临城与之前调去华东局党校学习的渤海区一大队（一地委干部组成）干部会合，重新编组，进行系统的整训、学习。[1]

关于南下干部在行军中的组织工作与注意事项，可从渤海区党委给渤海区三地委所发通知中探析。1949 年 2 月 14 日，渤海区党委向三地委发出《渤海区党委关于抽调干部随军南下有关问题的通知》，指出在地委调出南下干部后的行军组织工作：

1. 行军中以地委为单位成立党委会，领导行军工作，保证胜利完成行军任务。由王乐三、魏伯雨、陈准提、刘博泉四同志为委员，王乐三同志为书记。

2. 行政上可以地委为单位成立大队部，以刘博泉同志为大队长，王乐三同志为政委，负责行军中政治教育等工作。

3. 行军中须保持与南下区党委之联系。[2]

关于南下的注意事项，如警卫、枪支、个人物品、供给标准等，渤海区党委规定：

1. 警卫通讯人员，县五人，地委二十四人。

2. 中高级干部按编制自带警卫人员、勤务人员。

3. 公文箱，县一个挑子，地委二个挑子，配备挑夫、箱子及带少数公文。

4. 个人的及公用的牲口，按编制配备。由公家携带之行李，县团级干部不超过十五斤，地委、旅级不超过十斤。

5. 枪支按编制配备，无者不另配备。

6. 供给标准，党政干部在行军中一律按后方军区机关待遇（第

---

① 李晓黎主编：《中共渤海区地方史》，第 541 页。

② 《渤海区党委关于抽调干部随军南下有关问题的通知》（1949 年 2 月 14 日），《南下往事》，第 322 页。

二类标准）到徐州。并带一部能供到徐州途中应用之药品。另外，关于新出来人员之被子、鞋子，可酌情补充，由地委负责，然后到区党委、行署统一报销。

7. 伙食单位，配备足够之伙夫、司务长、管理员，一直负责过江之伙食。

8. 家属与爱人一律不带，各地妥为处理，待秩序安定后即迎接前去（妇女干部无孩子之累者，以干部调动论前去工作）。①

另外，值得注意的是，渤海区干部除了第一批调出赴益都华东局党校学习的一大队（一地委），第二批调出二、三、四大队（二、三、四地委）外，在临城集训期间，再次临时接受新任务，在较短的时间内进行了第三次干部抽调，组成了渤海区第五、第六大队。据渤海区南下一大队总支委委员关器同志回忆，一大队跟随华东局党校从益都南下至临城沙沟镇后，在"华东党校学习了一个多月。在沙沟，华东局组织部在检查了解了我们一大队的干部情况后，指出调的人数太少，7 个县的架子不够，需要搭配 13 个县的架子。要我（即关器同志——引者注）迅速回渤海区向区党委汇报，增派干部。于是我就带了华东局组织部的介绍信，回到区党委组织部，详细地作了汇报"。渤海区党委经过权衡考虑，"认为一地委刚作了动员，大调动，再大动员一次，又要花很大精力"，遂"决定把自己办的'渤海公校'的二百余名学员全部让我带去，再从区党委机关中抽调县、区级干部 30 人，又从一地委抽调县、区级干部 20 人，共 250 余人左右，由我们自己整编搭配成 13 个县的架子。……我回到了沙沟，向燕明、周华楠等同志作了汇报。领导决定由我和史兴华负责提出整编方案，总支批准施行。最后是这样定的：乐陵县分为三个中队，分别由张复兴、栋良山、韩光、韩永安、吴秀峰、徐华章担任中队指导员和队长；盐山（靖远）县分为三个中队，分别由

---

① 《渤海区党委关于抽调干部随军南下有关问题的通知》（1949 年 2 月 14 日），《南下往事》，第 323 页。

曹墨亭、宋秀村、苏明、赵子修、李书林、杨彬担任中队指导员和队长；宁津（振华）县分为两个中队，分别由石青、贾文贤、何志民、任明勋担任中队指导员和队长；吴桥县分为两个中队，分别由路凤翔、周平臣、宋宏、刘维新担任中队指导员和队长；庆云、南皮、东光三县未动。共编成13个中队。'渤海公校'的200多名干部分配到各个中队。不久，从山东培训的华东大学学生70人，分配到一大队。我们除在大队部留下少数人外，大部分搭配到各中队去。这时，我们大队干部已经是1100多人了"。① "3月9日，支队领导决定把一大队一分为二，组成第一大队（下属七个中队）与第五大队（下属六个中队）。"②

至于六大队的组建："在抽调干部南下工作中，渤海区党委、渤海区行署、渤海军区机关及所属各单位亦抽调了大量干部；抵达沙沟后，又编入济南华东大学南下毕业学生300多人，共同组成六大队，任命周抗任六大队大队长兼政委（后由冯乐进任政委）。"③ "至此，华东南下干部纵队渤海三支队下辖一、二、三、四、五、六等6个大队（另外，三支队队部机关对外曾一度称九大队，由秘书长冯乐进兼政委），干部人数已达5000多名。"④

（3）胶东区的南下调动工作

胶东区南下干部组织工作面临的困难较鲁中南区和渤海区更为严重。首先，胶东地区自抗战胜利后已经多次大规模抽调干部。由于与辽东半岛隔海相望，1945年抗战胜利后，罗荣桓即率领山东八路军主力和数千名山东干部北上东北。胶东由于地理优势，在该区抽调干部达3000人，"1945年10月，根据中央'向北发展、向南防御'的指示，胶东军区抽调10个主力团的部队，由胶东军区副司令员吴克华带领渡海北上，抽调3000名干部，由林一山带领随军北上，建立东北根据地，

① 关器：《渤海区一地委干部南下情况》，《中共乐陵地方史　第1卷（1921—1949）》，第279—280页。
② 《燕明回忆录》，中国人民政治协商会议浙江省开化县委员会文史资料研究委员会编：《开化文史资料》第4辑，1989年，第29—30页。
③ 李晓黎主编：《中共渤海区地方史》，第545页。
④ 李晓黎主编：《中共渤海区地方史》，第545页。

以争取解放战争的胜利，建立巩固的后方基地……这些干部去东北后，在东北新区建立新政权，发展党的组织，实行土地改革，开展反霸剿匪，为建立巩固的东北根据地做出了贡献，有的同志在保卫东北根据地的战斗中壮烈牺牲"。[①] 此后的解放战争进行过程中，胶东区又多次抽调干部北上、南下。"随着解放战争的向前发展，人民解放军取得了一系列重大胜利，敌人的有生力量不断被消灭。1947 年 8 月，刘伯承、邓小平率领中原野战军，在华东野战军的策应下，千里挺进大别山，揭开了人民解放军战略进攻的序幕。8 月下旬，陈赓、谢富治率领的太岳兵团 8 万人，自洛阳潼关间南渡黄河，挺进豫西，将战火烧向蒋管区。随着人民解放军的不断胜利和发展壮大，解放区的面积迅速扩大，抽调干部南下支援新区，成为摆在全党面前的一项刻不容缓的重要任务。"[②]1948 年 2 月，根据中央从老解放区抽调大批干部南下开辟新解放区的战略部署，胶东区抽调干部 600 余名，组成"中国人民解放军中原支队第二大队"，由胶东区党委副书记金明率领开赴豫西，夏如爱任队长，宋惠任政委，赵荫华任副队长。[③]

其次，青岛尚未解放，敌情复杂，且需要大量干部接管青岛。南下干部调动时，胶东地区的青岛市及其周围即墨等城是当时国民党在山东仅存的战略据点，国民党在青岛及其周边几个县城和岛屿驻扎重兵五万多人，国共军事斗争仍很激烈。作为国民党在华北仅剩的重要据点之一，国民党方面自然不愿将青岛轻易放弃，但其亦清楚如不放弃，迟早难逃"瓮中之鳖"被全歼的结局。而当时胶东地区中国共产党武装仅有不到三万人，主力已南下参加淮海战役。可以说在局部仍处于敌强我弱的状态。当然，由于国民党在江北地区统治的全面溃败，尤其三大战役歼灭了其主力，青岛及其附近的国民党守军数量虽多，但是军心不稳，士气低落，当时也已多次传出国民党要放弃青岛的消息，驻青岛国民党守军

---

① 中共招远市委党史研究室编：《中共招远地方史》第 1 卷，中共党史出版社 2003 年版，第 399 页。

② 《中共招远地方史》第 1 卷，第 399 页。

③ 《中共招远地方史》第 1 卷，第 400 页。

只盼能来船尽早接其离开，多已斗志全无。因此，青岛国民党军在兵力占优情况下，仍处于守势及被动的战略地位。

在此情况下，胶东区一方面要完成南下任务，另一方面还要为接管重要城市青岛准备数千名干部，任务非常艰巨，干部缺口很大。且"由于调南下与调青岛的干部同时集合，所以影响到不少的南下干部产生了要求去青岛的思想"。①

"华东局分配胶东调新区干部任务是：一套区党委80人，七套地委，每套地委60人，七套共420人，四十二套县委，每套县委75人，四十二套共3170人。总共胶东调新区干部3670人。"②"并规定：这批干部中，党务、民运干部1778人，政府、财粮干部1604人，军事干部268人；主要领导干部中，区党委级干部15人，地委级干部70人，县级干部294人。"③

由于胶东地区情形特殊，一是先期调干部去华东局党校学习时，该区调干最多，达到1000人；二是需要留下相当数量干部执行接管青岛的重要战略任务。因此，胶东区党委指出，该区具体应调南下的干部配置、数量及原因如下。

首先，1948年12月"华东局决定提前调一千干部集中华东局党校学习，当时由于部分干部未准备好、即调集之地方干部，按数量计算折合十二套县委，二套地委（市属干部除外），但这批干部质量较差，特别缺少中心干部"。④此次调干部，应除去这批先期调出的二套地委、十二套县委干部。

其次，"为了准备干部接管青岛，经华东局批准，可暂留下一套地

---

① 北海地委组织部：《南调干部工作总结》（1949年2月27日），山东省档案馆藏，案卷号：G024-01-0332-012。
② 胶东区党委组织部：《南下干部的准备情况》（1949年2月20日），山东省档案馆藏，案卷号：G024-01-0305-005。引文中前面数据之和与总计人数略有出入。据原文录。
③ 《中共胶东地方史》，第446页。
④ 胶东区委组织部：《南下干部的准备情况》（1949年2月20日），山东省档案馆藏，案卷号：G024-01-0305-005。

委，五套县委的干部"。①"这样须调往新区之干部还有一套区党委，六套地委，三十七套县委，除去年十二月已调华东局以外，这次共调一套区党委，九套地委，二十五套县委。"②

再次，由于 1948 年 12 月调出的 1000 名干部，"质量较差，特别缺少中心干部"，"为了加强上次新抽调之干部的质量，经区党委研究决定，这次多调一套地委机关（主要干部留下接管青岛）与十二个县委书记"。③

胶东区党委"根据各地委干部的数量质量的不同情况"，分配各地委本次具体调干任务，"计东、北海各八套县委、一套地委，南海、滨北各一套地委、五套县委，四个县委书记，西海一套地委、四套县委，四个县委书记"。④区党委"从去年十二月第一批干部调走后，即开始组织准备在区党委召开的地委组织部长会议上，具体做了布置，分配了任务"。⑤在抽调原则和标准上，该区"为了严格执行华东局以新区为主，照顾老区的原则，在思想掌握上首先强调打破干部政策上的保守观念，自始至终强调为适应新的形势，要决心抽调干部开辟新区工作"，"即以此次调新区之干部还是执行了华东局（即）决定的原则。除根据干部的能力质量强者调往新区外，在作风上、身体上与政治情况，也适当的注意到适合开展新地区的干部调往新区工作"。⑥

最后，"胶东军区接到华东军区关于抽调 1 套军区、7 套军分区、42 个县的军事干部的指示后，迅速下达关于大量培养提拔干部的指示，

①　胶东区委组织部：《南下干部的准备情况》（1949 年 2 月 20 日），山东省档案馆藏，案卷号：G024-01-0305-005。

②　胶东区委组织部：《南下干部的准备情况》（1949 年 2 月 20 日），山东省档案馆藏，案卷号：G024-01-0305-005。

③　胶东区委组织部：《南下干部的准备情况》（1949 年 2 月 20 日），山东省档案馆藏，案卷号：G024-01-0305-005。

④　胶东区委组织部：《南下干部的准备情况》（1949 年 2 月 20 日），山东省档案馆藏，案卷号：G024-01-0305-005。

⑤　胶东区委组织部：《南下干部的准备情况》（1949 年 2 月 20 日），山东省档案馆藏，案卷号：G024-01-0305-005。

⑥　胶东区委组织部：《南下干部的准备情况》（1949 年 2 月 20 日），山东省档案馆藏，案卷号：G024-01-0305-005。

在各军分区进行讨论、布置，然后在提拔干部的同时，确定了南下干部名单。军区共抽调干部 272 名，其中军事干部 85 名、政治干部 98 名，供给干部 57 名，卫生干部 32 名"。①

由于通过大会动员、分组座谈、个别动员，与干部沟通充分，胶东区不少县区未搞强迫命令便顺利完成任务。各县在"公布名单后，即以调新区与留老区干部为单位集体进行座谈讨论，有什么困难需要解决，有不愿南下者可提出意见，经过这样讨论座谈，没有问题以后，南下干部须进行准备工作，留老区干部即进行安心工作稳定情绪的教育，并布置工作。这样便未因抽调新区而将组织搞乱，影响工作"，"总之这次抽调干部都还是有组织的进行的"，②调出干部的质量是有保证的，心情也是愉悦的。应该说，胶东区的南下工作，既保证了南调任务完成，又未对本地工作，尤其是接管重要城市青岛的准备工作造成太大影响。2 月底，胶东各县组织动员的南下干部在各自地委集结后，奔赴山东临城，踏上南下征程。

（4）其他地区的南下调动工作

华东局在山东预计抽调的 15000 名南下干部，除由鲁中南区、渤海区、胶东区三个大区调出外，在济南、潍坊两个特别市，华东局直辖的昌潍特区（1949 年 3 月华东局南下前，驻地是昌潍特区管辖的益都县，即今潍坊市青州市）及华东局直属机关也抽调了大量干部南下。

①济南市

1948 年底，济南市的南下干部调动工作是相当困难的。由于济南刚刚解放不久，百废待兴、百业待举，有的地区、单位接管工作还未完全完成。加之组织系统繁杂、不统一，干部流动又非常频繁，因此济南特别市委很难迅速摸清、掌握全市各单位具体情况及全局工作。而此次调动南下干部任务紧，调动数量又特别巨大，可谓困难重重。1949 年 3 月 13 日，济南特别市委做了《关于抽调南下干部问题的总结》，指出："这次调动中，由于济市各个组织系统的不统一，干部流动的频繁，以

①　《中共胶东地方史》，第 447 页。
②　胶东区委组织部：《南下干部的准备情况》（1949 年 2 月 20 日），山东省档案馆藏，案卷号：G024-01-0305-005。

及原来干部的级别之混乱，致使统计工作极其困难，不能全面掌握情况，非但有些部门因不属市委调动，干部来去多少亦不知道，甚至如建设局、粮食局干部、财办和市委都同时去调，因此调出的数目和集中的数目不相符，又如时间急促，统计制度的不健全，更增加紊乱状态，所以这次的统计是很不精确的。"[①]

　　总体来看，1949 年初，济南市原有干部总计 3500 人左右，这次调干的人数："一、党政民干部原有 1270 余人，调出 460 人以上，尚余 800 余人。二、公安干部 550 余人，调出 21 人，尚余 530 余人。（以上均由市委直接调动）。三、不属市委直接调动的各系统（生产企业、报社、部队……）据知调出的约在五六百以上。"此次南下新区工作，济南市具体调动干部统计见表 5-1 至表 5-4。

表 5-1　济南市委调出干部统计

单位：人

单位	原有	南下	调市委	调外区	留下	提拔增加	合计
各区	451	216	8	1	226	220	446
市府	621	205			416	96	512
公安局	552	21			531		531
工会	78	9			69	5	74
青联	53	11			42	12	54
妇联	19	1			18		18
市委	53	10	2		41	（增）6	47
贸易公司		17					
总计	1827	490	10	1	1343	339	1682

市委调南下干部共 490 人，战杂 120 人

　　资料来源：济南市委组织部：《关于抽调南下干部问题的总结》（1949 年 3 月 13 日），济南市档案馆藏，案卷号：1.4.10。

[①]　济南市委组织部：《关于抽调南下干部问题的总结》（1949 年 3 月 13 日），济南市档案馆藏，案卷号：1.4.10。

表 5-2　济南市府干部统计

单位：人

类别	原有	南下	留下	提拔	现有
科长级	75	22	53	23	76
科员级	121	74	47	73	120
办事员级	425	104	316		316
总计	621	205	416	96	512

注：原表中个别列数字相加与总计数字不完全一致。

资料来源：济南市委组织部：《关于抽调南下干部问题的总结》（1949 年 3 月 13 日），济南市档案馆藏，案卷号：1.4.10。

表 5-3　"各区干部调动、提拔概况"

单位：人

区别	原有	南下	调本市	调外区	现有（留下）	新提拔	合计
城区	78	38	1		39	32	71
三区	39	20	1		18	28	46
四区	42	20	2		20	20	40
五区	43	23			20	24	44
六区	44	25			19	26	45
七区	39	13	4		22	14	36
八区	38	15			23	19	42
九区	48	20		1	27	31	58
十区	37	21			16	11	27
十一区	43	21			22	15	37
总计	451	216	8	1	226	220	446

资料来源：济南市委组织部：《关于抽调南下干部问题的总结》（1949 年 3 月 13 日），济南市档案馆藏，案卷号：1.4.10。

表 5-4　济南其他单位调走干部情况

单位：人

单位	原有	调走	现有
生产部	225	19	206
工业局	153		153
公路局	551	247	304
邮电局	203	12	191
总计	1132	278	854

外加确定调走：银行 6，部队 58，报社 40，等等（以上铁路及城工部不详）

资料来源：济南市委组织部：《关于抽调南下干部问题的总结》（1949 年 3 月 13 日），济南市档案馆藏，案卷号：1.4.10。

济南特别市委总结指出，"市委自十二月底，召开全市组织工作会议，传达华东局决议开始，直至三月二日南下干部集中出发，其间经过支部保证，个别谈话，大会报告等曾经进行了如下动员"：

一、以对党对革命高度负责的精神，做好准备工作，反对单纯任务观点，一方面将提拔培养干部，抽调大批干部南下，作为组织工作的中心任务，另方面要与发动群众培养积极分子，慎重发展党（员）等经常工作结合起来，既保证南下干部质量要强，又保证原地工作，打下巩固发展的基础。

二、进行时事教育，公开动员南下任务，认识南下是光荣的，留原地工作亦是光荣的，南下的应胜任愉快，留下的应安心工作。

三、反对无政府无纪律状态，加强纪律性，本单位服从组织的统一分配，个人服从组织调动。

此外，关于具体问题的解决，如医药、供给、鞋子、家属登记与安置，都在可能条件下做到照顾，而勤杂人员的配备这次随干部南下共 120 人。①

---

① 济南市委组织部：《关于抽调南下干部问题的总结》（1949 年 3 月 13 日），济南市档案馆藏，案卷号：1.4.10。

市委指出，虽然在调动中由于种种主客观原因产生过一些困难与混乱情况，出现过"某些不良现象与思想波动"，"但南下干部均情绪高涨，兴奋出发，基本上完成了任务"。[①] "总计全市南调干部约在1200人左右，现余干部总计约2300人左右。"[②] 也即此次南下新区工作，济南市调出南下干部占全市原有干部总数的34.3%，超过华东局分配任务数（576人）一倍以上。

②潍坊市

按照华东局要求，潍坊市要调"三套县委级，共调干部二百二十五人。其中各级各项干部：党务、民运一百二十人，政府、财粮九十九人，军事六人；主要干部，县委级二十一人"。[③] 潍坊主要是准备未来城市工作干部。"具体要求是：①原从华中地区来潍坊的干部，除身体病弱，工作确实无法脱离的以外，一律组织南下（大多是有斗争和工作经验的老干部）；②山东本地干部，凡身体较好，有一定工作能力的，尽可能组织南下；③县、区、局各级领导干部，要按编制配备，其中党员占一定比例；④南下干部一律不带家属，轻装简从。"[④]

潍坊特别市委高度重视这一工作，决心克服一切困难完成南调任务，并决定由市委副书记兼组织部长李研吾负责拟定抽调南下干部方案。1949年1月20日，市委召开扩大会议，吸收全市科级以上干部参加，市委书记兼市长郭石做了大会动员报告，号召全体干部提高认识，"接着，公布了调干方案。方案是本着调留两个方面提出的，既保证按中共中央抽调干部的要求，配足三个县级领导机关的干部，又照顾到本市工作，防止顾此失彼。抽调的具体规定，除部份领导干部由组织指定外，

---

① 济南市委组织部：《关于抽调南下干部问题的总结》（1949年3月13日），济南市档案馆藏，案卷号：1.4.10。
② 济南市委组织部：《关于抽调南下干部问题的总结》（1949年3月13日），济南市档案馆藏，案卷号：1.4.10。
③ 《中共华东中央局关于执行中央准备五万三千干部决议的指示》（1948年12月25日），《山东党史资料文库》第25卷，第454页。
④ 《潍坊南下干部大队》，《潍城文史资料》第8辑，第2页。

一般采取个人自愿与组织批准相结合的办法"。[①] 在淮海战役全面胜利的大好形势下，潍坊干群万众欢腾，干部报名十分踊跃。市委领导分头到各单位做了细致思想工作，力求做到"走者愉快，留者安心"。2月初，配齐了三个县级领导机关班子，共计294人，其中男225人、女69人，老干部238人、新提拔的干部56人，编为三个中队，即每县编为一个中队，成套调出。中队下设班，县以下每区编为一班。中队设党支部，行政设正副中队长、正副指导员各一人。南下干部大队统一指挥，由市委副书记兼组织部长李研吾担任大队政委，市委常委、秘书长李波人担任大队长。[②]

干部南下前，各单位及市委都开了欢送会。2月26日，潍坊市南下干部大队294名干部齐聚在潍坊火车站，在留下同志的欢送下，乘车告别家乡南下。3月1日到济南火车站后，与济南市南下干部会合，同乘一列火车南下，3月3日凌晨到达临城华东局党校。与华东局联系后，按指令到微山湖畔蒋集一带驻扎、整编并参加学习。[③]

此外，根据华东局部署，昌潍特区实际调出549名南下干部，[④] 华东局直属机关调出南下干部约3000人，也与山东其他区调出的南下干部一样，赴山东临城华东局党校学习、集训。

（二）华东局的集训工作

华东局的集训工作，分两批进行。第一批集训干部是华东局所属各区，于1948年12月开始调出，赴益都华东局党校驻地学习、整训。这一批干部来自鲁中南区、渤海区、胶东区及华东局机关，总数近3000人，在1949年1月上旬陆续抵达华东局党校。他们到达益都后，参加的是华东局第四期党校学习。第四期党校校长由华东局主要领导张鼎丞担任，温阳春任副校长。党校下分四个部，由来自不同区域的学员组成。

---

① 《潍坊南下干部大队》，《潍城文史资料》第8辑，第3页。
② 《潍坊南下干部大队》，《潍城文史资料》第8辑，第4—6页。
③ 《潍坊南下干部大队》，《潍城文史资料》第8辑，第6—8页。
④ 高峰：《探秘昌潍专区干部南下》，《山东档案》2020年第5期。

一部由鲁中南区干部组成，共 700 多人；二部由华东局机关的干部组成，共 400 多人；三部由渤海区干部组成，共 800 多人；四部由胶东区干部组成，共 900 多人。"党校领导与各部委负责人组成学委会。在学委会统一领导下，由各部委负责管理各部的教育学习。"① 这次学习历时约 30 天之久，党校学员学习内容主要是当前的形势和任务。先上大课，然后各小组回自己的住地讨论。②

很多干部在这里第一次见到了当时华东局主要领导饶漱石、陈毅、张鼎丞、曾山、黎玉等同志。在校部上大课时，"陈毅同志讲了话，他讲了全国各大战场的形势"，鼓励同志们好好地学习，好去接管天下。当时同志们的情绪特别高涨，亲自聆听陈毅同志的报告，兴奋之情不言而喻。同时每个人也感到了肩上担子的重大。③

前方解放一些城镇乡村，华东局的机关就向前推进一步。大约在 2 月上旬，在益都华东局党校学习的学员接到了向南行军的命令。据胶东区南下干部张雪帆回忆，"当晚我们到益都车站乘车，调给我们的是运货的车。火车开了一夜，过了济南天已亮了，火车停下来。为避敌人空袭，我们到铁路五里以外的村庄吃饭休息。由于在火车上无法休息，我在一条五寸宽的二人凳上，趴在上面睡了一会儿。到了傍晚，我们又上了火车，到达临城（今薛城），住在一个叫万庄的村里。我们一面休息，一面学习，还要等第二批南下干部"。④ 考虑到南下行军及南方新区工作的艰苦性，经组织劝说，将干部中体弱多病的同志及怀孕的女同志留在了济南，不再跟随南下。⑤

第一批干部在临城等待十余天后，第二批南下干部陆续赶到了临城。第二批干部人数众多，分别来自鲁中南区、渤海区、胶东区、昌潍

① 燕明：《离别津南下江南　跨越长江到浙江——第一大队南下历程纪略》，《中共乐陵地方史　第 1 卷（1921—1949）》，第 271 页。

② 张雪帆：《难忘的南下征程》，山东省蓬莱市政协文史资料委员会编：《蓬莱文史》第 13 辑，1996 年，第 99 页。

③ 张雪帆：《难忘的南下征程》，《蓬莱文史》第 13 辑，第 100 页。

④ 张雪帆：《难忘的南下征程》，《蓬莱文史》第 13 辑，第 100—101 页。

⑤ 张雪帆：《难忘的南下征程》，《蓬莱文史》第 13 辑，第 101—102 页。

特区、济南市、潍坊市及华东局直属机关，还有华东军区抽调的干部及济南华东大学抽调的部分学生。从山东各地赶来的南下干部，"陆续聚集于临城周围的沙沟镇、微山湖一带的乡村地区进行整训学习。根据张鼎丞在《关于动员一万五千干部南下情况》给中共中央的报告，一共配备了 140 个县委，26 个地委，4 个区党委，1 个中央局，配备了各级各项组织的全套架子。还有财办抽调的 3000 多在职干部和动员 4000 多名学生、工人、职员"。[①] 两批山东南下干部在临城实现了大集合。1949年 4 月山东分局组织部向华东局并中央组织部并各区党委各直属市委地委发《调一万五千干部南下的情况补充报告》，其中指出"据不完整的统计，南下干部总数 22968 人，其质量一般比留职者为强"。[②]

南下干部在华东局党校进行了整编训练。全体山东南下干部在临城参照军队编制进行了系统整编。"为便于行军，根据华东军区司令部、政治部指示，成建制南下的政权干部统一整编为华东南下干部纵队，刘少卿任司令员，温仰春任政治委员兼政治部主任，刘德胜任参谋长，方忠立任政治部副主任。纵队下辖 4 个支队：鲁中南区干部及华东大学的学生组成第一支队，司令员汪乃贵，政治委员张雨帆，下辖 10 个干部大队和 1 个学生大队；华东局直属机关、济南市、潍坊市及昌潍地区干部组成第二支队，司令员赵毓华，政治委员王尧山，下辖 4 个干部大队；渤海区干部组成第三支队，司令员周贯五，政治委员刘格平，下辖 6 个干部大队；胶东区干部编为第四支队，司令员廖昌金，政治委员赵明新，下辖 7 个干部大队。"[③] 一些大队、中队、班的干部进行了编制调整和优化组合。

整编结束，广大华东局南下干部在临城进行了系统学习。学习的主要内容包括毛主席的《将革命进行到底——一九四九年新年献词》，中共中央最新召开的七届二中全会的报告及华东局的相关文件。具体有

---

① 《中共山东编年史》第 6 卷，第 279—280 页。

② 《山东分局组织部调一万五千干部南下的情况补充报告》（1949 年 4 月 29 日），山东省档案馆藏，案卷号：G046-01-0200-009。

③ 《中共山东编年史》第 6 卷，第 280 页。

《中国共产党七届二中全会决议》《将革命进行到底——一九四九年新年献词》《目前形势和我们的任务》《中共中央关于批转〈华东局关于接管江南城市的指示〉的指示》《华东局关于接管江南城市的指示》《中国人民解放军布告》《中共中央关于军事管制的指示》《中共中央关于保护工商业问题的指示》《入城守则》等。① 在学习中，南下干部听取了华东局领导人饶漱石及刘瑞龙、傅秋涛等同志的报告。报告的大体内容涉及解放战争的形势和接管南方新解放区的各项方针政策，需要遵守的各项纪律，以及南方城乡环境、生活习惯、风土人情等。② 大家努力"了解三种情况，学会两套本领"："我们渡江南进后，可能遇到的有像解决杜聿明、天津、北平等三种情况。'遇杜'的可能性是有的，虽然蒋介石的嫡系主力已全部被歼灭了，但桂系还保存着实力，国民党还有百多万重建部队，美帝正想援助它在江南作垂死前的挣扎，因此敌人阻止我们前进的可能性还有。'遇津'的情况，就是敌人不愿投降，妄想坚守城市，需要我们去武装解决，这种可能性也有。'遇平'的情况，是敌方接受毛主席提出的八项和谈条件，敌人听我们的改编，城市由我们接管。我们南下进军的思想，应从'遇杜'作准备，从打大仗作准备。党政军不仅是一个战斗队，而主要的是一个工作队，都必须具备这两套本领。同时。还熟悉了江南群众的风俗习惯及国民政府的编制情况等。"③ 南下干部日记记载："我们到新区去，许多我们原本熟悉的东西已经用不上了，许多我们不熟悉的东西，要我们去熟悉，去掌握。这就要学习，学习，再学习。大家在讨论中都联系实际，对照自己。不少工农同志，因为文化低，掌握新知识困难很多，但他们都很努力，很虚心。"④ 经过党校的集中学习整顿，提高了广大南下干部的思想觉悟和理论水平，以及执行党的路线、方针、政策的自觉性和坚定性，"实践证明，这次整顿学习，

---

① 《潍坊南下干部大队》，《潍城文史资料》第 8 辑，第 8—9 页。
② 《潍坊南下干部大队》，《潍城文史资料》第 8 辑，第 9 页。
③ 李祖光：《随军南下亲历记》，《安丘文史资料》第 7 辑，第 174—175 页。
④ 沈驹：《南下日记》，《沂蒙根据地历史资料汇编》第 15 卷，第 108—109 页。

对坚定南下干部的信心和开展好新解放区的工作起了重大作用"。①

党校学习结束后，南下干部每人发得了两套军装（粗、细布各一套）及两双布鞋。"军装左胸前配'中国人民解放军'符号，布鞋底上绣有'打过长江去，解放全中国'和'南下大军奋勇前进'等字样，听说这些鞋都是山东老区人民给做的，使同志们受到了很大鼓舞。"②

3月，华东局南下干部陆续结束党校学习、整训，从临城沙沟车站出发，分批分路踏上了南下新区道路。此次南下的华东局干部，一支队（鲁中南区）主要分配到浙江省接管建政；二支队（华东局直属机关及济南、潍坊、昌潍特区）主要接管上海市及下辖各区县；三支队（渤海区）部分接管上海，部分南下浙江，还有一部南下福建进行接管；四支队（胶东区）在接管苏南后，部分又南下福建和祖国的大西南，参加了当地的接管和建政工作。③此后，接管南京、上海的数千名山东南下干部，在成功完成城市接管任务后，又接受了新的南下任务，他们被编入中国人民解放军西南服务团，先后于1949年9月到南京集训。1949年10月1日，在宋任穷、曹荻秋等同志带领下，包括数千名山东老区干部在内的西南服务团离开南京，再次踏上被邓小平同志称作"小长征"的漫漫四千里征程，跟随二野进军大西南，前往四川、云南等省接管。

此外，1949年7月初，中央和华东局指示山东分局，再次从山东抽调1200名干部前往西南，"其中二百名是县以上的老干部，一千名是新干部。因为山东干部经几次大批外调，一般已很缺很弱"，但是山东分局仍克服困难，努力做好这一工作，"乃一面向各区党委、各直属市及省直属机关抽调（有的是指明抽调），一面派匡亚明、苏权二同志负责筹设南下干部学校，准备调集干部、工人、青年学生和荣军共一千五百到两千名，进行二个月到三个月的新区政策学习后，再从里面

① 张精忠：《临淄县干部南下记》，《齐城丰碑》，第154页。
② 《潍坊南下干部大队》，《潍城文史资料》第8辑，第9页。
③ 《中共山东编年史》第6卷，第280—281页。

按标准选择一千二百名南下"。① 这批要调的 1200 名南下干部，"总的要求 200 县级以上的老干部，500 工人，300 荣军，200 青年学生，共1200 人"，"已集中南下干校者老干部 492 人，工人 548 人，青年学生199 人，勤杂 191 人，共计 1420 人，枪支 214 支，马 5 匹、脚踏车 9辆"，在山东分局新成立的"南下干部学校"中进行集中学习："校部队以下三个大队。第一队为地方干部队（军队干部在内）；第二队为工人队，共 548 人；第三队为青年学生队，共 199 人。原计划八一开学，由于军区开八一大会，借用校舍，大部干部未能及时集中，故改订十五号正式开学，但在集中开学之前，较充分地做了'安民'工作，制定了教育计划（已送华东局），建立了图书馆、阅览室，作了两个报告，其内容：'目前形势与南下干部的任务'，'论人民民主专政'，虽未开学，大家都在学习，情绪都不错。"② 此后由于政策变化，"接华东局指示，荣军因不能长途行军不要"，"军事干部、工人和青年学生新区不缺，可均不要，只调地方县及区书区长以上干部。根据这些指示，分局乃于八月下旬将南下干校重行甄别改组，挑选合乎南下标准的干部二百七十人（尚有南下干部的爱人及区以下干部及管理人员八十余人不在内），组成南下干部队"，③ 最后共选拔了 350 人，南下加入西南服务团。

正如美国学者傅高义所说，共产党干部南下南方新区后，"以革命的热情和乐观主义灵活地创建新秩序"，他们在新中国成立后的"头二十年中"，"创立了新的政治制度，从而统一了国家，控制了社会，开始了使国家强盛、人民富裕的物质生产"。④

---

① 《中共中央山东分局关于中央分配山东调往西南干部任务执行情况的报告》（1949 年 9月 18 日，山东省档案馆、山东社会科学院历史研究所编：《山东革命历史档案资料选编　第 23 辑（1949.6—9）》，山东人民出版社 1986 年版，第 461 页。

② 中共中央华东局组织部秘书处秘书科：《关于抽调南下干部一千二百人的报告》，山东省档案馆藏，案卷号：A000-01-0007-006。

③ 《中共中央山东分局关于中央分配山东调往西南干部任务执行情况的报告》（1949 年 9月 18 日），《山东革命历史档案资料选编　第 23 辑（1949.6—9）》，第 461—462 页。

④ 〔美〕傅高义：《共产主义下的广州：一个省会的规划与政治（1949—1968）》，第 9 页。

第六章 考验与新局：南下对山东社会的影响

　　1949 年山东地区的干部南下工作牵涉各级单位、众多人员，从 1948 年 10 月至 1949 年 2 月底，山东各级政权在较短的时间内，凭借出色的工作态度与不懈努力的精神成功解决了很多棘手问题，较为圆满地完成了组织干部南下的任务。但由于时间紧、任务重，加之山东老区条件极为有限，人力物力紧张，又被南下新区工作占用了主要精力，地方各级组织不可能在短短一两个月之内将当时所有南下遗留问题尽善解决。同时，如此远距离、大规模的干部调动，给当时的山东社会也带来了较大的影响与变化。一方面，数万干部短时间内成批成套被调南下，使得山东老区社会心态产生了复杂变化。另一方面，大批干部及设备的抽调南下，对山东地区原有工作产生了很大考验。此外，南下干部留鲁家属如何安置也成为亟待解决的社会问题。最后，"南下"发生在 1949 年中国命运大转折的年代，客观上成为山东社会变革的重要推动力量。

一　南下对山东老区社会心态的影响

　　"社会心态是人们对自身及现实社会所持有的较普遍的社会态度、情绪情感体验及意向等心理状态。"[1] 干部南下后，广大未被抽调南下干

---

[1]　李文:《国史中的社会史：学科定位与基本框架》,《中共历史与理论研究》第 1 辑，社会科学文献出版社 2016 年版，第 246 页。

部及其家属的心态产生了各种变化甚至波动。各地在当时的相关汇报中注意到了这些问题。从留鲁干部的心态角度来看，主要出现了以下几种变化。

（一）"革命自觉性与政治向上心提高"

经过南下的系统、深入动员，很多干部在思想觉悟上有了不小的提高，尤其是大量在南下动员期间新提拔的年轻干部，干劲足，积极性高，工作热火朝天。如北海银行总行在干部南下后总结指出："由于形势的发展及干部的提拔抽调，大部分干部的革命自觉性与政治向上心提高，一般的干部表现积极热情，听从分配，准备在实际工作中与学习中锻炼提高自己，要求提高自己很迫切，特别发行局单位干部，感到在总行常听报告，开展的快，在济南也可以常听报告，就是我们放在这里接受新的东西缺乏有力的指导，进步太慢了。"[①]冀南区一地委莘县"还有一部分干部工作积极，情绪高，要求南下，未走了，他们在工作中起了相当的骨干作用，一人当二人忙，这部干部多半是青年，素质工作能力较强为大部分"。[②]大家心往一处想、劲往一处使，决心克服困难，艰苦奋斗，积极投身到新的建设事业中。

（二）等待抽调南下的思想

南下干部走后，一些地区出现了等待抽调的思想。有的是想南下没去成，有的则认为反正以后还要南下，心态上有波动。如北海银行总行指出，"波动的情况有如下几种情况"：

1.感情上的留恋熟悉人，南下舍不得，二厂有的职工留下与南下的相对哭起来，发行局个别干部由于熟人调走，一定要求调开发

---

① 北海银行总行：《抽调干部南下后留下干部思想情况总结（1949年3月6日）》，山东省档案馆藏，案卷号：G013-01-0328-011。

② 《莘县一九四九年组织工作总结报告》，莘县档案馆藏，全宗号2，目录号1，案卷顺序号52，文书处理号12。

行局，去工厂也好，去学习也好。

2. 对当地生活不满，觉得不如到南方去习惯，党留我在这工作是要服从，但总是不如到南方去。

3. 等待抽调的思想，反正早晚是要调走，大概工厂合并后可能调到我们，有的急于找代替干部可以抽出自己，早些南下。如托儿所长及个别厂长等。[①]

一些干部"抱临时观点，工作采取应付态度，如会计科杨宛之同志在审计工作上，工厂出错也查不出来，发行局人事科统计蒋翰同志不安心要求调动，托儿所姚蕴芳同志也是如此，郑厂长是盼第二批南下，雕刻股朱加生、翟英等同志亦动荡不定，急盼南下"。[②]

有一部分人认为"调的越晚，走的越远"，"晚走不如早走"。东海地委组织部总结现有干部思想情况时指出：

1. 由于过去大胆大量提拔干部不够，因而调走几批干部之后，一般反映老干部走得多，新干部工作虽热情，但苦闷工作没法干。如荣城崖头区，正副区长都走了，剩下一个去年八月出来的财粮助理员，在区公所成了老干部。

2. 由于现有干部对形势有了认识，同时也抓住了调干部的规律，因而一部分老干部在等待，认为下次可能调到自己，工作不大安心，浮躁，存在临时观点。第二种是服从组织调动，第三种是怕南下，这种成分主要是新干部占多数，反映了……"晚下不如早下，越晚越远"。

3. 村干部在胜利形势鼓舞下，为了进步，一般是急于脱离生产，但部分是有顾虑，怕脱离生产调南下，最好出来在区工作，或

---

① 北海银行总行：《抽调干部南下后留下干部思想情况总结（1949年3月6日）》，山东省档案馆藏，案卷号：G013-01-0328-011。

② 北海银行总行：《抽调干部南下后留下干部思想情况总结（1949年3月6日）》，山东省档案馆藏，案卷号：G013-01-0328-011。

在本县工作。调村干部到县学习，认为不是南下就是参军，如年平有一天，村干家属四十多人去找说：那怎么还在这里吗？①

应该说，在解放战争节节胜利、人民解放军解放南方国民党统治区的范围急速扩大的情况下，各种等待抽调、不安心工作的思想在干部中存在是正常的。冀鲁豫第九专署指出，南下干部走后，"一般干部现在都准备下不久第二次南下的思想，对长期安心建设工作是多少受些影响，这个问题现在还未完全解决，稳定现有干部情绪是急待作的一个工作"。②

（三）新老干部磨合中的心态

各地在南下动员前基本都进行了配备"两套班子"、大量提拔新干部的工作。南下干部调走后，新老干部之间存在磨合问题，彼此间心态也产生了变化。1949年4月29日，山东分局组织部在南调干部情况的补充报告中指出："在大量干部调走之后，一度的思想有许多波动，有些机关工作干部不安心，认为在下边工作进步快，提拔的快，想南下的因未达到目的而焦急希望下一次很快走。怕南下的顾虑将来是否调动，也有的认为'早晚脱不了走，晚走不如早走'。以致精神不集中，对工作无信心，也有的干部特别是县区干部认为新的不如老的强，对自己工作无信心，对下级更无信心。新提拔的区干部怕领导不了老的干部，老的干部瞧不起新提拔的区干部。总之新提拔的区干部工作历史短（区干部绝大多数是二年以内的），经验少，文化低，认识狭窄。但提拔的干部有朝气，责任心加强了，而自满情绪产生了。"因此，"今后是如何发挥其长处克服其短处，稳定其情绪鼓励其信心，加强政策与业务教育，具体帮助其解决困难，提高其政治文化水平与生产知识，成为目前干部

---

① 东海地委组织部：《南下干部简单情况汇报》（1949年2月25日），山东省档案馆藏，案卷号：G024-01-0332-003。

② 冀鲁豫第九专署：《南下政权干部工作总结报告》（1949年3月1日），山东省档案馆藏，案卷号：G052-01-0209-010。

工作的中心环节"。① 在胶东区北海地委，"留在原岗位干部思想情况"出现了两种变化："1. 部分历史较长的同志要求南下，感到工作繁忙难干，新干部增多，工作不容易作。2. 新干部认为老干部走了，工作不好干，有的新干部家庭观念严重，担心下次调动南下。"②

胶东区党委指出："南下干部调走后，老地区干部起了一个新变化，地、县两级皆是逐级提拔的，分区级以村中刚提拔出来的新干部占60%，这批干部的优点是：工作热情积极，与群众联系密切。缺点：工作一碰到钉子情绪就低落下来，虽然有些工作经验，在提拔出来没有提高前，亦很难发挥其作用。老干部亦看到多数老干部调走，增加这样多的新干部，工作这样繁重，亦感觉工作无信心，所以今后怎样提高新干部，老干部怎样团结教育新干部，目前成为工作中之重大问题。"③

（四）其他心态

在南下动员中，部分干部抱着"调我就走，调不着就不走"的思想而未主动自报，也有部分干部由于家庭观念过重等各种原因而对南下存在顾虑。南下干部走后，在 4、5、6 月，一些地区的干部仍然存在怕南下的思想。1949 年 4 月 7 日，冀南区组织部发布《关于贯彻整顿干部思想及解决南调遗留问题的通知》，指出："在留下的干部中，至今还有不少干部仍存有怕再次南调不安的思想，无根据的风传着'这批吃不了麦子，下批吃不了月饼'，'再次调的更远'，因之有某些干部对参加工作后悔，一、三、四地委且发现少数区干要求回家，觉得回家比革命有落头。故至今某些县或区仍存有工作无人推动的无政府状态。"④

---

① 《山东分局组织部调一万五千干部南下的情况补充报告》（1949 年 4 月 29 日），山东省档案馆藏，案卷号：G046-01-0200-009。

② 北海地委组织部：《南调干部工作总结》（1949 年 2 月 27 日），山东省档案馆藏，案卷号：G024-01-0332-012。

③ 胶东区党委组织部：《南下干部后老地区干部及青岛干部准备情况的汇报》（1949 年 3 月 26 日），山东省档案馆藏，案卷号：G024-01-0305-008。

④ 冀南区组织部：《关于贯彻整顿干部思想及解决南调遗留问题的通知》（1949 年 4 月 7 日），莘县档案馆藏，全宗号 2，目录号 1，案宗顺序号 42，文书处理号 2。

　　此外，随着人民解放军百万雄师强渡长江，解放南京、杭州等国民党中心城市，势如破竹，一部分留下的干部又产生了"盲目成功思想"，两种思想在一些地方交织成"怕胜利、愿享乐"思想。如山东莘县，在"南调任务结束后，我县干部思想表现的情况，从整个来看，有以下几种：首先表现严重的，就是一部分新干部，政治觉悟差，革命观点动摇，他们因南下空气，故意找理由请假现要回家，思想表现不稳，有动荡，情绪低落，不安心工作，消极认为第二批南下，得有第三批，再次就提着自己了。因有的吓回家去，如六区李照祥，米存柱等，全县廿余人，回家均未出来，但如此是极少数的。另一种是个别的老干部，历来思想落后，由于南下的影响，也表现了情绪低落，要求回家说自己不行，没前途，认为这次走不了，再次也得走，自己脱离不开家，怕南下，如张顺、刘德同志等。再一种是身体弱，或年纪老的干部，工作仍表现一般，认为怎样也谈不着自己，仗着个人身体弱"。① 在"四五六月份"，干部思想是：此次南下干部走后，部分干部"仍存着怕南下病根"，"在这五月间，由于整个形势的胜利，在一般干部还发现一个思想，并且亦普遍：南方越胜利，干部越害怕，认为地方越大了，越得用人，干部得南调。另一种革命的盲目成功思想，结合个人愿享乐，挑工作找好事，如有的干部向领导要好作的工作，容易干的事，盼薪金制"。"领导上为了稳定干部，解决这个思想问题，利用各种会议进行严重的批判揭发，控制这种怕胜利、愿享乐的思想，扭转了这种观点，进行了艰苦教育。"② 除了以上心态外，根据当时的资料，有的干部（尤其是部分年轻干部）认为没被调到是自己能力不够，或出身、阶级成分不好，心理上有包袱。

　　应该说，在干部南下后，留鲁干部的总体心态是积极向上的。大家普遍意识到：留走都是工作，"没有后方源源的各种支援，即没有前方的胜利，我们的责任也同样重大，必须进行大力生产……因此我们应安

---

① 《莘县一九四九年组织工作总结报告》，莘县档案馆藏，全宗号 2，目录号 1，案卷顺序号 52，文书处理号 12。

② 《莘县一九四九年组织工作总结报告》，莘县档案馆藏，全宗号 2，目录号 1，案卷顺序号 52，文书处理号 12。

心的"，"打好进步的谱，提出努力的方向"。^①当然由于时局的变化，干部南下后山东老区人力、财力紧张，工作任务繁重，加之一些干部固有的小农心态和家庭观念、享乐思想等还没有得到彻底清除，还存在各种各样的复杂情绪。这就需要山东各级组织进行更加深入、广泛的思想教育与更加严密、有效的组织建设工作。

此外，广大南下干部家属的心态也发生了较为复杂的变化，这一问题笔者将在本章"南下干部家属问题"一节中进行论述。

二 南下对山东地方日常工作的考验

1949 年山东地区的干部南下工作涉及各级单位、众多人员。大量干部、技术骨干、设备短时间内成批成套被调南下，对山东地区各项原有工作和新工作的开展必然会产生一定考验。

（一）交接工作的问题

交接工作对保障干部南下后山东地方工作的平稳过渡和继续推进是极为重要的。在华北局、华东局所发南调文件中虽没有详尽规定对交接问题应该如何处理，但是都提到了配备副职、组成两套班子的问题。这种在各级领导配备上"走一留一"的办法，实际上就是为大批干部南下后的山东地方党政民各项工作做铺垫，兼顾老区与新区的工作。各区党委对南下交接工作做了概括性规定。如鲁中南区党委在执行南调干部任务的文件中规定："除对二月底以前作好上述准备及待区委通知集中外，应注意外调干部须办理交代手续（特别是财粮银行公安等）。"^②各区党委以下的各地专、县对交接工作做出了一些比较细的要求。如冀鲁豫九专署指出：

---

① 鲁中南区党委：《关于执行华东局准备一万五千名干部外调任务的指示》（1949 年 2 月 1 日），山东省档案馆藏，案卷号：G030-01-0055-001。

② 沧南地委组织部：《南调干部前后的干部工作综合报告》（1949 年），山东省档案馆藏，案卷号：G026-01-0123-009。

为适应胜利形势发展，须调一批干部开辟新区工作，目前后方工作，可能暂时受些影响，为照顾后方工作不受损失，并能继续提高，本署决定南调之干部，行前必须迅行交待，其交接办法暂规定如下：

（一）凡一切经济事务工作，须将数字结算清楚，移交接管人验收，并须有一定负责人监交，缮具移交清册两份，一份留本机关存查，一份呈送上级备案。

（二）其他一切行政干部调动时，须将工作情况及工作方针具体计划等写出，交给接管人，以便其继续工作。

（三）如干部决定调动后，尚无配备其一定人接交工作时，可暂由负责人指派一人接交之。

（四）在移交中，如遇有疑难问题不能解决时，可提交县务会议研究解决之。如县务会仍未解决时，可呈请本署解决。决不能在移交中，因问题未能解决而耽误了南调集合时间。[①]

总体来说，九专署关于干部南下前工作交接的规定是比较细致的。不过由于抽调干部走得过急，人数太多，加之地方上工作过急、过粗和一些干部受到小农意识等落后心态的影响，一些地区和单位出现了无组织无纪律（或称"无纪律无政府"）情况，表现为南下前没有很好地交接（"交待"）工作，造成干部南下后老区工作的一度困难。

如山东省公路运输局党委会在《关于南下以后的简要总结报告》中指出：

A. 走的过急，且都是主要负责干部，留下的都是下层新提拔的干部，在工作上业务上，没有得到很好的交待，布置工作，南下

---

① 《冀鲁豫第九区行政督察专员公署训令：为此次南调干部　必须交代工作由》（1949年2月18日），聊城市档案馆藏，案卷号：14-27-191-5。

的走了以后，使留下的同志接了一大堆的乱头无绪的任务，一时摸不着头脑，整理混乱一大阵子，等于重新建立组织，另起锅灶一样。

B．在资财经济的移交手续，虽然号召了，强调了，但缺乏具体的组织与检查，下面单位的负责人抓的不紧，表现了乱拉干部乱带东西乱支经济，很严重无组织无纪律现象，只顾走的需要，不管经济制度与山东的困难，如总局秘书处×××（副处长）为首把秘书处的人员家当财物全部带走，总局的公章钤记办公用具像搬（家）一样，把伙食结余的菜金、粮秣、经费也全部带走，一个不留。兖州公司，正副经理会计全部带走，只留下一个会计不干，最后也走了，而且所有账目手续也带走了，既不移交，又不布置工作，使兖州公司的工作只好停止营业。交通学校自校长至下层干部，几乎全部带走，交校本身的经费物品也不交待随便带走，把房子拆下来的木料也卖钱带走了，（数目多大尚未查清）。做学校工作的干部，在临南下时，认为正是抓一把的机会到了，大谈恋爱，强拉女生南下，成为个人结婚的对象，当时走的不管影响如何乱来一起，留下的同志，纷纷不满，其情况不算不严重的。①

山东省公路运输局党委会认为出现以上问题的原因是："当时过分估计了动员南下的困难，与大部不愿南下的情况，虽然是根据'主要照顾南下但又不削弱山东工作'的原则去布置工作，但扩大会以后，中心是强动南下，号召南下，又加上参加扩大会的干部大部是南下的（出席会议的 14 名，南下的占 8 名），而且是主要负责干部，他们回去以后，主要忙着动员组织南下，对山东的工作则放弃领导，在动员南下的工作上造成轰轰烈烈，由于主要干部的带头，南下造成风气，因

---

① 山东省公路运输局党委会：《关于南下以后的简要总结报告》（1949 年 3 月 17 日），山东省档案馆藏，案卷号：G020-01-0068-002。

此提前完成了任务，且超过了原定计划（胶东多了 20 个干部，渤海多了 10 余个）"，"动员南下很顺利而且很紧张的及时的调集起来，能在二月二十日以前全部出发，在完成任务上是好的，但却又产生了另外的很大缺陷与偏向"。[1]

（二）存在南下前"抓一把"现象

部分地区少数干部在南下前存在趁机"抓一把"的心态，有的抓紧解决个人恋爱问题，有的多拿原单位物资，对南下后的山东工作造成一定影响。

在各县宣布南下政策、动员干部自报南下后，一些没有谈过恋爱、尚未结婚的年轻干部出现抓紧谈恋爱、找对象带走的心态。如海阳县"未婚男女同志都后悔，说该原来找个对象领或者跟着，到南方去搞恋爱人地两生，又不熟习，没有法搞"。[2] 有的单位干部担心南下过江后人生地不熟、语言风俗不通，无法解决婚姻问题，希望在南下前抓紧找到合意的配偶一起南下，出现"临走乱谈恋爱"[3] 现象。在山东高唐县（属冀南二地委）"领导上表明态度，凡是不脱离生产的妇女干部（干部老婆）不能带着南下，只有对个别的南下干部，家庭无人，只有老婆一人，而又能提为区干者，才能带着"后，"南下干部也有闹离婚的，一般的过去夫妻关系不好，趁南下的机会坚决离婚，现在了解有七个干部闹离婚的，有五六个干部已经离了，但是这离了婚的同志们，在临走前还想抓着个老婆，据了解已有两个找好对象（都是新提的妇女区干部），还有正在找对象"。[4] 胶东区东海地委称，南下消息公布后，

---

① 山东省公路运输局党委会：《关于南下以后的简要总结报告》（1949 年 3 月 17 日），山东省档案馆藏，案卷号：G020-01-0068-002。

② 海阳县委组织部：《这次干部南下的几个情况报告》（1948 年 12 月 27 日），山东省档案馆藏，案卷号：G024-01-0271-006。

③ 山东省公路运输局：《关于南下干部走后山东目前工作情况的简要报告》，山东省档案馆藏，案卷号：G020-01-0045-003。

④ 《组织工作月报（二月份）关于南征干部问题》，高唐县档案馆藏，案卷号：1-1-20-0024。

"没有女人的急于找对象，做好南下的准备"。① 济南特别市委在南调总结中指出干部思想表现之一是："婚姻恋爱问题普遍上升，怕调来调去难找对象了，仓促追求，要求组织照顾，甚至形成互相扯腿，影响了调动工作的进行。"②

干部南下，"一个普遍的想法，看成一去不能回乡"。③ 一些地方出现"被调南下就像不过了样子的浪费现象"，山东省公路运输局指出："反无政府无纪律的工作，在公路局党内没有进行。在大批人员南下时，又重新发生了不少的无政府无纪律的倾向，如不经上级批准带走公物公款，四人浑水摸鱼趁机抓一把，如交校变卖公物……动员南下时只顾数目多，不顾动员方式与影响，如有的公司负责人走时，把自己认为是好的干部拉头（小山头），留在山东的不能迅速建立组织恢复制度，坚持工作。而在思想上、组织上造成混乱现象，下面管理经济的干部丢失大批公款，私以公款做生意，营利自肥，贪污腐化。职工合作社的经理李述千，在济南嫖妓女，打马□，严重的贪污腐化。现在留在党委会处理的贪污丢款、腐化犯错误的干部有十余个。"④ 在济南市，南下前出现"交待混乱"、公物被带走的现象，且"有的局长，最初不被调则极力反对多抽本局的干部，后又被调，则极力想把干部带光"，以致干部走后有的部门工作一时无法开展。⑤

出现这些现象的原因是多方面的。一方面，部分地区出于尽快完成南下工作的目的，在干部南下前尽量满足其要求，而对其他问题放松了标准，以致把关不严，要求过松。另一方面，部分干部南下前的

---

① 东海地委组织部：《南下干部简单情况汇报》（1949 年 2 月 25 日），山东省档案馆藏，案卷号：G024-01-0332-003。
② 济南市委组织部：《关于抽调南下干部问题的总结》（1949 年 3 月 13 日），济南市档案馆藏，案卷号：1.4.10。
③ 东海地委组织部：《南下干部简单情况汇报》（1949 年 2 月 25 日），山东省档案馆藏，案卷号：G024-01-0332-003。
④ 山东省公路运输局：《关于南下干部走后山东目前工作情况的简要报告》，山东省档案馆藏，案卷号：G020-01-0045-003。
⑤ 济南市委组织部：《关于抽调南下干部问题的总结》（1949 年 3 月 13 日），济南市档案馆藏，案卷号：1.4.10。

自私落后思想和小农意识没有得到彻底消除，很多人将此次南下看作"一去不回"，因此在基层表现出一定的"无组织无纪律（无纪律无政府）状态"。

（三）干部缺额严重

1949 年山东南下干部是按照能够接管南方各级完整政权机构的标准而大规模成套调出，不少地区是"留走各半"，在很多县，抽调南下的干部数量占到当时县区脱产干部总数的三分之一。[①] 不少地区主要骨干全部调走，留下干部多为没有工作经验的、新提拔的干部。干部缺额严重，也影响了老区一部分工作的进行。

缺干部，是当时山东各地的普遍状况，在相关材料中反映得非常突出，也可以说是干部南下后山东地方工作困难的一个显著体现。1949年 6 月华北局在《关于克服当前干部不足的指示》中指出："华北局抽调干部工作，从去年秋季至现在为止，南调者两万一千余人；派往北平、天津、保定、张垣、唐山、大同、秦榆、塘沽、安阳、新乡等城市，及新收复之小城镇和广大乡村者，亦有两万余人，总计在此期间，从老区抽出干部约四万余人。在保证完成中央所给予的南调干部，并结合巩固建设华北必需留下必要的坚持工作的干部，及加强新收复城市工作必需派遣大批干部去的三位一体的抽调干部的总任务中，华北各级党委，均表现了积极努力，故能如期完成任务……但由于干部连续大批抽调，一时又来不及培养和提拔起那样多和强的干部，因此，各地已发生了干部不足与脱节现象，其表现为数量不足，机构不健全，领导骨干缺乏"，"冀鲁豫五十七个县统计，按现在需要即缺县书、县长二十六人，区干缺额尤多"。[②] 冀南区在 1949 年 5 月发布的《南下干部工作的综合报告》中谈到干部南调后情况，指出该区"大部分骨干或能力较强者"南下后，

---

① 庞文明、苗春华：《匡五县、德县干部南下综述》，《光荣的使命　德州干部随军南下简史》，第 184 页。
② 《华北局关于克服当前干部不足的指示》（1949 年 6 月），《建设》第 28 期，1949 年，第 2 页。

"目前任务艰巨，机构不健全，干部数量质量奇缺，领导力量薄弱"，具体表现为：

（1）调走之干部，均系骨干或能力较强者。不少区是区长、区书都调走，形成干部少、弱、病，领导干部不能掌握全面情况，任务堆积，推不下去。

（2）工作表现上积极者固然不少，但很多干部存在着思想负担（怕南调，挂家。上压下顶，中间作难），工作被动，得过且过（工作无前途），外区干部要求回家。

（3）南调未走的干部占很大比重。四专区占南调数的 1/5。对这一部分人一方面应维持纪律，分别轻重予以处分，同时是争取教育的方针，给以改造教育机会。

（4）干部南下给现有干部思想波动很大。除以上所述，另外从临清报告中看到，村干怕提拔、区干怕南调，愿□□□□愿□复员，新干部最厉害。谣传着"这批吃不上麦子，再批吃不上月饼"，"再次调的更远"，并有□区干对参加工作后悔，个别拒绝提拔。干部这些波动是较少的，□□□□尚不完全解决，仍有个别专县市干部工作散漫，情绪不高，农村则赌博，形成无政府状态。①

在山东观城县（属冀鲁豫九地委），干部南下后，该县干部缺额严重，一些县直部门就剩下一两个人，区有的机关甚至一个人都没有，"闹了干部慌（荒）"：

现有干部的缺数精确的数字现在尚未统计出来，仅举出几个单位作参考，民政科现有一个副科长和一个科员，秘书科只有一个科员一个会计，司法科没有个科员，一区还没有区长，三区南下了一

---

① 《冀南行政公署干部科关于南下干部工作的综合报告》（1949 年 5 月 7 日），《南下入湘干部历史文献资料汇编》，第 100—101 页。

个区长两个助理员，农业科一人也没有，建设科只有一个科长一个科员。总起来说我们这个县现在是闹了干部慌，正在发愁。①

　　一方面，山东干部南下后，到处都缺干部；另一方面，新提拔干部能力还不强，思想意志还不够坚定，工作上还不能完全满足需要。华北局指出，现在干部中，新干部的比例大为增加，"政治、文化水平很低，实际工作经验缺乏，对工作表现无办法，这已成为党的各种政策在不少地区不能贯彻到乡村的重要原因"。②如在山东莘县，干部南调后，"在目前的组织情况，由于南调及个别的零调，因此缺的干部也很多，例如县区宣传部门皆无人负责，武装部门县里仅一人，区里有的也是一人，也有的区没有。政权组织也不健全，提拔的干部不补严（重）缺额，按原编制计算，有的区竟缺十五个，再加老干部多南调了，在县多是新干部，能力不大，不称职，实难支持工作"。"三月份共提拔一般干部卅七名，从现在看来，各区干部情况，今后再提拔是有大困难，因多是一二年的历史，再拉老干部是不行的，如七区的计算连一个三年历史的就没有了。"③在山东博平县，干部南调后，"全县十个区尚有区长十三个，其中三分之二的不识字，其余程度也很低，仅能看报写简单信，助理员相差近一半，据上情况，在工作推进上是很困难的，我们根据现有干部情况研究了一下，在提拔与配备上是很困难的"。④在冀鲁豫五地委，"有的已不能形成分委会了，全地委公安局长已调完了，公安干事最缺。其次宣传委员和教助理员缺数最多，同时我们也无法提拔，地委干部能记笔的太少了，这是多年未注意办教育应得惩罚"。⑤

---

①　观城县政府：《南下干部情况报告》，山东省档案馆藏，案卷号：G052-01-0228-007。

②　《华北局关于克服当前干部不足的指示》（1949年6月），《建设》第28期，1949年，第2页。

③　《莘县三月份组织工作回报》（1949年3月25日），莘县档案馆藏，全宗号2，目录号1，案卷顺序号52，文书处理号12。

④　《博平县府民政科关于南下干部总结》（1949年2月24日），聊城市档案馆藏，案卷号：14-27-215-1。

⑤　冀鲁豫五地委组织部：《动员南下干部工作总结报告》（1949年3月15日），山东省档案馆藏，案卷号：G052-01-0098-008。

山东省公路运输局党委会总结指出：

南下人员走后山东工作的影响：

（一）由于南下过于仓促，领导上反复的考虑不够，有几个单位的干部几乎全部调走，使工作受了极大影响，例如：济潍办事处自主任至会计一套领导机构全部带走，只剩下马车、汽车、修理厂，干部重新从胶东调来接管，不了解情况，政工干部全部带走，总支、支部都垮了，没有人领导，使党员关系都找不到地方转，会计账目也没有详细移交，形成非常混乱。

（二）兖州公司，正副经理全走，会计也走了，资财基金都没有移交，使工作垮台，没有人去管理领导，直到现在总局才派人去整理。

（三）济南交通学校只派去一光杆校长，辅导教育干部全走光，三百余学生无干部去掌握领导，形成自流混乱，使学校工作当时受到莫大影响。

（四）总局工程处，正副处长全走，只留下一个科长且经常有病，对工程技术人才也带走，掌握与建设全山东的公路工程，恐怕有些困难。

（五）总局的卫生科长南下，把医助卫生员及所有西药全部带走，总局直属单位近七个没有医生，也没有医药，最近春来了，发生病号就无法治，当时即感到莫大困难。

（六）本来以往党政干部即很缺乏，南下时调走的政工干部很多，没有照顾到山东的困难情况，使山东各单位的党政工作，直接受到影响，如潍坊四区有四个伙食单位，没有一个做党务教育工作的干部，临沂运输公司三个伙食单位，只一个政工干事，不整治工作不会做。各单位南下以后，职工会的工作可算全部垮台，重新组织又没有职工干部，党委会本身除留下几个老的干事外，其余全是新提拔的青年，对政治工作不懂，要经培养，才能担任工作。①

　　总体来说，由南下所造成的对山东地方各项工作的影响，在山东各地资料中，党组织认为较为突出并亟待解决的是两大问题：一是"反对无纪律无政府状态"（有的地方称"无组织无纪律状态"）急需加强。很多问题都源于一些人在思想上和行动中的"无纪律无政府状态"。如胶东区北海地委在《南调干部工作总结》中指出，问题的出现主要在于"在目前的工作中仍然存在着无政府无纪律，地方主义本位主义游击主义现象"。②二是解决基层组织建设的问题。基层党支部建设不完善，党组织的坚强领导作用还没能完全凸显。如冀南区一地委莘县总结指出，"对党的组织生活上""不够严格"，一些地区的支部还未能发挥核心作用，"有的区组织生活是不严格不按期开，开展批评不够热烈"，"在请假与销假上，有的不能执行诺言"，南下"调动初时，有的区表现了本位思想，不愿叫调，有的按着决议不传达不通知抽调人"，认为"这次南下工作中，感觉地委指示上不一致，闹的下面工作很困难，不好作"。③山东省公路运输局党委会在《关于南下以后的简要总结报告》的最后总结中指出，干部南下后的种种问题，由于"党委会只能照顾靠近的单位，对远处的单位党政工作则无能力来领导"，"目前在党内克服无组织无纪律倾向的重大任务，就不能全面的开展推动起来，这不能不说是一个问题"。④

---

① 山东省公路运输局党委会：《关于南下以后的简要总结报告》（1949 年 3 月 17 日），山东省档案馆藏，案卷号：G020-01-0068-002。

② 北海地委组织部：《南调干部工作总结》（1949 年 7 月 21 日），山东省档案馆藏，案卷号：G024-01-0332-012。

③ 《莘县三月份组织工作回报》（1949 年 3 月 25 日），莘县档案馆藏，全宗号 2，目录号 1，案卷顺序号 52，文书处理号 12。

④ 山东省公路运输局党委会：《关于南下以后的简要总结报告》（1949 年 3 月 17 日），山东省档案馆藏，案卷号：G020-01-0068-002。

三 南下干部家属问题

1949 年干部南下时，其配偶、子女等不能随行南下。数万干部被调南下，他们留鲁的配偶、父母、子女等数十万亲属的生活问题也是山东老区亟待解决的社会问题。被调干部常常是家中主要劳动力与顶梁柱，也常常是家庭收入的唯一来源，他们的南下对其留鲁家庭的影响是巨大的。

在此前的学术研究中，南下干部的家属是一个相对"失语"的群体。实际上，山东干部的南下对其父母、配偶、儿女来说，远不止是简单的对南方新区解放与建设事业的奉献与支持。本书前文已经较为详细地论述了山东南下干部的家属面对干部南下时的复杂心态和表现，以及其对干部南下抉择产生的影响。但是绝大多数南下干部仍然克服了家庭、亲人的重重羁绊，毅然南下了。那么，在数万山东干部南下后，这一庞大的留鲁家属群体又应享受哪些待遇，以及会有哪些实际困难与需求呢？

依照上级要求，对南下干部留鲁家属应按照军属待遇[①]，对家中劳力不足的南下干部家属应实行代耕。但是各地实际贯彻中确实面临很多困难。在解放战争的大规模战争动员中，山东各地已有数量巨大的军属、烈属需要地方上安排照顾，数十万南下干部家属的照顾问题又成为一个新的重大考验。加之山东地区百万青壮年参军支前，很多地区劳力不够。此外，山东不少地方刚刚经历战争的巨大破坏，生产没有完全恢复，社会民生急需复苏。百废待兴、百业待举，地方党和政府事务繁杂，人力、

---

① 《中共中央关于准备五万三千个干部的决议》（1948 年 10 月 28 日）中明确指出："为了照顾调往新区工作的干部的家庭的困难，减少干部的顾虑，凡过去及今后调往新区工作的地方干部，其家庭一律按军属待遇。各地政府应明文公布；并立即对已经外调的地方干部的家庭实行按军属待遇。"华北人民政府 1948 年 10 月 14 日发布《为规定远调新区工作干部其直系亲属一律按军属待遇通令》："为了照顾远调新区工作干部之家庭困难，减少干部顾虑，特规定：凡过去及今后远调新区工作之地方干部：其直系亲属一律按军属待遇。仰即遵照执行。"华北局、华东局对南下干部家属的军属待遇问题也有明文规定，前章已述。

物力、财力都存在严重的不足。南下干部家属的军属待遇和代耕等问题确实不容易解决。一些工作不到位的地方，代耕难免流于口头或形式。如胶东区党委指出，"由于地区条件的不同，人力物力尚有困难，因之个别区村代耕不好，政治经济生活照顾不够，今春有的军属要饭吃。有的干部南下后，当地政府不知，还有未转为军属待遇的。这些缺点今后尚待继续克服"。①

按照华北局、华东局此前的规定，干部南下不能携带配偶、孩子等家属同行，但是待南方局势安定，山东老区可以将南下干部的配偶与孩子送往南方与干部相聚。不过在1949年干部南下后的一年多时间中，由山东地方向南下干部工作地送去其留鲁家属的情况总体上是非常有限的。这确实也是由于主客观条件的限制，例如不少山东干部南下后，多次变更南下工作地点。如渤海区三地委广饶县干部3月5日从县出发，5月底进入上海接管，6月底重新集结，奔赴福建，一路上山路崎岖，8月9日过闽浙交界天险仙霞关，靠两条腿翻山越岭，遭遇多次土匪袭击，9月30日被编为省委工作队，在福州工作3个月后，1950年1月13日又踏上征程，2月1日到达永安地区的大田县，终于停下了南下的步伐。②又如冀鲁豫六地委南下干部，原说是接管南京、上海，一变为接管赣东北，在赣东北工作四个月后又继续西进，开赴贵州接管。这使得山东老区向南方送家属存在很多困难。1949年山东南下干部并非都是赴南京、上海、杭州等国民党统治的繁华大城市接管，很多干部南下后的工作地在中南、西南各省的基层。仍以冀鲁豫六地委干部为例，他们的南下工作地无论是开始的赣东北，还是后来的黔东南，在当时都是相当贫穷落后的地区，加之人生地不熟和国民党长期反动宣传，敌特土匪横行，黔东南地区的土匪甚至多次公然武装攻打县城，喊出"专打山东人""杀北方老干部"等煽动性口号，很多山东聊城地区南下干部在黔东南的征粮、禁烟等工作中英勇牺牲，应该说很多南下干部的工作环

---

① 胶东区党委：《关于南下干部家属照顾情况报告》（1949年7月3日），山东省档案馆藏，案卷号：G024-01-0301-004。

② 郝有声、王鲁卿、贾延庚：《广饶县干部南下福建的回忆》，《南下往事》，第57—67页。

境当时是比较险恶的，也不具备接山东老区家属南下的良好环境。另外，当时对于调送南下干部家属是有条件限制的，如胶东区党委 1949 年 4 月明确规定，"此次调送的爱人是指脱离生产的干部，而家庭妇女非有区组的调信或批准其前往者一律不准走"。[1] 1949 年 6 月 22 日，山东分局组织部发出《关于转发华东局关于干部家属南下问题的指示的通知》，指出："所谓家属，系指已脱离生产曾参加工作之女干部和有军籍之女同志而言，并非一般干部家属。"[2] 鲁中南区 1949 年 9 月发文规定，"凡有军籍（即已经脱离生产）之妇女干部及小孩，其爱人在浙江省工作者，此次均可调往浙江省"，并有很多限制条件，且明确规定了"不脱产者此次不带"。[3] 一般的未参加革命工作的干部家属一时不能南下。

"既然无论从理论还是实践层面，妇女都是中国社会革命性变革的参与者和重要动力，她们当然也应该是这一历史过程的言说者和解释者。"[4] 从山东南下干部的留鲁家属尤其是妻子的角度来看，"怕离婚""怕没饭吃"的心态在当时是比较突出的。做妻子的害怕丈夫一去不回，怕孤儿寡母无法生活。如在胶东区东海地委，"妇女波动大，怕离婚。荣城南下干部家属，去看看，老婆哭着说：'千万不要忘了我！'昆嵛一个干部家去，老婆说怎么我也不信啊！我给缝这个小褂，全当拥军啦！"[5] 在鲁中南区临淄县，部分妻子担心"丈夫南下后变了心，闹离婚，她们说：'上有天堂，下有苏杭，到了苏杭，忘了爹娘，《王天宝下苏州》[6]

---

① 胶东区党委组织部：《关于南下干部留在胶东的爱人如何组织送往问题的通知》（1949 年 4 月 25 日），山东省档案馆藏，案卷号：G024-01-0303-029。

② 山东分局组织部：《关于转发华东局关于干部家属南下问题的指示的通知》（1949 年 6 月 22 日），山东省档案馆藏，案卷号：G020-01-0054-001。

③ 鲁中南行署人事处：《关于调往浙江省之干部家属南调问题的通知》（1949 年 9 月 17 日），山东省档案馆藏，案卷号：G038-01-0019-003。

④ 郭于华：《心灵的集体化——陕北骥村农业合作化的女性记忆》，《中国社会科学》2003 年第 4 期。

⑤ 东海地委组织部：《南下干部简单情况汇报》（1949 年 2 月 25 日），山东省档案馆藏，案卷号：G024-01-0332-003。

⑥ 山东琴书传统剧目。

那出戏，不是说王天宝撇下家里媳妇另找了新的嘛！'"①加之有的南下
干部在南下前为了摆脱家人的"拉腿"，许了一些善意而无法兑现的承
诺，如日照县有的干部南下前在妻子哭闹"拉腿"屡劝无效的情况下，
"经过苦思冥想，想了个脱身之计：我哄她说，我们南下并不是肉包子
打狗——一去不回，上级规定每一年回家探亲一次，三年之后回到家乡
来工作，要是留下来，上级负责用小轿把南下干部家属抬了去，难道你
连一年都等不得了吗？我这话起了作用，她听了立刻不哭了。她问我说
的话是不是真的？我为了使她高高兴兴送我去，我赌咒说，我要是骗你
是狗生的。她高兴了，高高兴兴地把我送出了村。可是我说的话若不能
兑现，一年后，怕她寻短见……"②这也带来了一些后续问题。干部南下
后，"在开始行军时，干部的思想在原有的基础上有些发展，对家庭的
挂牵便有些减轻，有的找着新的爱人，有的想着离婚，对婚姻问题有个
统一的点是：不找'南蛮子'"，但到南下地开始工作后，一些人对婚姻
问题的思想再次转变。③山东老区一些地方也出现南下干部的家属（主
要是配偶带着孩子，还有父兄）不经组织安排，自行南下的现象。1949
年底，渤海区党委发布《南下干部家属逃荒南去情况》，通报了该区下
辖的一些专署部分南下干部的家属自行南下的情况，"按户计算为291
名，按人口计算为408名"，较多的如"清河专区逃荒家属人数计244
名（内有鲁中、冀南、鲁西等外籍的22名，本籍的222名），逃荒家
属户数计169户（内有军属9户）"。④自行南下的家属"以灾区最多"，
"清河244名中，广饶即有157名，占全区64.4%，大多数因为生活困
难而南去，找其子弟，谋求生活出路"，也有的是怕离婚，"干部南下后，
家中只剩妻子、小孩，再加上妻子的不放心，怕离婚，便带着小孩，全
好了门，找其男人去了"，如沾化、宁津、高唐等县有部分家属"都是

①　张精忠：《临淄县干部南下记》，《齐城丰碑》，第151页。
②　董怀修：《南下往事回忆》，《台州文史资料》第9辑，第87—88页。
③　东海南下干部大队党委会：《关于南下干部中的几个情况》（1949年12月29日），山东
　　省档案馆藏，案卷号：G024-01-0332-004。
④　渤海区党委组织部：《南下干部家属逃荒南去情况》（1949年12月31日），山东省档案
　　馆藏，案卷号：G026-01-0121-009。

这样走的"。此外，"还有一些因已完婚而尚未结婚的南下干部，他的丈人与父亲南下去给他送媳妇去的"。以上所报情况并非渤海区的全部情况，主要是沧南专区（即一地委）和垦利专区（即四地委）上报的情况，渤海区党委认为，目前"这一材料很不完全（沧南，垦利是全部的，清河统计不完全，泺北无一逃荒南去的），我们认为，尚不确实"。同时，区党委指出，南下干部家属自行南下，情况复杂，各种原因都有，其中包括："灾区去的多，丰收区去的少，如宁津庆云去的少。""有的家庭生活所迫，其女人孩子找他男人去的。""□三个是南下干部来信叫他去的。""南下干部给家来信提出离婚，其父母将妻送去。""乐陵三个妇女家庭困难，自动去的，带着三个小孩。""有的其父兄因家庭没吃的，找他做工作的。"还有"干部未南下前订的婚，其父送她去的"。[①] 总之，"以上的原因很复杂，根据其情况不十分完整"，[②] 但多数涉及婚姻家庭和生活困难问题。

留守干部心态、工作交接、新干部提拔、婚姻家庭、代耕、家属安置等诸多遗留问题，仍需要山东老区政府花费更长的时间与更多的力量去逐步解决[③]。

四　南下成为山东社会变革的重要推动力

"南下"对山东社会的影响是多方面的，短时间内大批干部南调必然为山东社会遗留一些困难与问题，但另一方面，在 1949 年中国历史大转折的重要时刻，"南下"不仅是山东人民为全国解放事业、为将革命进行到底做出的巨大贡献与牺牲，也在客观上成为山东社会变革的重要契机与推动力量。

---

① 渤海区党委组织部：《南下干部家属逃荒南去情况》（1949 年 12 月 31 日），山东省档案馆藏，案卷号：G026-01-0121-009。

② 渤海区党委组织部：《南下干部家属逃荒南去情况》（1949 年 12 月 31 日），山东省档案馆藏，案卷号：G026-01-0121-009。

③ 笔者将在第七章详述。

（一）广泛的教育与动员工作普遍提高了干部素质

正如冀鲁豫区党委在 1949 年 3 月就南下干部问题给华北局的汇报中所说："这次调干部，是对干部的考验和锻炼。"[①] 山东各地为完成大规模南调任务而进行的广泛的动员工作，是对广大老区干部的一次思想精神上的系统教育，也是一次党性大洗礼。在各地的相关资料中可以明显看出，这次因南调而进行的大动员、大教育在山东革命历史上就规模性与普遍性而言是空前的，在广阔的全省地域范围内基本动员教育了每一个基层干部。这也是在山东全省（除青岛等极个别地区外）获得解放、中国共产党真正掌握该省政权、在该地确立唯一执政党地位之后的第一次大规模干部教育活动，其意义之重大不言而喻。1949 年山东干部南调组织动员工作开展的时间，正处于山东全省刚获得基本解放、中国共产党掌握全省政权的历史时期，也是党在山东地区由革命党向执政党转变的重要历史关头，在很大程度上为山东响应即将召开的七届二中全会全党工作重心转移重要决策而进行思想教育工作奠定了基础，形成了学习党的政策、开展教育的连贯体系。

新区南调涉及山东各级单位，人数是空前的，包括除青岛外的山东所有地县，调动干部数量在多数县份占到该县干部的三分之一甚至一半，干部动员教育面是极广的，难度也是极大的。但山东地区的南下教育工作仍克服了重重困难，取得了巨大成功。多数地区在动员初期采取了大会动员、分组座谈、鼓励自报等方式，集中学习毛主席的新年献词"将革命进行到底"，并结合年关鉴定和"反对无纪律无政府状态"进行教育，反对地方主义、家庭观念，强调个人利益服从革命利益、全局利益。如华东局调出的南下干部在临城华东局党校集训时又系统学习了《目前形势和我们的任务》、《中共中央关于批转〈华东局关于接管江南城市的指示〉的指示》、《华东局关于接管江南城市的指示》、《城市政策》第一辑和第二辑、《中国人民解放军布告》、《中共中央关于军事管制的指示》、

[①] 《冀鲁豫区党委就南下干部问题给华北局的电报》（1949 年 3 月 2 日），《山东党的革命历史文献选编（1920—1949）》第 10 卷，第 381 页。

《中共中央关于保护工商业问题的指示》、《入城守则》等诸多政策文件。这使广大干部普遍受到了组织性纪律性教育、党性原则教育，提高了对党的认识，增强了革命信仰，也学到了很多在南方新区工作、城市工作的政策知识，干部队伍素质得到整体提升。最终，山东地区通过南下教育动员工作，基本做到了"走者巩固，留者安心"，无论南下的干部还是留鲁的干部，都得到了一次思想上的升华与淬炼。

（二）淘汰了落后者，净化了党的干部队伍

这次南下中，大多数山东老区干部表现出了对党忠诚坚定的信仰与"舍小家顾大家"的无私奉献精神。他们放弃家乡相对安逸的生活环境与较高的社会地位，离别年迈的父母、新婚的妻子或年幼的子女，为了彻底葬送一个旧时代，为了全天下受苦难的民众得到彻底解放而毅然告别家乡故土，踏上充满未知的南下征程。然而，也有一部分干部在重大考验面前退缩了，做出了种种在山东各地被称作"弯腰""落水""躺倒""论堆""伸腿"的行动。这部分经不起革命考验的干部，有的是因为家庭观念太深，"重家庭、轻革命"，"离不开家舍不得老婆"，有的是因为怕困难、"怕死人"，有的则本身参加革命的动机就不纯，革命意志薄弱、贪图享乐、作风虚浮，"有的历史上就多次动摇妥协"，甚至也有混入革命队伍中的"坏分子""阶级异己分子"暴露出来。各级党组织认为：处理他们，甚至淘汰他们，对于净化我们党的革命队伍，只有好处，没有坏处。如冀南区在《关于贯彻整顿干部思想及解决南调遣留问题的通知》中指出：少数的干部和工作人员在南调中暴露出来，"他们是为了怕参军，怕抬担架，躲避代耕，怕被斗，或为其他个人企图而参加了工作，现在见到个人目的达不到，并且为革命要离开本地也就'论堆'了，露出了原形，这些人掉队是必然的，对我们党只有好处，没有坏处"。①

---

① 冀南区组织部：《关于贯彻整顿干部思想及解决南调遣留问题的通知》（1949 年 4 月 7 日），莘县档案馆藏，全宗号 2，目录号 1，案宗顺序号 42，文书处理号 2。

大浪淘沙，历史的车轮滚滚向前，时代的大潮浩浩荡荡。历史从来不会停留、等待、眷恋那些犹豫者、畏难者和动摇者。"南下"像一面镜子，使广大山东老区干部普遍"照镜洗脸"，照出了经得起革命考验的优秀干部，也照出了少数经不起革命考验的落后分子。对于在南下中出现或者说"暴露"的这部分落后分子，各级党组织仁至义尽地进行教育与劝说，尽力挽救他们，并给予相应处分，对于始终无法挽救的、"死活论堆"的干部，各级党组织给予了严厉处分，直至"开除政籍""开除党籍""取消（撤销）革命职员资格"，将其清理出党的干部队伍，不使之污染干部队伍整体。通过南下，进一步健全了党的肌体，保障了革命队伍的纯洁。

（三）提高了党的社会动员能力与执政能力

美国学者傅高义认为："从本质上讲，革命的热情是建立于短暂的情绪兴奋之上而不能持久的。因而，当共产党掌握权力时，他们必须把热情转化为严格而有效的组织。"[①]山东地区南下新区组织工作全面开展的时候，正处在山东党组织刚刚取得全省革命基本胜利的历史转折时期。对于一个刚刚在全省取得胜利的革命党来说，其面临的工作与挑战可谓千头万绪、异常繁重。但山东各级党组织坚决服从大局，服从中央要求，打破地方主义与保守主义，以新区工作为重，组织开展南下工作。尤其自 1949 年初人民解放军在淮海战场胜利大势已定，至 1949 年 2 月底这一时期，全省党政各项工作可以说是围绕组织"南下"这一中心和主要任务展开。在短短几个月时间中，山东各级党和政府对全省各级干部进行了普遍性教育与动员，培养、提拔了大批新干部，普遍配齐了"两套班子"，整合各种资源，处理了南下带来的一系列社会问题，在兼顾参军、归队、支前、城市接管等各项艰巨任务的同时，最终高效地完成了近三万南下新区干部的组织动员、整训等工作。南下，是在山东党组织由革命党向执政党转型的历史过程中，对党的社会动员能力与执政能力

---

① 〔美〕傅高义：《共产主义下的广州：一个省会的规划与政治（1949—1968）》，第 9 页。

的重要考验。应该说，山东各级党和政府在这一考验中交出了一份令人满意的答卷。1949 年的南下征调工作进一步提高了党对社会的动员能力与组织能力，为党在新的历史时期，在由革命党转向执政党、由农村工作转向城市工作的关键时刻积累了宝贵经验，也为中国共产党在新的历史时期进行更大规模、更有成效的社会动员及经济、政治改革事业探索了路径，打下了良好基础。南下，考验了刚刚完成全省解放的山东党组织的社会动员能力，并为推进新的历史时期国家治理体系和治理能力现代化提供了经验与启示。

（四）推动了山东党组织进一步发展生产、改造社会、保障民生

1949 年南下前的山东社会，面临着较为复杂的状况。首先，山东老解放区多，群众基础较好，尤其经过解放战争时期的土改，山东民众对中国共产党的认同与支持程度普遍较高。其次，解放战争时期，山东是国民党和共产党争夺的焦点地区，是国民党军主力"重点进攻"的两大区域之一（另一区域是当时中共中央所在地陕北）。山东军民长期在内线与国民党军主力作战，不少地区反复易手，并被地主、还乡团反攻倒算。在长期的内线作战中，山东党和人民军队一方面拥有广泛的民众支持，占据着老区人力、物力的巨大优势；另一方面老解放区又受到敌人极大的破坏，很多地区村庄破败、土地荒芜，人民迁徙流浪，生活十分困苦。最后，解放战争时期，山东老区在财粮征收、支前任务、参军归队等方面反复贡献了巨大的人力、物力。总体来说，为支援战争，至 1949 年初，山东乡村社会已处于财粮紧张、人力和物力枯竭的状况之中。[①] 在此情况下，加之传统观念、乡土情结、家人羁绊和个人各种其他困难、顾虑等因素，要完成数万一线基层干部的动员南下工作和数十万干部家属的安置任务，必然要经历巨大挑战，这项工作也绝非一蹴而就的。正如有学者在研究解放战

---

① 相关研究参见邓广《山东解放区的农村财粮征收（1946—1949）》（《近代史研究》2017年第 1 期），以及笔者的论文《一九四九年冀鲁豫区"归队与参军"运动研究》（《党史研究与教学》2017 年第 5 期）等。

争时期的山东社会时指出，"中共政权不同于其他政权的一个极其重要的特征，就是它前所未有地将政权建立到了村子，基本上消灭了杜赞奇所谓自古以来就存在于国家和农民之间的各种'保护型经纪'和'营利型经纪'，并将村里的贫苦农民骨干培养成自己的代理人（即干部和民兵）。因而，它形成了对农村人力物力资源从上到下极其强大的控制力"。[①]1949 年初的山东党组织一方面拥有对基层社会的强大动员能力，另一方面也不得不面临基层社会资源枯竭的不利状况。就基层干部状况来说，经过 1945 年抗战胜利以来的历次大规模干部北上东北、平津，南下中原、大别山，以及接管济南、烟台等山东省大城市的重要任务，加上即将接管青岛，至 1949 年南下前，山东老区地方干部在数量和质量保障上均有一定困难，且面临军工烈属众多、地方财力负担沉重、工作推进困难、对军工烈属的生产和生活保障难以周全等诸多现实问题。

在当时山东老区社会保障机制尚不完善、保障水平相对较低的情况下，广大被调干部及其家属对干部南下后的留鲁家属的生产、生活、子女就学和就业等问题的各种顾虑和担忧也是符合一般社会心理的。而南下的重大战略任务压力也推动山东党组织不得不去直面并解决这些社会问题。对山东老区广大南下干部家属的每一项保障工作，都与其日常生活息息相关，每一名身处其中的干部、群众都有最真切、最直接的感受，必须一诺千金，说到做到。以"南下"为契机，推动了山东党组织进一步发展生产、改造社会、保障民生，及时弥补由南下所带来的问题，使山东老区社会焕发出新的生机与活力。综合分析 1949 年 3 月以来山东地区党组织最重要的两份报纸《大众日报》和《冀鲁豫日报》的内容，可以明显看出，党对于生产恢复及发展工作、救灾工作及各项民生保障的高度重视，尤其是农业生产常常占据报刊不小篇幅。山东各地广泛进行"劳动光荣"教育，表彰劳模，治黄灭蝗，广大人民在党的带领下掀起了一波又一波的生产高潮，全省逐渐将工作中心由战争转向生产。同

---

① 邓广：《山东解放区的农村财粮征收（1946—1949）》，《近代史研究》2017 年第 1 期。

时剿匪反特、清理恶霸分子、取缔反动会道门、进一步改造社会的工作也逐步铺开。关于保障军属生产生活，组织烈军工属生产、代耕"正规化合理化"及取得良好成效的新闻不断见诸报端，对南下干部家属的保障措施也渐趋细致、完善。

随着 1949 年 3 月中共中央召开七届二中全会做出党的工作重心转移的重大决策，山东党组织也逐渐实现从革命党向执政党的全面转变。南下的组织动员过程及后续各种社会问题的处理，既展现出中国共产党作为革命政党的传统政策运作逻辑，也考验了即将成为全国执政党的中国共产党面对社会更加复杂问题的应对能力。经历过南下任务的重大考验，山东党组织与山东地方社会的融合、发展更加合理化、规范化，能够更好地带领全省人民迎接新中国的成立与新的社会变革。南下干部、留鲁干部与全省广大人民一起精诚团结、同心协力，迎接共同的机遇与挑战。从山东到全国，中国的历史都将掀开崭新的一页。

第七章　变革与关怀：干部南下后山东
　　社会问题的逐步解决

1949 年初，山东数万干部短时间内成批成套被调南下，对山东社会产生了多方面的影响。山东各级党和政府通过提拔并培训新干部，深入开展"反对无纪律无政府状态"，处理南下后各种遗留的干部问题，逐步解决南下干部配偶、子女等亲属的安置，军属待遇与代耕等问题，在人力、物力极为有限的状况下，对"南下"遗留社会问题进行了较为积极的处置，及时稳定和恢复了山东老区的干部队伍、生产和社会秩序，体现了对广大南下干部留鲁家属的关怀，实现了国家政权与地方社会的良性互动。

一　提拔并培训新干部

干部缺额严重，各地普遍"闹干部慌（荒）"，是山东在 1949 年干部南下后面临的一个严重问题。提拔并培训新干部就成了解决这一问题的主要手段。1949 年 6 月，华北局在《关于克服当前干部不足的指示》中列举了"从去年秋季至现在为止"，由于干部南调和北上平津等地造成的大量干部缺额情况，并指出"上述状况，如不迅速认真解决，将继续严重影响工作"，并提出具体办法如下：

（一）大量提拔，适当调剂，迅速补足各级干部缺额。从党员和干部具备了提拔条件，又有发展前途者，即应逐级适当提拔，在提拔当中，要反对关门倾向，也要防止滥竽充数，对新提起的干部，注意在工作中对他们的具体帮助和教育，克服只使用不检查、不教育的官僚主义做法。各部门、各地区的干部，应作适当调剂，精简机关干部，充实下层。

（二）经常地有计划地进行干部教育，各区党委、省委、各地委办好党校，各县委办好村干轮流训练班（去冬此项工作很有成绩，今后还要继续办），各城市工厂举办职工训练班，或职工学校，并大批训练新收复城市中的知识分子、旧公教人员及在乡知识分子，加强中等学校及专门学校的教育，各行署中学内，可附设地方干部训练班，专吸收县区干部学习文化和自然常识，另外机关干部，应普遍办好补习学校，坚持两小时学习制度，借此提高干部的理论、政策和文化水平，这些不仅是提高干部质量而且是增加干部数量的重要办法。

（三）执行二中全会的决定，大量培养非党干部，在政府中、在学校中、在企业部门中，应放手吸收民主人士，技术人员和知识分子参加工作，党的组织部门，对待这些非党干部，也应如同对待自己党的干部一样，各地在培养提拔非党干部上，必须作出成绩。

（四）在目前各地干部非常缺乏的情况下，要尽量作到干部的稳定，以便休整补充，渡过困难。

（五）有计划地从华大、革大两校毕业学生中，输送一批知识分子到区县工作，每区能增加一两个大中学生，这样既可帮助区干逐渐提高文化，又可给这批知识分子在实际工作中以锻炼的机会，用设副职、带徒弟、业务训练等办法，培养骨干，尤其是区的骨干。①

---

① 《华北局关于克服当前干部不足的指示》（1949 年 6 月），《建设》第 28 期，1949 年，第 2—3 页。

华北局特别指出："大量提拔干部的任务，各级党委均应列为重要议事日程之一，在党委统一领导与组织部门很好管理下，各部门应有计划地大量培养干部，自己想办法解决干部缺乏的困难，不要单纯依靠上级解决。"①

山东各区纷纷加紧提拔新干部。如在渤海垦区，"1949 年 2 月中旬以后，广饶、利津、垦利三县抽调的大批南下干部已全部集中到地委机关驻地进行统一整编。留下来的干部虽已作了大幅调整，但仍有不少空缺需要及时补充。针对这种情况，各县抓紧进行干部的选拔和培训工作，进一步调整了各级党政领导班子，并从农村干部、脱产干部和党员积极分子中选拔上来一批新干部，充实到各级领导机构中。据统计，1949年 5 月仅垦利县就从农村干部和脱产干部中提拔 340 人充实到县区党、政、军、群各级领导机构中"。②在胶东区，大批干部南下新区的同时，还要准备数千名干部接管青岛，更急需提拔、培养新干部。"1949 年春，胶东抽调大批干部南下或准备接管青岛，从而削弱了全区各级党、政机构的领导力量。为了保证工作的正常进行，全区进行了大规模的干部调整。""3 月下旬，中共中央华东局南下，山东分局重新成立……胶东区党委隶属山东分局。与此同时，全区其他各级党政军机构也相应进行了调整充实。为了解决基层干部不足的问题，从全区农村中选拔了 1 万多名干部，充实了党、政基层组织。"③

此外，各地大量提拔新干部以弥补空缺，还普遍面临"老干部多南调了，在县多是新干部，能力不大，不称职，实难支持工作"的状况，④因此，通过各种方式培训以迅速提高新干部的素质也是一个重要问题。如在鲁中南区，"在支援全国解放的工作中，为了保证战争的胜利，鲁中南区党委按照上级指示，抽调大批干部随军渡江南下，支援新区建

① 《华北局关于克服当前干部不足的指示》（1949 年 6 月），《建设》第 28 期，1949 年，第 3 页。

② 薄文军等编著：《垦区——山东战略区的稳固后方》，第 233 页。

③ 《中共胶东地方史》，第 463—464 页。

④ 《莘县三月份组织工作回报》（1949 年 3 月 25 日），莘县档案馆藏，全宗号 2，目录号 1，案卷顺序号 52，文书处理号 12。

设。这样，在短期内造成了解放区各级领导职务空缺、干部严重匮乏的局面。从 1948 年 10 月起，鲁中南区党委就开始大批培养、提拔干部"，充实组织队伍建设，但是"由于战争形势发展很快，对新发展的党员和新提拔的干部来不及进行系统的教育"。^① 为进一步提高干部的思想认识和政治理论水平，鲁中南区各级党委首先对新发展和提拔的党员、干部进行培训，"1949 年上半年，鲁中南区党委党校培训干部 229 人，其他党校、党训班培训党员、干部 9727 人。7 月 10 日，鲁中南区党委发出《对今后开办党训班的意见》，要求各地、县委下半年均能举办一至三期党训班。同日，区党委宣传部发出《关于加强区乡干部教育的意见》，对党员干部教育工作提出了具体要求。到 1949 年底，全区又举办党训班 42 期，其中鲁中南区党委党校举办一期、地市级党校举办 11 期、县级党校举办 30 期，共培训党员、干部 3412 人。同时，鲁中南区青委会也举办了两期团干部训练班，培训干部 268 人。党员干部的主要学习内容有：中共中央政治局会议讨论通过的《目前形势和党在一九四九年的任务》、党的七届二中全会文件、毛泽东的《论人民民主专政》以及党的基础知识、基础理论。对基层党员干部的教育，各地都制定了具体的学习内容。如沂蒙地委印发了《共产党员的六大标准》供全体党员学习。其主要内容有：（一）终身为共产主义奋斗；（二）革命的利益高于一切；（三）遵守党的纪律，严守党的秘密；（四）百折不挠，执行决议；（五）做群众的模范；（六）加强学习，不断提高自己"。^②

在胶东区，经过南下后的干部提拔、调整，"各级领导班子成员中新提拔者占了相当大的比例。尤其是县区两级领导干部中，新提拔者达到 80% 以上。区级以下干部中刚刚脱产的农村干部占 70%。为了尽快提高新干部的政策水平和工作能力，各级党委采取不同形式加强对干部的培养训练。胶东建国学校连续举办两期干部训练班，培训区级干部 2634 人。各专区建国分校训练村、乡干部 2904 人，加上公安农

---

① 丁龙嘉主编：《中共鲁中地方史（1919.5—1949.10）》，第 458—459 页。
② 丁龙嘉主编：《中共鲁中地方史（1919.5—1949.10）》，第 459 页。

业等训练班，1949年上半年全区共训练干部7216人，使干部素质得到明显提高"。[1]

在渤海区，"由于大批干部南下支援新区，短期内造成了区内各级党政军领导机构的职务空位、干部匮乏的局面"。[2] 为从根本上解决干部匮乏的问题，渤海区党委通过各级党校、县学大量培养干部："去年（1949年——引者注）我区近五万个区乡村干部和青年知识分子，经过区党委党校、地委党训班、县学训练，其中分区委书记以上干部八百多人，一般区干部六千多，乡村干部三万八千多。并有大量青年知识分子经过渤海干校、团校的训练，在政策、思想、理论水平上都有相当提高，解决了干部大量南调后干部缺乏的困难。仅上半年县学提拔干部达八千多，保证一九四九年完成了乡级组织的建制，充实了区级领导。保证了一九四九年生产任务的贯彻。"[3] "全区在去年（1949年——引者注）春季干部大量南调之后，新的干部大量增加，在政策、思想、业务方面都不高，在贯彻工作中遇到很大困难。如有许多干部对革命远景与生产政策问题认识模糊，有的认为：……'生产不用领导''打完蒋介石就不用吃革命饭了'等等模糊观念。经学习后有显著转变。据渤海党校第六期共三百六十六个学员了解，过去认为生产不用领导，或基本不知道生产方向和不明确生产方向的三百二十六人，占百分之九十，经学习后，除仅有二十八人尚模糊不清楚外，绝大多数思想认识大有提高。"有的说，"我土改中分了十五亩地，怕不牢靠，大吃大喝，我今后再不这样办了"。有的"过去认为干革命没前途，想回家当教员，经学习后工作转向积极"。[4]

总的来看，山东各区通过提拔、训练、培养新干部，在较短的时间内大部恢复了山东的干部队伍。1949年4月底，山东分局在《调

---

[1] 《中共胶东地方史》，第464页。

[2] 李晓黎主编：《中共渤海区地方史》，第567页。

[3] 《我区去年一年中训练干部五万多名 充实了区乡级领导 保证了生产任务贯彻》，《渤海日报》1950年3月1日，第2版。

[4] 《我区去年一年中训练干部五万多名 充实了区乡级领导 保证了生产任务贯彻》，《渤海日报》1950年3月1日，第2版。

一万五千干部南下的情况补充报告》中指出，"经过这次干部抽调之后，各级组织变动很大，很快又配备起来了，干部在数量上比前增多了（山东原有干部 96968 人，今年新提拔刚脱离生产干部 36913 人，这次南下22968 人，现在尚有 102913 人），但在质量上半职多了（据胶东东海地委统计，县委书记新提拔者占 96.2%，原职者占 3.8%，县委部长及政府科长新提拔者占 91.6%，分区书新提拔者占 82.5%，甚至个别县份之主要干部完全是新提拔的），一般以区党委地委较强（有的地委配备的阵容尤为整齐，大部分优秀的县委书记提拔到地委），县级较弱，区级最弱。有些乡村级干部相对的强了（多系年纪较大或不愿脱离生产的党员或村干部）。总的看来，组织的阵容一般是保证了，但新提升的干部对下面情况较熟悉，和干部群众的联系较密切，尤其是县委以上的组织对政策原则的掌握，与具备工作的经验较好。但新提拔到上级机关，还有些胆怯，对业务不熟悉，因此这种削弱是一时的现象。领导上决定级级的深入具体帮助支持与鼓励其长处，很快即可克服其短处。有些组织被一时的削弱现象所吓倒，而失掉信心或则放任不管，都是错误的"。[①]

二 深入开展"反对无纪律无政府状态"

"反对无纪律无政府状态"，是根据中共中央要求于 1948 年底在山东各地开展的整顿党风运动，与山东地区南下组织动员工作大体在同时进行。不过由于南下动员工作时间紧、任务重，各地均将组织南下、支前视为头等大事来抓，而对"反对无纪律无政府状态"的重视程度有所不同。前文已述，在山东南调干部实践中，各地确实存在一些无组织、无纪律、无政府等现象，也给南调工作及干部南下后山东各项工作的恢复带来一定困难。

干部南调后，山东各区均结合南下组织调动中暴露出的问题，

[①] 《山东分局组织部调一万五千干部南下的情况补充报告》（1949 年 4 月 29 日），山东省档案馆藏，案卷号：G046-01-0200-009。

继续深入开展"反对无纪律无政府状态"，以加强党员干部的组织纪律性。

在渤海区，为清除存在的无纪律、无政府状态和地方主义、游击主义倾向，切实加强组织性、纪律性，加强党的集中统一领导，区党委于1949年2月21日召开扩大会议，通过了《关于反对党内无纪律、无政府状态，加强纪律性的决议草案》，决定"集中一段时间在全区开展反对无组织、无纪律、无政府主义的教育；强化请示报告制度，保证全体干部在思想、政策、组织和行动上的统一；建立健全党委制，加强集中领导；加强党委对政权工作的正确领导，以及重视和研究军队工作等。这一以维护党的集中统一领导，加强组织性纪律性为主要内容的党内教育，对加强党的建设，为最后打败蒋介石，有条不紊地夺取革命在全国的胜利，打下了思想基础和组织基础"。①4月17日，《中共渤海区党委宣传部关于反对党内无纪律无政府状态加强纪律性的决议》指出，"对农村支部党员的教育工作""实际上长期处于停顿状态，使农村党员思想缺乏正确的武器，以致停留在普通农民的水平上，存在着严重的思想作风不纯现象，不能得到正确地自觉地克服"，"或是光有了方针，并没有进行教育工作，这是我区农村支部战斗力弱的一个重要原因"，②必须深入反对无纪律无政府状态，加强纪律性。

在胶东区，1949年4月中旬，区党委在总结了过去无纪律无政府状态的种种表现后，指出"所以产生以上现象，主要因为我们多系出身于小资产阶级，入党以后马列主义理论水平未有很好提高，存在着严重的狭隘经验主义，与游击主义作风，对中央关于克服无纪律无政府状态与加强纪律性的屡次指示，未有很好的学习，未能认识这是一切工作的中心环节，因而未有认真的执行请示报告制度，使上级及时了解情况，便于指导自己工作，使自己工作少犯错误"，因此，今后首先应"加强学习，尤其要学习中央组织部、华东局及区党委屡次关于克服无纪律无

---

① 李晓黎主编：《中共渤海区地方史》，第565—566页。
② 《中共渤海区党委宣传部关于反对党内无纪律无政府状态加强纪律性的决议》（1949年4月17日），河北省档案馆藏，案卷号：0245-001-0027-0001。

政府状态与加强纪律性的文件指示，求得在思想上高度认识毛主席关于加强纪律性这一战略任务的重大意义，根据上级指示精神，认真的继续深刻的检查与克服，过去无纪律无政府状态，以提高纪律性，并且今后要严格遵守中央的请示报告制度"。其次，"根据中央华东局指示的精神，区委组织部规定每月廿号，向分局组织部和区党委做一综合性的、有分析的报告，在报告内容上，坚决克服过去□断的现象□□，从现在水平出发，力求符合于中央指示精神。有关原则性的问题，严格遵守上级已确定的原则。克服自由主义的现象，上级如无明文指示，要严格作到事先请示"。最后，"按照上级规定，在组织上充实部门，并建立部门的分工，发挥集体领导个人严□的精神，建立部门的会议制度。在作风上强调调查研究，深入下层，了解下面情况，及时解决问题，开展批评与自我批评，克服过去事务拖拉，不了解下区状况，解决问题不及时的作风，提高全心全意为人民服务的精神"。①

在冀鲁豫区，1949 年 10 月该区在向华北局的报告中指出，"我区无纪律无政府状态是比较严重的，但我们熟视无睹，这主要是区党委本身存在着无纪律无政府状态。所谓'不识庐山真面目，只缘身在此山中'。直至看到中央的几次指示，中央局的督促批评，我们才有点自觉性，并开始认识到事前不请示，事后不报告（过去即有报告，是形式的，不满意的）是政治上、组织的原则错误。并体会到中央提出增强纪律性，反对无纪律无政府状态为我党目前战略方针之一的重要意义。如果在政策、路线、方针、组织上不缩小地方权力，实行无条件的集中制与铁的纪律，则即难能顺利的从分散到集中统一，从乡村到城市，从游击到正规，从局部胜利到全国胜利。使我党成为领导全国性政权的、统一集中、强有力的、应付行将到来更加复杂的政治斗争形势的胜利的党。因此，我们坚决拥护中央及中央局的指示，在党内军内开展反对无纪律无政府状态。并作为当前一个严重的政治任务，来结合秋冬两委完成整党

---

① 胶东区党委组织部：《关于克服无纪律无政府状态与加强纪律性的决议》(1949 年 4 月 16 日)，山东省档案馆藏，案卷号：G024-01-0127-005。

结束土改的中心工作大力贯彻执行"。① 形成以上错误的主要原因是："（一）历史根源：八年游击战，二年多的爱国自卫战，长期游击与根据地被分割的环境，造成一种分散主义、地方主义、游击习气。形成无纪律无政府状态。（二）工作上的经验主义，不调查研究，忽视学习理论，形成政治上麻痹。（三）个人主义、党性不纯，群众观念不强。"② 区党委决定"以自我检讨为主发一指示，自己以身作则，自上而下的进行学习检查，步骤是，首先学习文件，掌握武器，其次联系实际，检查反省个人及本单位的无纪律无政府状态，其三，在各单位的领导（党委本身）带头作报告，推动启发各部门进行反省检查。其四，检查后，作出总结，定出有数的办法，把工作提高一步。其中心环节是具体订定各级党委各部门的请示报告制度"。③

在冀南区（该区所辖五个地委中，第一、二地委主要属于今山东省），1949年4月该区在《关于贯彻整顿干部思想及解决南调遗留问题的通知》中指出："一部分干部的错误思想与严重的违犯党纪的行为，如这些干部怕远走、怕离家、怕艰苦、怕危险的思想所支持，因之以各种借口，甚至提出无理要求，回避与拒绝调动，有的集中后又开了小差"，而且"在留下的干部中，至今还有不少干部仍存有怕再次南调不安的思想……觉得回家比革命有落头。故至今某些县或区仍存有工作无人推动的无政府状态"。④ "上述这些严重思想的暴露，不是偶然的，它说明了：（1）一方面我们平时对干部单纯使用多，关心干部思想上政治上进步差，学习不正常，对干部落后思想有时无原则的迁就多，缺乏经常的批评与自我批评，致使干部思想觉悟赶不上形势发

---

① 冀鲁豫区委：《无纪律无政府状态检查报告》（1949年10月15日），山东省档案馆藏，案卷号：G052-01-0060-008。

② 冀鲁豫区委：《无纪律无政府状态检查报告》（1949年10月15日），山东省档案馆藏，案卷号：G052-01-0060-008。

③ 冀鲁豫区委：《无纪律无政府状态检查报告》（1949年10月15日），山东省档案馆藏，案卷号：G052-01-0060-008。

④ 冀南区组织部：《关于贯彻整顿干部思想及解决南调遗留问题的通知》（1949年4月7日），莘县档案馆藏，全宗号2，目录号1，案宗顺序号42，文书处理号2。

展与工作需要，不爱学习不求进步，马马虎虎，受表扬则很欢喜，批评就不高兴，终日所想的不是如何进步和提高自己，而是专为地位和享受。但另一方面我们确实有这样一部分干部自满自足，自高自大。（2）再加我们多数干部是本地干部（包括农民和知识分子），且又长期处于农村环境，有的刚出来，也均未远离过家乡，存有落后保守的地方观念，满足于翻身现状与安定环境，以为革命成功就可以享福，于是就产生不愿再到艰苦危险的地方去工作了，不愿革命了。（3）再次我们队伍中尚有若干个别的投机分子，有的历史上就多次动摇妥协，这次又逃跑了。"①有鉴于此，区党委要求全区必须"普遍深入地进行组织性、纪律性的检查，除对服从调动与工作积极的同志应加适当表扬外，对一切坏倾向开展批评与斗争，以达到教育提高党员干部安心工作的目的。为了深入贯彻在进行中必须反对熟视无睹放任不管，不敢批评的自由主义和迁就主义的态度"。此后，"当组织经过适当调整与思想初步整顿后，还必需②严格组织生活，贯彻执行党日制度，对于地方观念，怕艰苦闹享受的蜕化思想，要经常地进行不调和的斗争与逐渐克服，并在日常工作和思想斗争中把干部从理论上、政治上、思想上提高起来"。③

通过"反对无纪律无政府状态"，山东各区及时总结了南下动员组织中的经验教训，团结了力量，凝聚了共识，加强了党的集中统一领导和组织性纪律性，为解决南下遗留问题和迎接新的历史挑战打下了坚实基础。

三　对南下中各种遗留的干部问题的处理

（一）对"调垮"干部的处理

在南下征调时，绝大多数山东干部服从战略任务，从思想上认识到

---

① 冀南区组织部：《关于贯彻整顿干部思想及解决南调遗留问题的通知》（1949 年 4 月 7 日），莘县档案馆藏，全宗号 2，目录号 1，案宗顺序号 42，文书处理号 2。
② 同"必须"。
③ 冀南区组织部：《关于贯彻整顿干部思想及解决南调遗留问题的通知》（1949 年 4 月 7 日），莘县档案馆藏，全宗号 2，目录号 1，案宗顺序号 42，文书处理号 2。

了"南下过江""解放全中国"的重要性，主动自报南下或听从组织安排，服从调动，风雨千里，奔赴祖国的东南、中南和西南进行接管、土改和社会主义建设工作。但也有少数干部不服从组织调动、"离不开家庭"、"离不开老婆"，最后"调垮"了。这些不服从调动（当时称"调垮"，有的地方通俗地称"弯腰""落水""伸腿""论堆"等）的干部，他们的后续情况如何呢？从这些"弯腰"干部的心态看，可分为以下两种情况：有的是回家之后不愿再出来工作，开小差，甚至直接逃跑找不到了，但这只是一部分。多数"弯腰"干部的心态是虽"怕南调"，不愿离家，但仍希望继续留在本地做工作。有的地区在南下动员阶段就对这类干部进行了处理，多数地区在南下动员期间没有来得及处理。因此，南调工作初步结束后，"干部落后与思想动摇者，现在等着领导处理，其他干部也在观望"，[①] 看上级对他们究竟会如何处理。

应该说，这些"调不动"干部，有的是个人家庭确有困难，自己很难克服，有的则是思想观念落后，也有少部分"极端落后""参加工作动机不纯"者甚至是"阶级异己分子"。这些人在南调动员中"调不动"的具体表现、对上级的态度也各不相同，因此组织上对他们的处理差别也很大。

1949 年 4 月，冀南区党委指出："在进行组织性、纪律性检查中，除对愉快服从调动与留家积极工作的进行适当表扬外，对逃跑'论堆'的干部，应分别情况必须给以纪律制裁。"

1. 对一贯表现尚好，本人确有疾病或家庭等实际困难（但本人不能以此作为借口），且已正式提出，因而未服从者，应根据其实际情况给以适当处分。

2. 对平时工作尚好，但在此南调期间坚决拒绝南调者，且多次争取不归，一般应开除党籍，但在执行纪律前，须加以训练，然后

---

① 冀鲁豫第九专署：《南下政权干部工作总结报告》（1949 年 3 月 1 日），山东省档案馆藏，案卷号：G052-01-0209-010。

调出外地给以适当工作，区干应调出本县、县干调出本地委区。

3. 历史上曾多次动摇，或投机分子，决定南调表示抵抗而不服从者一律应开除党籍，甚至取消其革命职员资格。

4. 在南调工作中进行有组织的抵抗南调，散播谣言破坏南调工作，或集中后组织开小差，甚或携枪带款潜逃者，除开除党籍取消革命职员资格外，情节严重者且送政府法办。对在干部与群众中留有极坏影响的干部与在南调过程拒绝争取坚决脱离回家的干部，处理后必须向干部中或当地群众中宣布，以教育干部和群众。①

各地对于这些"调垮"干部的态度是，既不能"一棍子打死"，也不能听之任之，而是考虑其家庭困难情况、过往表现及在南调中的具体行为给予相应处分。在程序上首先还是采取了挽救为主的方式，对之进行"仁至义尽"的教育，望其"真心检查自己"，然后再给予相应的处分。对这类干部的处分包括"记大过""留党察看""开除政籍""开除党籍""取消（撤销）革命职员资格""撤职留用""调外县留用"等。在具体处分上，如 1949 年 4 月 15 日，冀鲁豫六专署公布"为拒绝南下干部决定予以处分由"，对下辖八个县的 28 名拒绝南下的政府机关干部进行了处分，指出："以上干部前经仁至义尽多时教育，不能醒悟追赶，或在逃不出，或论堆不干，为严整行政纪律，保持组织纯洁，自应予以惩治或处分，如有的同志应受严重处分今尚能真心检查自己，同时要求工作，仍应对干部本以宽大政策，予以工作机会（但须经批准后变动）。至于应处分的干部，均须由县通令各行政部门及时认真加以研究，对开除的干部，除通令并由原部门全体干部用会议的形式进行批评斗争外，应逐级转送到村，开会宣布应受处分撤销革命职员。"②

---

① 冀南区组织部：《关于贯彻整顿干部思想及解决南调遗留问题的通知》（1949 年 4 月 7 日），莘县档案馆藏，全宗号 2，目录号 1，案宗顺序号 42，文书处理号 2。

② 《冀鲁豫第六行政区督察专员公署训令：为拒绝南下干部决定予以处分由》，聊城市档案馆藏，案卷号：14-27-156-21。

一、筑先（县）四区财干吴尚义通令记大过一次，调外县，另行分配工作。

一区民助哈保太通令撤销职务，调外县分配工作。

五区民干苑广恩撤销行政职务，调外县另分配工作。

一区财助房诩仑撤销革命职员成份，开除政籍。

银行业务员李玉海撤销职务调外县另分配工作。

二、徐翼县六区财助孙乐诰撤销行政职务，调县降职分配工作。

七区公助□□□撤销革命职员成份，开除政籍。

县总务股长王家普撤行政职务，由县另行分配工作。

三、聊阳建设干事孙长友通令记大过一次，另作他用。

六区财助陈□撤销行政职务，降职留用，另行分配工作。

四区民助吴光远撤销革命职员成份，开除政籍。

六区副区长王重岭撤销革命职员成份，开除政籍。

四、东阿县一区文书刘恒明，撤销革命职员成份，开除政籍。

六区文书温成恩撤销革命职员成份，开除政籍。

五、河西县公安干事宋生撤销革命职员成份，开除政籍。

事务王度珠仝①

五区文书李玉河仝

七区建助□山由县通知他原籍长清宣布开除政籍。

二区建助刘长明撤销革命职员成份，开除政籍。

六、齐禹十二区民助张希奇撤销行政职务，调外县留用，另行分配工作。

九区民助□□□□撤销革命职员成份，开除政籍。

银行干事李朝林仝

七、博平十区财助岳伦法撤销革命职员成份，开除政籍。

工商干事陈少英撤销行政职务，调外县留用另行分配工作。

---

① 仝，即同，在引文中为"同上"之意。

八、茌平二区副财助王守矩通令撤职，调外县留用，另分配工作。

工商局出纳于兆臣撤职留用，予以工作分配。

仓库朱名海撤销革命职员成份，开除政籍。

十二区会计周光殿撤销行政职务，调外县留用，予以工作分配。[①]

28 人处分情况根据各自情节不同，大体分两类：一类如"通令记大过一次，调外县，另行分配工作"，"通令撤销职务，调外县分配工作"，"撤销行政职务，调县降职分配工作"，"撤行政职务，由县另行分配工作"，"降职留用，另行分配工作"等，共 13 人；较为严厉的则是"撤销革命职员成份，开除政籍"，共 15 人。

4 月 14 日，中共临清市委组织部在《未南下干部处分总论》中对一批固执拒绝南下、思想始终不通的干部，视其家庭真有困难与否及南调中具体表现，给予了不同程度的处分。对于有的干部"主要是政治动摇，用一些旧社会的手段来对抗党，但是家庭是有困难，而且自己有点病，是可减轻处分"，给予了留党察看半年处分；有的干部"主要是政治动摇组织观念薄弱，并加上家庭实在落后，又是自己一人，市委仍本改造方针，给予留党察看一年之处分"；但是有的干部存在"政治动摇和投机意识，家庭弟兄三人并没困难，而且影响很大"，有的则"是严重的投机落后份子"，对这类干部坚决予以"开除党籍，取消革命职员成份之处分"，[②]严肃纪律，以儆效尤。

一些地区在处理南下遗留干部问题的同时，将之前一些历史遗留的干部问题与"南下"一并进行了处理，严明赏罚，使很多干部群众拍手称快，大大树立了正气，提振了社会风气及基层同志工作的积极性。在聊城地委（原冀鲁豫六地委），"对南下调垮和过去弯腰回家，

---

① 《冀鲁豫第六行政区督察专员公署训令：为拒绝南下干部决定予以处分由》，聊城市档案馆藏，案卷号：14-27-156-21。

② 临清市委组织部：《未南下干部处分总论》（1949 年 4 月 14 日），山东省档案馆藏，案卷号：G051-01-0020-008。

以及在归参^①工作中犯有严重错误的干部,这次各县都结合了归参工作的总结及干部鉴定,作了适当的彻底的处理。有的县已处理结束,有的县尚在处理中"。在"处理的方法及过程"方面,"各县均结合了归参工作的总结,及三月份干部鉴定,在贯彻加强党内纪律性的教育与检查,归参工作中进行了干部处理,首先由领导上作了启发动员,强调提出党对这些干部的处理方针及目的,分析和批判了这些干部的错误思想。在干部中展开普遍的讨论与酝酿,达到教育本人和教育干部的目的,然后在大家认识提高的基础上(处理干部问题是干部的要求)自下而上的由小组和分委会讨论研究并展开批评,提出具体的处理意见,交县委审查批准,作出最后决定,处理结果有的在全县干部大会上公布,有的通知区里"。^②

聊城地委指出:"处理干部问题,早就是干部的要求,因为不处理,大家觉得是非不清,赏罚不严,但由于领导上姑息迁就,对弯腰回家半年甚至一年的干部拖延不处理,干部不满意,这次较彻底的处理了干部问题。而且在处理的精神上,步骤上还不错,分清了是非,树立了正气,加强了党内的纪律性,这对犯错误的本人和干部给以很大的教育,有的干部反映'上级早就该处理了,如不处理谁还干?'茌平六区在处理了干部后,就有十几个干部(工作员)说'马上南调也没问题',不少犯错误的干部作了虚心的反省检查,并表明态度干下去。"^③

(二)对逃跑回乡干部的处理

干部逃跑回乡主要发生在以下三个阶段:一是在各县(市)将南下干部调出后,一些人在地委或区党委、华东局党校集合学习、训练时偷

① 归参,即归队与参军。

② 聊城地委:《南下干部走后对干部调整处理工作情况的报告》(1950年),聊城市档案馆藏,案卷号:4-1-2-2。

③ 聊城地委:《南下干部走后对干部调整处理工作情况的报告》(1950年),聊城市档案馆藏,案卷号:4-1-2-2。

跑回乡；二是在南下行军途中"开小差"回家；三是到南方工作地后又跑回的。这类已调出后又逃跑回乡干部，多数是由于急切思念家人，或害怕困难、意志薄弱而开了小差，如不处理，会影响山东老区社会风气，也会极大影响南下干部队伍情绪的稳定。原泰安县公安局长、南下干部刘志刚同志回忆，泰安县南下干部队伍在济南上火车前，先是他的通信员小杨开小差跑回泰安去了，"临走之前还给我留下一封信，说：'亲爱的刘局长，我对不起你了，本想和您一起南下，但我有母亲、姐姐，还有个对象，我是独子，她们都不同意我南下，我只好写这一封信告辞了，你的衣服我全洗好放在枕头底下，我背的盒子枪和子弹全部给你，我到县公安局接受处分，刘局长我实在对不起你了。'我看信后马上给县公安局写了信，叫县公安局严肃处理"。然后，队伍到了徐州，"遇到了原区长孙明修到华东局受军政训练时开小差回家，跑到徐州市做小买卖"。队伍在徐州短暂停驻时，"南下干部又跑掉几个"。[①] 又如山东兰陵县接管浙江杭州的南下干部队伍到达杭州后，"因为家乡观念很重等原因"，"我们的接管干部中，总有那么三五个人，经常发发牢骚、说说怪话，对一切都看不顺眼。有一天夜里，他们忽然偷偷跳上火车，逃回山东去了"。[②] 老区的一些县区在初期把握政策不准，由于南下造成的干部缺额巨大，原有工作一时无人接手等情况，曾对逃跑回乡干部未作处理即重新任用，让其继续工作。但是多数很快就得到了上级的纠正。对于这类干部的处理，1949 年 3 月 25 日华北局有明确指示，即对擅自脱离队伍逃跑返回的党员，"除有充足理由外，应以开除党籍为原则"。当然，在开除党籍后，应区分脱离生产不久的新干部、老干部、投机分子等，进行教育后，视其具体情况来决定是否分配其工作。"对确属因动员方式不好而开小差者，则应视具体情况分别处理"，"予以留党察看，严重警告等处分"。[③] 华北局具体规定如下：

① 刘志刚：《南下的回忆》，《泰安南下干部纪实》，第 266 页。
② 孙晓泉：《难忘的一九四九》，《沂蒙根据地历史资料汇编》第 15 卷，第 103 页。
③ 《华北局关于逃跑干部处理的指示》（1949 年 3 月 25 日），《建设》第 19 期，1949 年，第 3 页。

（一）从 1947 年到现在，由华北局派出到各地工作的干部，数达 12000 余人。这些干部一般均服从党的调动，不怕艰苦，不议价钱，愉快的接受了党所给予的光荣任务，是值得奖励的。

但有少数干部调遣不动。或在出发后，又擅自脱离党。开小差跑回来。如去年北岳区南下干部 1700 人（内有村干部勤杂人员524 人），自行脱离队伍逃跑，及久假不归者，竟占百分之八，这是一种很严重的事件。

（二）在党员干部中逃跑、脱党现象之所以这样严重，是由于这些逃跑的干部：一、绝大部分为农民或其他小资产阶级出身，尚未经过很好的改造，经不起考验。他们个人利益高于党的利益。二、其中有少数分子或阶级异己分子，当有紧急关头就逃跑，这并不奇怪。三、有些地区党的组织，在调动干部时没有进行充分的思想解释与组织准备，而用强制、欺骗、"充军"等恶劣方式。哄骗党员干部出外工作，因此不能使他们安心南下。

上述严重现象。自去年 7 月以后，各地在继续结束土改与整党中，加强理论与时事学习中，反对无政府、无纪律状态中，特别是在全国革命即将胜利的鼓舞下，已有了很大改变。但仍应继续加强党的教育，改善党内情况，防止这种现象的继续发生。

（三）为了纯洁党的组织，对于擅自脱离队伍逃跑返回的党员，必须作适当的处理。处理这些党员干部的原则如下：

（1）凡在集中南下时，或南下途中擅自脱离本队逃跑，或借故请假久不归队的党员干部，应认为是革命队伍中的逃兵和开小差分子，除有充足理由可予原谅者外，一般应予以开除党籍之处分。但各地党委在执行这一决定时，必须十分谨慎地注意分别不同的具体情况，采取不同的办法来加以处理，对脱离生产不久或从未脱离生产的村干部，其因逃跑所受之处分不同于脱离生产已久的老干部，但一般亦应开除其党籍，在经过教育后，应给以工作的机会。对于投机分子，阶级异己分子，其因逃跑所受之处分，在开除其党籍后，在长时期内，不可分配工作。对确属因动员方式不好而开小差者，则应视具体情况分别处理，党的领导上动员方式不好，应进行自我批评，但不能因动员不好，就应该逃跑，这仍是革命队伍中的逃兵和开小差分子，应予以留党察看，严重警告等处分，并应分配一定的工作，在工作中继续考察。如在以后仍愿接受党的调动出外工作者，则取消这种处分，对确属有病或家庭有特殊困难情况者如系请假回家，自不应以逃兵、开小差论。

（2）携枪、携款逃跑者，一律开除党籍，并取消其革命职员成分，令其缴出枪和款，并送政府法办。在逃者通缉归案。

（3）组织煽动干部开小差者，开除党籍，取消其革命职员成分，送政府法办，在逃者通缉归案。

（4）党的各系统，各机关对于开小差人员，未经上级党委同意，一律不准留用，已经任用的应即交出。在接此指示后，仍有使用逃跑分子当干部者，查出后，应给予严格处分。

（5）对请假回家者，如确因病或其他特殊情况不能按时集中南下者，应向所属党委声明理由，并由县委以上党委证明，经审查属实，得从轻或免予处分。

（6）属于军队、政府系统之逃兵和开小差分子，应按上述原则，由军队与政府系统处理。

（7）对宣布开除党籍及取消革命职员成分的逃兵和开小差分子，应在党内及群众中公布之。①

1949 年 10 月 29 日，胶东区党委发布《关于南调参军支前中逃跑党员干部党籍处理的意见》，指出：

一、对南调、参军、支前中逃跑党员干部党籍问题的处理，分

---

① 《华北局关于逃跑干部处理的指示》（1949 年 3 月 25 日），《建设》第 19 期，1949 年，第 2—3 页。

局组织部指示，一般应按照华北局决定执行。根据这一指示和华北局关于处理南调逃跑党员干部党籍的决定的精神，对几种不同情况提出如下几种不同处理意见：

（一）凡在南调、参军、支前中逃跑开小差的党员干部，一般应予开除党籍之处分，只有经一定期间的考验，改造确有进步者可再个别考虑是否能重新入党。

（二）凡南调、参军、支前中，拐枪、携款逃跑和鼓励带头逃跑者，与对党有严重破坏行为的党员干部除一律开除党籍，取消其革命职员成份外，并令其缴出枪和款，送政府法办，在逃者通缉归案，同时应将罪恶事实与处分向群众公开宣布。

（三）对某些农民小资产阶级出身的党员干部，平时工作表现还好，在南调、参军、支前中，确系处于领导上的强迫欺骗，思想不过发生逃跑或逃跑后很快又自动回来者，在本质上应同样视为开小差份子，但只要逃跑后对党没有破坏行为，在处理上可根据具体情况适当减轻其处分，尤其对不脱离生产的农民党员或脱离生产不久的新干部，更应从轻处理（但逃跑回家的农民党员干部，一般也不应马上当村干部，必须经过一定时期的考验，真正为群众所拥护的才行）。

（四）凡因病或解决家庭困难，经组织准假回家逾期不归的党员干部，可根据时间长短，及其主观动机与客观原因，研究其错误性质是否属于自由脱党，一般时间不长主观上并无动摇消极，经组织指示迅即归队的党员干部，一般不应视为自由脱党和予以党籍处分，可适当的给予教育批评或警告处分。属自由脱党性质者可按自由脱党处理办法处理之。①

1949年11月，平原省组织部向各地市县委组织部下文指出，"华

---

① 胶东区党委：《关于南调参军支前中逃跑党员干部党籍处理的意见》，山东省档案馆藏，案卷号：G024-01-0301-010。

北局最近指示：'从我华北调南方工作的干部，最近仍有带枪携款逃跑现象的发生，而这些人在逃回到分区或地、县就有的收留当干部或住学校，并有的干部在逃回后向南方写信，告诉他回后的工作情况，因此引起南方工作的部分干部思想的波动，产生不满情绪。逃回之干部中，有的曾在原部犯错误。如对逃跑之干部，不以逃跑论处，反而收留任用，这是与中央对逃跑干部处理的规定完全不相符的。为严肃党的纪律，望各地立即查明逃跑干部，扣押逐级上报，依法处理，或送原所在地区处理，务望各级党委认真深入的调查，你们对逃回干部的处理是否有违背华北局关于逃跑干部处理原则的事情，如擅自收留逃跑的人员并充当干部，违背了原则，应追究责任，并把你们检查的情况报告我们。'"① 随后平原省委根据本地情况对这一问题又做了具体要求，即"对一般逃跑之干部，一律抱挽救的态度与精神，耐心的动员其回原岗位分配工作，愿回去者一律送省委转送华东局。如经耐心教育动员仍不回去者，一律不准留用，并在群众大会上宣布取消革命职员资格（党员开除党籍），使其安分守己积极生产，如有破坏行动者依法处理"；目前有的地委"自南下至现在逃亡已有"百人，"区主要干部亦有不少，应特别组织力量，首先动员主要干部带领一般的干部回去。但严禁用欺骗方法，推到省委的不负责任简单了事的态度"。②1951 年平原省委再次向各地、市委组织部下文称：

　　关于南下逃亡回来的干部，前已有指示，不准再吸收参加工作，更不能恢复党籍，经华北局指出，各地仍有恢复其党籍者，这是不严肃的表现，应追究责任，加以处理。你处有无吸收南下逃亡干部参加工作及恢复党籍的情况？请速作检查，于五月底前报告我

---

① 平原省组织部：《华北局组织部向各地市县委组织部并直属党委、总支的通报及省组部规定》（1949 年 11 月 10 日），莘县档案馆藏，全宗号 2，目录号 1，案宗顺序号 42，文书处理号 2。

② 平原省组织部：《华北局组织部向各地市县委组织部并直属党委、总支的通报及省组部规定》（1949 年 11 月 10 日），莘县档案馆藏，全宗号 2，目录号 1，案宗顺序号 42，文书处理号 2。

们，以便汇报。[①]

　　总的来看，南下途中"开小差"行为对南下工作的进行，对其他南下干部的士气、心态等都会产生较大影响。对这类人回乡后如未经适当处理就给其分配工作，也会给当地社会风气和群众心理带来不良影响。在山东干部南下途中，曾有过少数干部"开小差"回家的情况。[②]因此山东各区党委在实践中对于这类逃跑回乡（"开小差"）干部的处理基本原则是一致的，即无论地方再缺干部，也绝不允许不经过处分就令其恢复工作，而应视其情节轻重分别给以相应处理，严重者必须开除党籍，取消革命职员资格。

四　南下干部配偶、子女及代耕等问题的逐步解决

（一）南下干部家属的安置

　　由于1949年干部南下期间是不允许带家属随行的，因此，山东南下干部的留鲁家属问题，就成为留给山东老区党和政府急需解决的重要问题。而对这个问题的处理在当时也是较为复杂与棘手的工作。

　　按照干部调动南下前，山东老区党组织对干部的承诺，干部的爱人、孩子一律不带，"待到新区开辟工作环境安定之后才迎接其家属去"，[③]山东老区政府需要在干部南下后，将其配偶、子女送往南方新区与南下干部会合。但在实践中，由于受到主客观条件限制，这一工作并

[①]　《平原省委组织部1951年5月10日向各地、市委组织部发文》，聊城市档案馆藏，案卷号：4-11-8-38。

[②]　如胶东区东海地委记载："这如乳山分队，第一次发生逃亡，领导上并未加以郑重注意，接着发生了第二次的逃亡。在第二次逃亡发生了，领导上抓紧对这一事实作了分析，而且也作了自我批评……"东海南下干部大队党委会：《关于南下干部中的几个情况》（1949年12月29日），山东省档案馆藏，案卷号：G024-01-0332-004；另参见《禹城干部队散记》，《禹城文史资料》第7辑，第120页。

[③]　《中共华东中央局关于执行中央准备五万三千干部决议的指示》（1948年12月25日），《山东党史资料文库》第25卷，第455页。

不容易进行。1949 年 6 月 6 日，胶东区党委组织部在《关于南下干部家属调动问题的通知》中明确指出："前岁去山东分局组织部于六月一日的通知与五月十三日的通知，各地县委严格照□外，现在有不少的是由江南地县委直接派人到各地委县委领家属或函调，这样做是不合适的，因此分局亦有此电，即除南下干部家属目前暂不去外，凡私自派人来接或函调者一概不准，将来何时可去另有通知，但应很好动员安心工作和学习。"① 也即暂时不将南下干部的家属送往南方。1949 年 6 月 22 日，山东分局组织部发出《关于转发华东局关于干部家属南下问题的指示的通知》：

对各地干部家属南下问题，华东局特作如下指示，盼各地切实执行。

（一）凡持有区党委市委以上党组织部门介绍信，且系有组织的而非个人关系接送者，至区党委接洽时，可以允其南下。

（二）干部工作岗位虽已确定，但情况尚欠安定或所去地区宿舍较困难者（如上海）仍暂缓南调。因此上海干部家属仍暂留原地工作，以后再有组织的送去。

（三）干部接送生活费运输费概有各该地党委负责解决。

（四）所谓家属系指已脱离生产曾参加工作之女干部和有军籍之女同志而言，并非一般干部家属。

（五）男女之一方已南下者，另一方原则上亦应南调，如个别因工作需要或工作一时无人接替者，仍暂缓南调，但当地党委必须设法从速找到接替人员逐渐解除其工作。

根据以上指示，特规定：

甲、各地党委部门应进行南调干部家属登记，以便有计划的组织接送。

---

① 胶东区党委组织部：《关于南下干部家属调动问题的通知》（1949 年 6 月 6 日），山东省档案馆藏，案卷号：G024-01-0303-039。

乙、接送家属之供给运输费等均由各该区党委、市委、直属地委全部负责解决，粮草票按供给标准折发代金。

丙、行政与组织介绍信，均必须经山东分局组织部，转介绍信时须同时送来南下干部及人员登记表。[①]

山东分局明确指出，能送往南方新区的干部家属，"系指已脱离生产曾参加工作之女干部和有军籍之女同志而言，并非一般干部家属"。[②]而占山东南下干部家属绝大多数的一般的没有脱产参加革命工作的农村妇女，由于条件限制仍不能送往新区。

又如鲁中南行署人事处 1949 年 9 月 17 日发出《关于调往浙江省之干部家属南调问题的通知》：

接区党委通知，关于调往浙江省之干部家属南调问题，作详细通知如下：

第一，凡有军籍（即已经脱离生产）之妇女干部及小孩，其爱人在浙江省工作者，此次均可调往浙江省。

（一）凡已结婚或订婚者均可调去，但要注意：

（1）不脱产者此次不带。

（2）其爱人不明者（不知在何处）不带。

（3）关系不正常者不带。

（4）快生产或生产后不满月，以及有重病者不带。

（5）亲戚朋友前去探望者不带。

（二）凡供给制的小孩（或应供给制而无享受供给制者），不论大小均可带去，但要注意：

（1）吃奶的要有保姆可以带。

---

① 山东分局组织部：《关于转发华东局关于干部家属南下问题的指示的通知》（1949 年 6 月 22 日），山东省档案馆藏，案卷号：G020-01-0054-001。

② 山东分局组织部：《关于转发华东局关于干部家属南下问题的指示的通知》（1949 年 6 月 22 日），山东省档案馆藏，案卷号：G020-01-0054-001。

（2）大的尽可能带保姆以便照顾，如无保姆者各地可帮助动员个别勤杂人员到浙江省工作，予以照顾。

根据以上规定，各地要切实帮助调查登记集中，不要遗漏（浙江省要带来名单一部）以免以后个别再送麻烦。

第二，以地委为单位集中编队（支部）并由各地委派一定负责干部协同浙江省干部送到徐州。再由浙江省委派来的负责同志带到杭州。

……

第四，供给路费等问题之解决：

（一）火车费——由各地委至徐州段由各地委负责发给。徐州至杭州段由浙江省委负责。

（二）伙食供给（粮食、菜金、柴草）（其中可发十天代金）可发至十月底。

（三）办公费、医药费，也要发给带上，途中好用。

（四）为保证干部与小孩的健康，可买一部分药带上，并决定滨海地委与区党委直属机关各调一卫生员随她们去浙江省工作（要动员好）。①

鲁中南区向浙江省调动家属的政策仍是以"脱产""妇女干部"为条件。

随着南方新区形势的稳定与好转，在 1950—1951 年，山东部分地区送了一些南下干部家属到南方新区。1951 年 4 月，中共平原省委组织部制定了《南下贵州干部家属由县至省供给标准》。原冀鲁豫边区（后平原省）所属鲁西、湖西、鲁西南地区干部南下后，少数赴南京及四川接管，绝大多数干部最终南下工作地是贵州省，并以冀鲁豫边区南下区党委、行署为基础组成了贵州省委、省政府。根据该文件："一、车费：

---

① 鲁中南行署人事处：《关于调往浙江省之干部家属南调问题的通知》（1949 年 9 月 17日），山东省档案馆藏，案卷号：G038-01-0019-003。

有火车、汽车，可按票价报销，没有火车、汽车者可乘马车和人力车，但每里不得超过五百元。二、路费：从县到新乡，在路上大人每天每人小米六斤，小孩每人每天小米三斤，不发给本人，由带队者统一掌握使用。三、家属集中地委后，一律按中灶待遇（不会餐）。以上规定暂由各地委垫支，以后来我处报销。"①"中灶"在当时是县团级干部才能享受的标准，可见当时的平原省委对原冀鲁豫边区南下干部的家属赴贵州工作还是相当重视的。此外，一些南下干部到新区工作稳定后，主动联系山东老区政府要求接其在家乡的配偶、孩子南下。如 1951 年 9 月山东省财政经济委员会对"西南局来我省接一干部家属南下"问题的经费做出指示："西南局来我省接一干部家属南下，其路费除由地委出发到其目的地一级由西南局来人负责外，由县委到地委一段的路费开支由（山东）省财政厅报销。"②

　　总的来说，山东干部南下后，部分留鲁配偶及子女后来被送去南方新区与南下干部团聚，但在总量上相较南下干部留鲁家属来说是有限的。在相关资料及笔者对山东南下干部留鲁后人的访谈中可以看出，绝大多数基层干部的家属最终并未南下，而是一直留在了山东家乡，她们按照军属待遇享受了山东老区政府的照顾。一些在南下之前为摆脱家庭羁绊及出于其他主客观原因而与老区配偶离婚的干部，在南下后，其配偶"自愿离婚不离家，仍然享受军属代耕和其他一切待遇"。③1950 年后，一部分在南方新区工作的南下干部提出与华北家乡妻子离婚请求，一般得到批准，原籍地政府并对干部原家属进行了说服工作。1951 年，最高人民法院以处理湖南省呈请的《通令山东等县市法院对于南下干部离婚案件从速处理并通知原告工作地法院的请求》为契机，指示各该省、市、县人民法院："我院认为对于南下干部要求离婚，确应从速处理，

---

① 中共平原省委组织部：《南下贵州干部家属由县至省供给标准》，聊城市档案馆藏，案卷号：4-11-8-51。

② 山东省财政经济委员会：《西南局来省接干部家属南下其路费分段解决的指示》（1951年 9 月 19 日），山东省档案馆藏，案卷号：A101-04-0018-016。

③ 《南下干部家属登记表》，山东省档案馆藏，案卷号：A005-02-0168-021。

以免诉讼拖延，影响干部情绪。今后各级人民法院，对于此类案件，在接到原告工作地法院之移送后，应立即通知被告提出意见或答辩理由，并予以从速处理。"①此后也形成了山东一些地方常见的南下干部遗留配偶"离婚不离家"，仍旧照顾公婆、子女的现象。她们选择独自留下照顾子女与老人，为中国的革命与建设事业做出了自己的贡献与牺牲。

南下干部的配偶及子女最终并未南下，一方面由于很多山东南下干部在新区的工作环境并不稳定，敌匪环伺、危机重重，且不少干部经常变动南下工作地点，有的甚至跨省调动，以致交接联络困难。另一方面山东老区自身物质、交通条件有限，且对南下的妇女有一定的条件限制。当然也有很多干部配偶由于自己的原因不愿南下。这主要涉及山东地区受儒家文化深刻影响的传统乡土情结、保守观念、安土重迁心理及南下干部配偶家中的一些具体情况。应该说，绝大多数基层干部的家属由于客观条件制约，加之乡土观念（山东老区民众安土重迁的心理，当时的多数农村妇女甚至从没有去过家乡所在的县城，福建、四川、贵州、云南等南下地对她们来说实在太过遥远，在心理上不愿南下），自身实际困难（未脱离生产、小脚、身患疾病无法承受远行）及需要照顾子女、公婆等因素，放弃了去南方的机会，而是一直留在了山东家乡。如笔者访谈山东聊城市某南下干部后人王 ×（女）。她的外祖父是南下干部，1949 年从冀鲁豫六地委筑先县南下至贵州镇远地区。新中国成立后，她的外祖父给外祖母买好了火车票，在火车站等着外祖母，但她的外祖母最终却没有南下。她也曾问过她的外祖母没有南下的原因。她的外祖母说：因为家里分了地，有牛，舍不得这些，而且有公婆、子女需要照顾。②由于各种主客观原因，虽然很多南下后的山东干部没能维系与家乡妻子之间的婚姻关系，但他们并

---

① 《最高人民法院关于南下干部要求离婚案件应从速办理并将处理情形连同判决函知原告所在地法院嘱转服务机关送达籍便说服教育或作适当处置的通令》（1951 年 3 月 24 日）（法督字 138 号），梁书文主编：《民事经济纠纷案件诉程汇揽》，中国检察出版社 1996年版，第 183—184 页。

② 2016 年 9 月 18 日访谈聊城市东昌府区南下干部后人王 ×（女）。

没有忘记家乡的妻儿父母，如此后经常向家中寄钱，接子女去南下地学习、生活，甚至支援家乡建设等，为山东老区家人解决了很多力所能及的困难。如笔者访谈山东茌平县南下干部后人谢××（男）。他的祖父是山东省博平县谢天贡村人（今博平县已划归聊城市茌平区），1949 年从博平县南下，先至赣东北，后至贵州省炉山县。他回忆说：新中国成立后，他的爷爷（祖父）让他的奶奶南下去贵州，他的奶奶没有去。他的祖父 1949 年南下贵州后，从 20 世纪 50 年代一直到 70 年代末山东家乡"包产到户"开始前，坚持向山东家里寄钱，帮助家里渡过了生活困难。20 世纪 80 年代他的祖父曾回过家乡，并将他的哥哥（当时在茌平县读小学三年级）接去贵州学习、生活。他本人小时候也跟随父亲去贵州见过祖父。①

面对家乡的妻子、家人，很多山东南下干部难以割舍亲情，又难以厘清关系。笔者访谈的一位山东筑先县南下干部后人，她的家族中有三位山东南下干部——曾祖父及曾祖父的两位叔兄弟，其中一位南下后在武汉工作生活，另两位南下后在贵州工作生活。曾祖父南下后时隔 38 年才第一次重回家乡，"心中百感交集。很多家人都问过他，为什么 38 年不回来？他说工作忙离不开，也是不愿回来面对复杂的家庭，尤其是难以面对离婚不离家的前妻。北方女人生于齐鲁大地，受儒家文化的熏陶很深，从一而终的观念束缚了她们，牺牲自己、服务家庭的情怀阻碍了她们做出南下的选择。所以男人南下之后，几乎所有的北方女人都选择了离婚不离家，独自生活，改嫁的很少"。②她说，曾祖父"骨子里的质地、品性，也许在面对亲人时才能更真切地流露出来"。南下工作稳定后，曾祖父即将在山东的孩子接去生活，20 世纪 70 年代，曾祖母曾去武汉的儿子家小住，曾祖父前去探望，曾祖母问："咱俩这种情况，你还拿我当孟家人吗？"曾祖父顿时神情激动，一下子从椅子上站了起来，大声说："姐姐，你这是打我的脸啊，我一直把你当孟家人，从来

---

① 2016 年 10 月 11 日访谈茌平县南下干部后人谢××（男）。
② 2021 年 12 月 9—10 日访谈原筑先县南下干部后人孟×（女），她发给了笔者她个人撰写的对曾祖父及其家族成员后来生活的回忆文章《人生何处不青山》。

都是!"虽然自己的工资不高,而且还有后来的家庭要照顾,但曾祖父从来没有忘记过北方的家庭,"自己省吃俭用,寄钱、寄物、寄药。且每次寄钱都在信中特别注明,给妻子多少多少,不许截留他用。动荡的年月,个人犹如浮萍不能左右自己的人生,只要革命需要,一声令下,也许转身就是天涯;也许一声再见之后,就是一生的永别,谁顾得上儿女情长"。[1]正如孔飞力教授所指出的,"中国文化中的'安土重迁'并不意味着固守乡土,而是表现为即便远离家乡千万里仍然保持着与故乡故土从情感到物质的关联"。无论出于何种原因,主动抑或被动地迁徙他乡,迁移者背负的往往是家庭乃至家族的振兴期待,他们的家始终扎根在那片生于斯、长于斯的土地上。中国人所说的"一家人",可能分别居住在相距十里、百里乃至千万里的不同地方,但通过经济、血缘的联系仍互视为"一家人"。[2]

"女性在迄今为止的社会生活中,通常还是弱势群体,历史书写也如是。女性历史的书写要远远晚于男性",诚如英国女作家罗莎琳德·迈尔斯所说:"女性被排除在历史之外,象征千千万万个被压制的声音。恢复女性在历史中的位置绝非易事,任何女性史因此都必须留心空白、遗漏及似是而非的论调。它必须倾听静默,让静默发出声来。"[3]在宏大历史叙事中,关注山东南下干部的留鲁家属及其生活变迁,也是让民众成为历史书写的主角的重要方面。

(二)子女抚养情况

除了配偶外,南下干部的留鲁子女也是一个比较重要问题。在实践中,由于绝大多数基层南下干部的配偶此后仍然留在了山东家乡,因此,这些南下干部的子女顺理成章由干部的留鲁配偶抚育。广大留鲁干部的

---

[1] 原筑先县南下干部后人孟 × 发给笔者的、其个人撰写的对曾祖父及其家族成员后来生活的回忆文章《人生何处不青山》。

[2] 〔美〕孔飞力:《他者中的华人:中国近现代移民史》,李明欢译,江苏人民出版社 2016年版,第 441 页。

[3] 黄道炫:《倾听静默的声音》,《中共党史研究》2021 年第 5 期。

配偶以其朴实善良的母性和坚贞的革命热情承担了养育子女的重任。老区政府也积极帮助南下干部家属解决抚育子女中的实际困难。华东局曾规定了在干部南下后，对该局直属机关（不包括下辖各区党委及各地委）南下干部的"爱人、小孩及亲属，除现有工作者外，如无工作或无法安插，及不便南下工作者，由各该机关组织好，直接介绍华东局后方妇干学校学习，并在原机关携带至二月底粮票菜金，及二月份以前的全部供给"。① 随后，华东局各直属机关按照要求办理了将南下干部爱人、小孩接至华东局妇干学校学习的事宜，如华东局财办工商局曾向下辖各仓库、供应店、烟草或猪鬃公司等下发通知："为此，我直属单位如有此等干部人员，即按上述规定办好手续有组织的送来了工商部，介绍前往学习，但伙食及其他供给应带至三月底，如已分配好工作或已安插好而不愿前去，将来亦不致发生若何困难者，亦可仍留在本单位工作，不必介绍来部。"②

而父母双方均是干部，一起南下后的留鲁子女，在干部南下后多是寄养于群众或亲属家中，或由地方保育院抚养。1949 年 8 月，平原省人民政府即转发华北人民政府通知，对随军南下的干部寄养子女问题高度重视：

"为通知南下与西进部队干部小孩寄养群众家中与地方保育院者，统由地方政府代为供给由。通知各省市政府，查我区南下与西进部队干部的小孩，寄养于各地群众家中者有不少，交地方保育院抚养者亦有之，过去婴儿保育费和保姆费，均系代养人（或代保育机关）迳向其父母原任职部队领取，或由婴儿之父母从机关领取后直接寄交，现部队南下或西进后，不仅从机关领取困难，婴儿之父母亦因远离无法寄递，为即时保证幼儿供给，减少代养

---

① 华东财办工商部：《关于安插南下干部之爱人小孩介绍华东局妇干学校学习通知》（1949 年 2 月 26 日），山东省档案馆藏，案卷号：G015-01-0056-030。

② 华东财办工商部：《关于安插南下干部之爱人小孩介绍华东局妇干学校学习通知》（1949 年 2 月 26 日），山东省档案馆藏，案卷号：G015-01-0056-030。

人与保育机关之困难，兹经财政部与后勤部共同研究，商定如下供给办法：

一、抚养在群众或干部亲戚家中者，由代养人凭幼儿供给证每月（或季）向当地县政府财政科领取保育费与保姆费，该费均发粮食，无供给证照者，县政府则拒绝发给，每属给供给证过期时，由县府了解情况，确实证明幼儿仍照常抚养须转请二级军区政治部供给部收回旧证，补发新证，（部队幼儿供给证）以便继续供给，在二级军区未换给新供给证时，亦不应停止供给，如幼儿夭折，则须从事月后停止供给，并转告二级军区政治部。

二、抚养在地方所办保育院者，由保育院凭该幼儿原始供给证每月（或季）向同级政府财政部门领取应需之供给费用，并向财政部门造报花名册及开支计算。

三、由县政府或保育院代为供给之保育、保姆费用，于月终（或季终）逐级上报至省市政府财政部门，再由财政部门凭代养人或代保育机关之收、领据，编造供给计算表，年终结算报核，并于结算表内附注说明，以备将来归列军费科目。

以上办法自八月份起执行，七月以前之供给，参照此办法酌情解决，希即照办为要！"等因奉此；合行通知，望各级民财部门除按上列办法执行外，为不使军费与地方费混淆起见，各专县务于月终或季终分别列表逐级上报，以便本府转入军费科目，再向华府报销。①

又如胶东区党委 1949 年 7 月在《关于南下干部家属照顾情况报告》中说，"今春区党委发出了保育工作决定，区党委及各地委均成立保育委员会，加强育儿所的领导，特别强调了南下干部儿女的抚保问题，在育儿所里，四、五岁的孩子日进五餐，经常保持了衣服的卫生，孩子们一般均活泼肥胖，春季病灾尚未波及。南下干部的爱人亦均分配适当工

---

① 《平原省人民政府通知》（1949 年 8 月），聊城市档案馆藏，案卷号：24-2-1-20。

作。部分已陆续南去"。① 该年 7 月，胶东区的南海地委申请成立保育院，"聘用教师六人，招收学生一百五十名，其经费的来源，南海区村经费剩余粮，能拨给一百万至一百五十万斤之谱，供办学校之用，按此粮数，约可供给一百五十名学生，六名教师，衣食开支二年至三年，如果把这批粮投资于生产，生些利息，长期开支也无问题，此外再将崂山区伪基督慈幼学校遣散后所留的校具、被服，归保育学校应用，可解决校具的大部问题，由于以上两个条件，保育学校的成立，在师生的供给与校具上未有大的困难"。② 胶东区的北海地委，"为了南下干部的愉快，减少顾虑，帮助干部解决具体困难，如我们加强了育儿所工作，接收了南下女同志的孩子"。③ 在北海地委，"从南下干部的小孩来看，在待遇上也较前提高了，完全执行上级的供给标准，并保证了供给的及时，加强了育儿所的领导与建设，现在育儿所有卅个小孩，在生活上据□母与小孩的反映，均比过去（指未上育儿所前）强，四五岁的小孩每天吃五顿饭（早晨晚上各增吃一顿），小孩的衣服均能及时穿上，在生活管理上也较前好些"。④

此外，华东局当时曾专设"华东局直属机关第一保育院"，简称华东保育院，隶属华东局办公厅领导。⑤ 该院于 1948 年春"为了安排南下部队和地方干部的孩子、烈士遗孤"而开设，⑥ 选址在山东益都县大官营村。该院初次接收华东局、华野部队工作人员子女 62 名。1949 年山东干部大规模南下新区，华东保育院又接收了部分南下干部的子女。1949 年 6 月随着上海解放，华东保育院奉命南迁上海，院中抚育的孩子亦大

① 胶东区党委：《关于南下干部家属照顾情况报告》（1949 年 7 月 3 日），山东省档案馆藏，案卷号：G024-01-0301-004。
② 南海专署：《关于成立南海保育院的报告》（1949 年 7 月 4 日），山东省档案馆藏，案卷号：G031-01-2305-002。
③ 北海地委组织部：《南调干部工作总结》（1949 年 7 月 21 日），山东省档案馆藏，案卷号：G024-01-0332-012。
④ 北海地委：《关于对南下干部家属照顾情况》（1949 年 6 月 25 日），山东省档案馆藏，案卷号：G024-01-0501-014。
⑤ 周蕾：《邓六金与华东保育院》，《党史博览》2013 年第 7 期。
⑥ 赵维东主编：《山东革命老区知识问答 800 题》，山东人民出版社 2014 年版，第 387 页。

部随迁到上海。自1948年4月建院至1949年6月迁离山东，华东保育院在鲁共接收1岁以上10岁以下孩子137名。①

对华东局所属收育军属及南下干部子女的保育院及保小、托儿所，华东局要求必须供给充足。如华东局财办对保育院及各保小、托儿所冬季供给办法详细规定：

（一）伙食

1. 三周岁至六周岁每人每日麦粮二斤四两，烧草三斤，油三钱，盐五钱，肉二钱，粗菜一斤（结余粮食准予变卖改善伙食及小孩零用费，包括草纸，普通津贴，洗衣、洗澡草及肥皂等）。

2. 十周岁以下六周岁以上之小孩除吃粮（按细粮）外余与原供给标准规定同。

3. 在保育院、保小、托儿所工作之工作人员之小孩，周岁至三岁集体抚养者，按上列规定，自带抚养者按保育粮规定。

（二）宣教费

保小学生每人每月光连纸四张（包括文具纸张），教员每人每月五张，其他人员按原供给标准规定。

（三）日用品

三周岁至六周岁按成人标准规定（以在保育院、保小、托儿所为限）。

（四）被子

三岁至六岁除原带来之被子外，另发成人二分之一公被一条，以作小孩单独睡眠御寒之用，如原来与父母同睡无被子带来者，经机关负责人证明后准予发二条，（其一条为该院公被）该公被出院时不得带出，由该院保管，十周岁以下六周岁以上之小孩除供给标准规定外，另增棉絮半斤（不足三斤者按三斤量补足之）。②

---

① 周蕾：《邓六金与华东保育院》，《党史博览》2013年第7期。
② 华东财办：《关于决定保育院、保小、托儿所小孩冬季供给办法的通知》（1948年10月21日），山东省档案馆藏，案卷号：G047-01-0033-020。

"儿童是革命的后代，是将来建设新社会的主人；因此，对于儿童的保育工作是很重要的。"①冀鲁豫区对保育工作也极为重视，1948 年 6 月成立行署保育院，抚养、保育革命干部子女，包括 1949 年冀鲁豫区南下干部的子女。"中国的社会条件，和儿童所生的环境不同，以及儿童受过落后的，封建迷信的各种不同的影响，因此就各有各的不同特点作风与习惯。有的孩子好奇心大，好模仿创造，有的就好破坏；有的孩子很怪，有的孩子就老实不哼，还有好动、好静、好哭、好骂人……许多不同的性情。"②行署保育院成立后，及时总结经验，发挥使"儿童生活上走上正规"的作用，"尤其在思想上，更努力纠正儿童的不良习气，发扬儿童的优点、创造性，发展儿童的智慧，把儿童教育成优秀的革命后代"。③1949 年，行署保育院总结经验指出，"在儿童护理上，由于儿童来自不同的家庭，儿童初来时，每人都带有一套不同的习惯：如有的好打人骂人，有的十二点不睡，到第二天十点不起床，有的胆子大，有的胆子小等等，因此要有秩序的养成孩子们良好的生活习惯是很重要的。现在他们不论睡觉、起床、吃饭、上厕所都有了一定的时间。保育员共分四班，白天黑夜轮流照顾儿童。白日班的保育员，除把儿童组织起来进行唱歌游戏，灌输卫生教育外，并得随时注意儿童身体健康，卫生情形及照顾儿童上厕所、收拾玩具等工作。夜班保育员除每天注意孩子的拉屎把尿外，夏天要把蚊蝇打出帐子，并随时注意室内的冷暖，及时给儿童盖好被窝灌暖水壶及生壁炉等"。④有的干部的孩子入院时生活习惯很不好，"在家被保姆惯的一不随心，就哭的嘴唇发青和死的一样，来时保育员都怕他气死，不敢惹他。后来了解到他哭是故意淘气威胁大人，所以一方面不要因此而答复他不合理的要求，一方面还要鼓励他'××是好孩子，不哭'，于是他就咧着嘴说：'我不哭'，那种老牛大憋气的哭法，就慢慢地纠正了，现在则轻易听不见他哭了"。保育员又在其他方面引导、教育他，"这就使一

---

① 《介绍保育院》，《冀鲁豫日报》第 1580 期，1949 年，第 4 版。
② 《谈儿童保育》，《冀鲁豫日报》第 1380 期，1948 年，第 4 版。
③ 《谈儿童保育》，《冀鲁豫日报》第 1380 期，1948 年，第 4 版。
④ 《介绍保育院》，《冀鲁豫日报》第 1580 期，1949 年，第 4 版。

个儿童的心理，逐渐克服畸形状态，走向正常发展的道路"。①

"孩子的营养是很重要的。"在保育院，"现在小孩的待遇是每月小米三十斤（菜金在内），麦子二十斤。由生活指导员和炊事人员根据这个数目来进行调剂，每两星期制定菜单进行调换，花样翻新，使孩子吃起来不嫌烦。所以自入秋以后，孩子们都胖起来了，如幼稚班儿童李十月，五周岁了，九月份体重三十六斤，十月份体重四十斤，十一月份则体重到四十二斤"。②

关于疾病预防及治疗，"主要是经常注意清洁卫生，如夏天儿童除有蚊帐外，寝室内都有吃蝇纸，每人一个面盆一条手巾，饭后把碗筷用沸水洗净等。如已生疾病的就及时治疗"。③

关于子女入学问题，南下干部的子女是按照军属对待的。1949 年 1 月底，华北人民政府颁布的《华北区革命军人家属优待条例》指出："贫苦军属子弟入学，在与群众同等条件下，有享受公费待遇之优先权。"④1949 年 7 月 28 日，华北人民政府民政部召开优军工作会议，讨论贫苦烈军工属生活等问题，指出："关于贫苦军属子弟入学问题，普遍感觉初小阶段，此问题不存在，主要以组织军属生产，保证其生活为题便可解决。高小以上阶段，应在现有公费生名额中适当予贫苦军属子弟以照顾。"⑤1949 年 10 月 24 日，山东省人民政府公布《关于各级学校收费问题的规定》，要求对于烈、军、工属子女，"家庭确实无力负担者，得呈请学校批准免费，由学校按收费标准补助之"。⑥各地也按此规定执行。⑦

---

① 《介绍保育院》，《冀鲁豫日报》第 1580 期，1949 年，第 4 版。

② 《介绍保育院》，《冀鲁豫日报》第 1580 期，1949 年，第 4 版。

③ 《介绍保育院》，《冀鲁豫日报》第 1580 期，1949 年，第 4 版。

④ 《华北区革命军人家属优待条例》（1949 年 1 月 25 日公布），《华北人民政府法令汇编》第 1 集，第 49 页。

⑤ 《华北人民政府民政部召开优军工作会议　讨论贫苦烈军工属生活等问题》，《人民日报》1949 年 8 月 11 日，第 1 版。

⑥ 《山东省人民政府关于各级学校收费问题的规定》，《山东政报》1949 年第 4 期，第 26 页。

⑦ 《烈军工属及劳动人民子女入学困难可申请免费》，《青岛日报》1950 年 9 月 4 日，第 2 版，青岛市档案馆藏，案卷号：D004281-00147-0018。

从华东局、冀鲁豫（平原省）等的文献可见，山东地区对于对父母双方皆为南下干部的留鲁子女的照顾是非常周到、细致的。不过，由于1949年南下新区的干部中，夫妻双方都是干部并一同南下的情况，从各地资料看，在一般的县及以下干部中是比较少的，因此，符合这部分情况的留鲁子女数量有限。如1949年冀鲁豫行署统计，通过保育院"已组织起来受到教育"的孩子总数仅为全区女干部孩子总数的2.6%，"还有百分之九十七、四的儿童没有组织起来"。①应该说从笔者访谈及调阅资料了解到的一般情况看，对大部分山东南下干部来说，由其留在山东的妻子、家人抚养其留鲁子女长大的情况是较为常见的。

（三）军属待遇与代耕问题

1. 南下干部家属享受军属待遇与代耕的政策保障

《中共中央关于准备五万三千个干部的决议》中明确指出："为了照顾调往新区工作的干部的家庭的困难，减少干部的顾虑，凡过去及今后调往新区工作的地方干部，其家庭一律按军属待遇。各地政府应明文公布；并立即对已经外调的地方干部的家庭实行按军属待遇。"②华北局、华东局在南下文件中也明确了这一规定。南下干部家属能够享受军属待遇的具体范围或者资格，参照华北人民政府1949年1月颁布的《华北区革命军人家属优待条例》关于军属的规定，应至少包括与之"同居一家过活的妻（或夫）、父母（有的虽已和军人分居者亦得以军属论）、子女等直系亲属，及依靠其生活之16岁以下的弟妹，或军人自幼曾依靠其抚养长大现在又必须依靠军人生活的其他军属。女军人优待娘家或夫家依其自愿"。③对南下干部的家属一律按军属待遇，不仅对解除南下干部后顾之忧有重大作用，也是对广大山东干部为南下所做家庭牺牲的

---

① 《介绍保育院》，《冀鲁豫日报》第1580期，1949年，第4版。原文如此。

② 《中共中央关于准备五万三千个干部的决议》（1948年10月28日），《山东党史资料文库》第25卷，第226页。

③ 《华北人民政府颁布华北区革命军人家属优待条例（1949年1月25日）》，华北解放区财政经济史资料选编编辑组等编：《华北解放区财政经济史资料选编》第2辑，中国财政经济出版社1996年版，第1478页。

重要肯定。具体到山东老区的每一位南下干部留鲁家属来说，按照军属对待，不仅意味着他们在本村、本区享有一份外在的很大荣誉，也能够给他们的生活带来实际的帮助，甚至起到雪中送炭的效果。1949 年山东渤海行署给辖区内军属颁发军属光荣证，证书上载明："所有军属在集会娱乐等场所得坐前排，过年节得挂光荣牌。政府发放一切贷款与各种救济时，在与他人相同条件下，军属享有优先权。军属持证往公共卫生机关治病，得受免费或减费优待。贫苦无劳力或少劳力之军属，得享有全部或一部代耕权。一般军属之无劳力或少劳力者，根据其能力自耕或雇耕一部外，余可酌情代耕。军属全家老少病残者，其日常生活可由一定之邻家代为照料。若代耕人不忠实执行代耕义务时，军属有报告村、乡政府请求代耕权。"① 当然，一方面山东是人口大省，1949 年全国人口约 5.4 亿人，其中山东人口 4500 余万人，为全国各省区人口第二；另一方面山东多数地区是老区，军烈属本就很多，1945 年抗战胜利时，山东解放区有八路军主力 27 万人，占全国八路军总数的四分之一还多，② 其中绝大多数是山东本地籍，此外还有 71 万名民兵和 150 万人的自卫团。解放战争时期，山东群众响应党的号召，踊跃参军支前，党在山东地区动员了 95 万名青年参军，兵员总数冠绝全国，留下的军烈属总量是非常庞大的数字。1949 年 3 月，仅胶东区粗略统计："全胶东烈军工属荣军约有四十余万户。他们的耕地约有四百五十万至五百万亩，占胶东耕地总面积二七八二万亩的百分之十七以上。"③ 在这种状况下，要妥善解决 1949 年山东南下干部家属的军属待遇问题，确实是老区党和政府面临的一项非常艰巨的工作。

在当时的基层，与军属待遇联系最密切的一项照顾政策就是"代耕"。由于相当多的山东干部南下前是家中主要劳动力和唯一的收入来源，其一旦南下，当地政府对其家属的代耕，对保障其留鲁家属的生活

---

① 《渤海行署颁发军属光荣证》，《新华社电讯稿》新 223 期，1949 年。

② 全国中共党史研究会编：《抗日民主根据地与敌后游击战争》，中共党史资料出版社 1987 年版，第 170 页。

③ 《胶东日报专论：一定要把代耕工作做好》，《大众日报》1949 年 3 月 18 日，第 1 版。

就显得尤为重要。而一定要搞好代耕，也是很多南下干部在南下之前向
组织上提出的主要要求。

需要特别指出的是，中央及华北局、华东局对南下干部家属（家
庭）"一律按军属待遇"，对劳力不足家庭实行代耕，是在华北地区全面
取消对工属代耕的背景下实施的政策，因此更显出该政策对于南下干部
家属的特殊优待与保障。所谓"工属"，即革命职员（或称"革命工作
人员"）家属，南下干部家属按照一般身份界定，毫无疑问属于"工属"，
而非"军属"①。然而对"工属"的代耕，在 1948 年 6 月以后即被要求全
面停止②，其目的是减轻农民负担，集中做好军烈属代耕，并解决工属代
耕在地方上被一些村干"认定不清"以及"滥用民力"等现象。按照华
东局的要求，"为减轻人民劳役负担，除军烈属外，工属土地一律停止
代耕"。③胶东区党委 1949 年 4 月指出："关于工属不代耕问题，各地许
多反映，现在通知你们：关于该问题按照在《大众报》上所发表的区党
委复南海地委信中所述原则执行，即贫户农成份无劳动力的工属，通过
群众公议田以助耕，烈属原则上是代耕，但对有劳动力之军烈家属，应
尽力动员其参加互助组，做到自动不要代耕，借以减轻群众负担，并可
改善军烈属与群众关系。地主富农的军烈工家属一般不予代耕，此外如
工属为中农而无劳动力者，亦可通过群众公议助耕。"④在华北局，冀鲁
豫区党委 1948 年 6 月向华北局汇报，关于"工属不代耕法令下达后，

---

① 关于"工属""军属""抗属""烈属"称呼的区别，山东省政府曾做出规定："山东省
政府民字第卅三号命令：自抗战胜利后，'抗日军人'应即改称'革命军人'，'抗日军
人家属'应即改称'革命军人家属'（简称'军属'），政民机关工作人员家属，简称
为'工属'，烈士家属仍称'烈属'，自此通令公布后，凡法令及工作中有'抗属'字
样者，均应改称为'军属'——如'优抗'工作即应改为'优军'工作。"参见《山东
省渤海区行政公署关于抗日军人、军属及优抗工作称呼改变的通令》（1946 年 8 月 30
日），河北省档案馆藏，案卷号：0247-001-0046-0002。
② 当然实际执行中，部分地区并未完全停止对工属的代耕。
③ 《不慌掉一亩地，不饿死一个人！——华东局号召快生产救灾》，江苏省档案馆编：
《红色记忆 江苏省档案馆馆藏革命历史报刊资料选编（1918—1949）》，东南大学出版
社 2014 年版，第 538 页。
④ 胶东区党委：《关于代耕问题的通知》（1949 年 4 月 10 日），山东省档案馆藏，案卷号：
G024-02-0004-009。

干部振动抵抗，地委动摇，经坚持贯彻，各地已开始经群众讨论分别解决。有些工属群众自愿代耕，有些脱离群众严重的工属群众就不愿代耕"。①而各级组织均明确规定对南下干部的家属按军属待遇，实施代耕，可以最大限度地保障南下干部家属在干部离鲁南下后的正常生产生活，这是对广大南下干部家属最为重要的政策关怀。

对南下干部家属实施代耕，有以下几个问题需要注意。首先，要明确南下干部家属符合什么条件可以享受代耕。

华北人民政府对于代耕的条件有较明确的规定。1949 年 1 月 25 日公布的《华北区革命军人家属优待条例》指出："对军属生活的照顾，以组织其生产建立家务为主。组织军属参加各种农副业生产，帮助解决生产中的困难，使其土地产量不低于当地一般农民的收获量，以达到军属生活能相当于当地一般农民生活水平，其缺乏劳动力，而又无力雇人耕种者，经村人民代表会通过后，由村（或乡）政府给予代耕。"代耕原则规定如下：

（一）军属有土地而缺乏劳力者，应尽量组织与动员军属参加农业劳动或采用变工互助解决其一部分劳力问题；仍不足时，得享受代耕。

（二）凡军属土地较多，虽缺乏劳力，但用出租或雇人耕种可以维持生活者不予代耕。有工商业及其他收入可以维持生活者亦不予代耕，不足者可酌予代耕。②

山东省政府 1949 年 2 月 24 日颁布实施的"关于解决革命烈属军属工属复员荣军等生产困难暂行办法"规定："有劳力能全部自耕者，应奖励其全部自耕；部分无劳力者，实行部分代耕；全部无劳力者，全部

---

① 《冀鲁豫区党委六月份向华北局的月终报告》（1948 年 6 月 26 日），《中共冀鲁豫边区党史资料选编（第三辑）·文献部分》（下），第 50 页。
② 《华北人民政府颁布华北区革命军人家属优待条例（1949 年 1 月 25 日）》，《华北解放区财政经济史资料选编》第 2 辑，第 1478 页。

代耕。防止单纯救灾及养成烈军工属之依赖思想。"①

　　根据以上华北人民政府和山东省政府的相关规定可以明确，对享受军属待遇人员实施代耕的基本条件是家庭在生产中缺乏劳力；如家庭不缺乏劳力，或"有工商业及其他收入可以维持生活者"则不予代耕；如"部分无劳力"，则部分代耕，以补其不足部分；同时，鼓励有劳力家庭"全部自耕"，以避免养成"依赖思想"。

　　其次，是认定其符合家庭"无劳力"、需要代耕条件的程序。

　　山东省政府1949年规定，"请求代耕之烈军工属，得将其土地劳力状况报告乡政府，由村代表会或群众会讨论，除自力能够耕种者外，其不能耕种之土地，由代表会或村民会公议，经本人同意，交区政府批准执行"。②1949年3月18日，《大众日报》头版转发《胶东日报》"一定要把代耕工作做好"的专论，也强调了由军属"自报需要代耕的土地亩数，再经群众公议评定"的程序，③即实施代耕，需要有申请者自报申请，经过政府组织群众代表会公议评定的基本程序，以使得真正缺乏劳力的家属享受到符合其实际需要的劳力水平的代耕政策。胶东区并要求"发动群众根据上述原则联系检查自己，并互相检查过去那些人应享受代耕而没有给代耕，那些应该代耕的多而代耕少了，那些人应该代耕少的而代耕多了，那些应该给烈军工属代耕而没有代耕，那些人代耕的好，那些人代耕的坏，以求弄清施肥，评定劳力、畜力，自愿的领取代耕任务，并由群众讨论通过，以求改进代耕"。④

　　最后，是代耕的实施应达到何种标准，何种效果。

　　按照华北人民政府1949年1月要求，"军人其家属享受代耕最高不得超过全村每一劳力的应耕土地亩数（即全村现有劳动力加参军劳动力

---

① 《山东省政府关于解决革命烈属军属工属复员荣军等生产困难暂行办法》，《大众日报》1949年2月24日，第1版。
② 《山东省政府关于解决革命烈属军属工属复员荣军等生产困难暂行办法》，《大众日报》1949年2月24日，第1版。
③ 《胶东日报专论：一定要把代耕工作做好》，《大众日报》1949年3月18日，第1版。
④ 《胶东日报专论：一定要把代耕工作做好》，《大众日报》1949年3月18日，第1版。引文中"那"，即"哪"。

除全村土地亩数）"。①1950 年中央人民政府政务院批准、内务部颁布的《革命烈士家属革命军人家属优待暂行条例》指出，对于军属生活的照顾，"以组织其参加生产建立家务为主。在农村，可尽量组织其参加各种农、副业生产，对土地较少而又缺乏劳动力者，得采用代耕或其他办法帮助其解决生产中的困难，使其土地产量不低于当地一般农民的收获量"。②也即代耕应满足军属家庭基本生活保障，土地产量不低于当地一般水平。

各级政府均高度重视代耕问题。1949 年 7 月 28 日，华北人民政府民政部"召开优军工作会议。参加者有华北军区政治部、供给部，二十兵团政治部，中共中央华北局组织部，各行署、省、市负责人等。会议由华北人民政府副主席兼民政部长蓝公武主持。会议着重提出与讨论了贫苦烈、军、工属生活问题的解决，以及贫苦烈军属子弟入学、优军政策之贯彻，地方与军队的联系等问题"。"关于贫苦烈、军、工属生活问题的解决，一致认为：在农村，优军工作主要是代耕问题。目前由于勤务减少，今后更应该搞好代耕，且代耕必须作为整个大生产工作的一部分，始终能加强领导，获得深入贯彻，并应发动军属与群众生产，动员妇女劳动，才能从基本上解决问题。在确定代耕亩数时，采取'自报公议'的方式，比较能做到公平合理。"③"为检查代耕工作"，"华北人民政府特于八月四日向各级政府发出指示。指出：该项工作应作为各级政府八、九月份民政工作主要内容之一。关于检查代耕工作，指示称：目前立秋已到，处暑即来，大秋作物已完成锄草，早熟庄稼将要或已该收割（如春玉茭、黍子、早熟谷子等），各地应迅速检查烈、军、工属庄稼长的好坏，作为今年组织烈、军、工属生产和代耕工作的鉴证。对好的应予以鼓励，坏的给以批评，并研究改进办法。部分遭水灾地区，应结合

---

① 《华北人民政府颁布华北区革命军人家属优待条例（1949 年 1 月 25 日）》，《华北解放区财政经济史资料选编》第 2 辑，第 1478 页。
② 《革命烈士家属革命军人家属优待暂行条例》，《新华月报》1950 年第 3 期，第 518 页。
③ 《华北人民政府民政部召开优军工作会议　讨论贫苦烈军工属生活等问题》，《人民日报》1949 年 8 月 11 日，第 1 版。

补种工作，组织并帮助烈、军、工属赶种菜蔬、荞麦。进行中，应注意解决其种子、肥料等问题；尤应教育代耕户，防止与克服认为'帮助烈、军、工补种菜蔬、荞麦，是额外负担'的想法。为了保证烈、军、工属多种麦，务须结合积肥运动，号召并帮助烈、军、工属大量割草积绿肥，并应于麦田播种前进行军属积肥检查；秋耕种麦时，保证做到深耕细作多施肥料"。①

1949 年 11 月，平原省转发华北局相关文件，对南下干部家属的军属待遇（包括代耕等问题）做了进一步要求："为巩固南下干部"，"我们首先要有高度的热情，对党对革命负责的态度，及对检查优待工作，根据具体情况均给予适当的照顾及解决其具体困难。解决困难的意见如下：1. 保证南下干部家属在政治上经济上按军属待遇，使其受到在政治上的光荣地位，在经济上如贷款、贷种子、发救济粮等福利事业，享有优先权。2. 在土改已结束地区，主要是解决生产中的困难，作好代耕工作，组织互助领导积极生产、改善生活。3. 在新区要在土改中予以适当照顾与优待，同样要积极组织互助生产提高产量改善生活，避免将分到的生产资本吃掉。4. 对家庭现确没饭吃的，要予以救济，如贷款扶持生产，帮助解决生产出路，使其能生产自给。以上规定望迅速研究执行，务于十一月底作专门报告"。②其根本目的仍是要坚决落实南下干部家属的军属待遇，对南下干部家属进行救济，务必保证南下干部家属的基本生产生活。

当然，代耕只是优抚工作的一个重要方面（农村优抚工作的最重要内容）。除了代耕外，南下干部家属还能享受哪些军属待遇呢？根据 1949 年《山东省政府关于解决革命烈属军属工属复员荣军等生产困难暂行办法》的明确规定："一九四九年脱离生产去新区干部之家属其待

---

① 《华北人民政府指示　检查代耕保证秋收》，《人民日报》1949 年 8 月 11 日，第 1 版。

② 平原省组织部：《华北局组织部向各地市县委组织部并直属党委、总支的通报及省组部规定》（1949 年 11 月 10 日），莘县档案馆藏，全宗号 2，目录号 1，案卷顺序号 42，文件号 3。

遇与军属同。"①在具体待遇方面，规定除了可请求代耕外，还有以下内容："其因丧失劳力，家中无人寻柴、担水、送粪者，可经群众讨论实行专工固定帮助，其工可抵折公差、勤务"；"口粮困难，致无力生产者，可经村政府与村农会共同讨论，在分配贷粮、贷款及其他社会救济时，尽先予以照顾"；其家庭之公粮田赋负担，"须酌情减免者，依照本府颁布之征收公粮田赋办法中减免规定执行"。②

"一九五〇年的春节即将到来，这是中华人民共和国成立后的第一个春节，同时革命战争业已取得了全国范围的基本胜利"，"但我们山东地区连年遭受蒋匪帮摧残破坏，加以去年灾荒严重，人民生活极苦，尤以烈军工属等为甚"。③据此，1950年1月，山东省人民政府再次对优待军属与做好代耕工作做出了明确要求：首先，"各级政府必须把拥护军队，优待烈军工属和复员荣军，作为政府经常的任务和职责，并必须教育人民，把这些工作看作新民主主义国家中的制度与每个人民应尽的义务，因此必须树立起永久的牢固的拥护军队优待烈军工属和复员荣军的思想，对人民进行时事教育，拥军教育，使人民明确认识，没有人民解放军的英勇战斗与流血牺牲，便不会有今天的胜利，也不会有中华人民共和国的成立"。其次，春节期间应以村为单位，检查一年来优待烈军工属工作，"定出公约和代耕计划，对有劳力的烈军工属和复员荣军，首先应组织扶持他们生产达到自救，对无劳力的烈军工属和复员荣军，须特别照顾，不使荒地，不使冻饿，凡是烈军工属皆应根据其不同的生活情况分别的加以救济与安置。根据当地需要，发动自觉自愿的社会互助，有计划的发放春节优救粮，防止平均观点，保证不使任何一个烈军工属和复员荣军流离失所"。再次，"在农村做好代耕工作"，"是保证烈军工属和复员荣军生活、发展生产、巩固部

---

① 《山东省政府关于解决革命烈属军属工属复员荣军等生产困难暂行办法》，《大众日报》1949年2月24日，第1版。
② 《山东省政府关于解决革命烈属军属工属复员荣军等生产困难暂行办法》，《大众日报》1949年2月24日，第1版。
③ 《山东省人民政府关于春节拥护军队优待烈军工属和复员荣誉军人的指示》，《青岛日报》1950年1月26日，第1版，青岛市档案馆藏，案卷号：D004280-00768-0003。

队的主要关键之一"，"应抓紧时机整理代耕组织，根据具体情况，创造新的好的代耕办法，优先为缺乏劳力的烈军工属和复员荣军进行代耕，并推广'包产量'的'固定包耕'制度，以保障其生产收获"。最后，在春节期间用各种形式进行慰问，（如写慰问信、开座谈会、联欢会、及向烈军工属和复员荣军贺年等）给予安慰鼓舞，以表达人民尊敬之意"。①2月，山东省民政厅"统一烈军工属等证件"，"革命军人家属证、革命工作人员家属证"等"分发各地区，统一使用，并规定使用办法"："军属兼工属者，只发军属证，不发工属证"，"以县市为单位颁发，分类编号，并在第二页之年月日处与存根骑缝中加盖县市政府方印"。②

　　1950年12月《人民日报》社论指出，"优抚工作是一个复杂细致的组织工作，各项优抚条例虽然已把一般原则作了统一规定，但执行时必须依据当地具体情况，创造更多的切合实际的办法，防止机械搬用条文的偏向。以代耕为例，有的地区实行大包耕，有的地区实行小包耕，有的地区则因烈军属数目悬殊很大而实行了以区乡为单位的劳力统筹。这种依据具体办事的精神是应该提倡的。但有的地区不问烈军属及革命残废军人有无劳力畜力，也不向他们进行必要的生产教育，只简单地规定一律代耕，助长了平均主义，浪费了民力。这种不依据具体情况办事的作法是应该极力避免的"。③

　　2. 山东各地区的实际运作情况

　　山东一些地区对于南下干部留鲁家属的军属待遇与代耕问题经历了由一般对待逐渐转变到高度重视的过程。当然由于面临的实际困难及经济、社会环境等不同，山东不同地区对于广大南下干部留鲁家属的军属待遇与代耕工作实际执行的效果也有较大差别。

---

① 《山东省人民政府关于春节拥护军队优待烈军工属和复员荣誉军人的指示》，《青岛日报》1950年1月26日，第1版，青岛市档案馆藏，案卷号：D004280-00768-0003。

② 《统一烈军工属等证件　省民政厅印制颁发》，《青岛日报》1950年2月16日，第1版，青岛市档案馆藏，案卷号：D004280-00704-0003。

③ 《认真贯彻优抚政策》，《人民日报》1950年12月14日，第2版。

（1）胶东地区

对南下干部家属本来应按工属对待，在干部南下后，其留鲁家属应享受军属待遇，这就涉及由工属向军属的身份及待遇转变的问题。南下干部家属由工属向军属身份及待遇转变的过程，可从胶东区东海地委的情况中得知具体情形。东海地委在 1949 年下半年初步总结了该地委下辖各县对南下干部留鲁家属转为军属待遇的具体过程、转为军属后的实际效果及南下干部留鲁家属的反映等情况。

首先，是"工作布置情况"。"县里一般的都是由县委通过区干会布置到区政府下达通知，区上通过村干会贯彻到村，较好的县如：昆嵛曾连续在区干会上布置了三次，各区亦都在村干会上详细讲明转为军属待遇的意义等，打通村干思想，求得重视这一工作，但在村子里的布置执行，即较差，一般的都是在村民大会上一说就算了，部分的有连公布都不公布，只是干部到本人家里一说，如昆嵛管山区，全区共有 55 户南下干部家属，只公布了 44 户（先走的），余者 11 户，只是村干部到本人家里去谈谈，群众是不知道。少数村子布置较好，如昆嵛县管山区鲁家埠村共四户南下干部家属，村干部在全村大会上公布了，并说明为什么南下，是为群众服务，为给我们争幸福，是光荣的……我们为使他们在外安心，就要好好照顾他家里……"①

其次，是"现在转的情况"。"按总的情况看是全部转为军属待遇，只有少数的因不在本地工作，南下时原籍不了解，亦无介绍信等原因，没有转，个别的也有是村干忽视没给转，如石岛市共南下干部 16 名，仅一名是市里民主街（其他皆是外籍），致到现在还没有转。再如昆嵛套河区四泉村，潘连凤，初次到财经学校学习后南下到上海，村中知详，但由于村干部闹宗派，致到现在没给转，该区下徐村，王□□，□□等同志南下后，由于村中不知详细也没给转。"②

---

① 东海地委：《对南下干部转为军属待遇的检查及典型报告》（1949 年 7 月 2 日），山东省档案馆藏，案卷号：G024-01-0501-013。
② 东海地委：《对南下干部转为军属待遇的检查及典型报告》（1949 年 7 月 2 日），山东省档案馆藏，案卷号：G024-01-0501-013。

再次，是"转后村中照顾情况"。"一般的转好些，无论在政治待遇上，或生活照顾上，都有转变，但也有的村子转与不转没有分别。"

（1）较好的村如：文登高村区南滕圈村有两户以前照顾不好，缺劳力，亦没给代耕，自转为军属后，工属光荣牌子也换了，也给固定代耕，群众也都很尊敬，都说人家这家走远了，家里没人照顾，咱全村应该负责。威海凤林区旧里村，原工属只给助耕，转后马上给固定代耕。昆嵛县管山区鲁家埠村王士所、于贵礼、王芝男、邹积福四个同志南下后村中马上给转为军属待遇，无论在那方面照顾都很好，王史南同志家里四口众（女人与三个小孩），无劳力，以前村中只给代一部分地，转为军属后马上给固定代耕，今年的□禾已锄三遍，地瓜、花生也锄过二遍，麦子收成的比一般人的也较好。

（2）较差的村如：威海羊亭区王家村工作不好，干部不负责任，王根导同志南下后转为军属，只是个名，什么也没有改变。文登高村区后泊村工作不好，金立岑同志南下后家中八口，两个正劳力一个半劳力，仍得给别人代耕。[①]

最后，是南下干部家属自己的反映。"1. 好的反映一般是南下家中思想通，村中照顾较好的，如牟平崔垛区柳家村，柳淑□南下后捎回相片，穿着军装背着枪，村中见信后又给转为军属，照顾比以前好，他母亲说共产党到底是好，贫苦伶仃，女的也能背枪，家里也可沾光，崔山区西李疃村刘才光四口家十亩地无劳力，南下前无人干活，生活困难，自转为军属村中给固定代耕，初走时家里不放心，认为再不能回来了，自捎信来家后，家里很高兴说：共产党就是会办事，走远了家里也照顾着。2. 不好的反映：如文登高村区新店子村，于士桂南下，家中思想不

---

① 东海地委：《对南下干部转为军属待遇的检查及典型报告》（1949 年 7 月 2 日），山东省档案馆藏，案卷号：G024-01-0501-013。

通，走时没告诉家里，说到徐州去，走后回信告诉家中，就要过长江，他父就吃着饭把筷子都摔了，他老婆说军属工属还不是一样，人可走远了，照顾有什么用（主要是怕离婚）。海阳东村区沟子泉村，宋存礼两口家，父亲有重病，走后村中照顾很满意，就是反映上级不该叫他儿子南下。"①

总的来说，从东海地委对南下干部家属转为军属待遇的总结报告来看，正如地委总结指出，对于南下干部留鲁家属转为军属待遇的问题，由于各项基层工作千头万绪、任务繁重，军烈属数量巨大，加之主观重视程度不足等原因，"在东海从上到下是有些忽视，这表现在只有布置没有检查总结，致到现在已转为军属的有多少？尚有多少没转的等全面情况是不了解，转后是否真正享受了军属待遇，更是不清楚"，因此只能就目前各县上报的"部分区村好坏典型"情况进行总结。但是从各县汇报上来的具体情况看，除了极少数由于"不在本地工作，南下时原籍不了解，亦无介绍信等原因"而未能转外，其他均已按中央要求"全部转为军属待遇"，并安排了相应的代耕（以固定代耕方式为主）照顾工作。少数初期没有转成军属待遇的南下干部家属，在取得干部南下后捎回的照片、来信等证据后，村里也给迅速转为了军属待遇。从南下干部家属自己的反映看，他们大体对于村里的照顾是"高兴""满意的"。②

胶东区的西海地委 1949 年 7 月在《关于南下干部家属按军属待遇问题执行情况报告》中指出："各县自接到上级指示后，一般的都作到了布置宣传达到区村，进行较好的县如：掖南县委曾在区委书记会议上连续布置过二次，县府亦有明文通知下达，在南下干部未走前，即普遍贯彻，全县所有南下干部家属，除在政治上与军属完全享受同等待遇外，而在物质上（主要是代耕）也按不同条件分别待遇。掖县崮山区南下工属徐永家同志的家里，地二十余亩，除其父亲系正劳动力自己耕种四亩

---

① 东海地委:《对南下干部转为军属待遇的检查及典型报告》(1949 年 7 月 2 日)，山东省档案馆藏，案卷号：G024-01-0501-013。

② 东海地委:《对南下干部转为军属待遇的检查及典型报告》(1949 年 7 月 2 日)，山东省档案馆藏，案卷号：G024-01-0501-013。

外，其余全系村中代耕。"在转为军属待遇后照顾较好的潍北县，"除布置传达外，同时又结合着中心工作，进行了深入的检查，该县所有南下工属完全作到了按军属待遇"。"另也有的县注意的不够，如昌南县委在一般的布置上强调的不够。县委驻村的饮马村干群众在麦收时才知道南下干部按军属待遇，又如昌北反映村干拥军观念差，对照顾军属表现了避重就轻，竟把对南下干部家属按军属待遇的指示不向军属与群众宣布，甚至认为是麻烦；另也有因南下干部与村干存在矛盾，而发生土地代耕无人管的现象，这种情况恐怕不算奇怪。"西海地委总结指出，"总之各县对此一工作只能说是一般作到了传达布置，而对于到村的情况究竟如何，各县都欠检查与强调，因此情况了解的就很片面零星"。①

胶东区的北海地委在总结南下干部家属转为军属待遇，实施代耕与救济的情况时指出："在政治地位上均提高了一步，按军属优待□，从县到区村都贯彻辖区，重视了这一工作。"其表现在：

1. 当南下干部临走前，为很好照顾其家属，解除南下干部的顾虑，各县均成立了"南下干部家属照顾委员会"，办理与登记南下干部家属的问题，实行总交待，该委员会与政府具体负责督促检查对南下干部家属的优待问题。

2. 各地均将南下干部家属按军属优待，很多村庄，当南下干部走后，村干与青妇队员俱亲自去慰问，如蓬莱北唐家村刘仪生家属，村干去慰问三次，同时因该同志家属是一老母亲，须找一可靠的邻居给她赶集；龙口刘际述家属，村干去慰问数次，其他县此种现象也很多；龙口遂派县区干部专人去进行慰问；蓬莱城□区分区书记亲自到韩□韩兴思家慰问过三次。

3. 在各种贷款与救济上均与军属一样享受优先权。②

① 西海地委：《关于南下干部按军属待遇问题执行情况报告》（1949 年 7 月 2 日），山东省档案馆藏，案卷号：G024-01-0501-015。
② 北海地委：《关于对南下干部家属照顾情况》（1949 年 6 月 25 日），山东省档案馆藏，案卷号：G024-01-0501-014。

北海地委对南下干部家属的代耕安排情况是较好的："实行固定□代耕，过去没有代耕的，这次是固定了，有的县（如蓬莱）当南下干部走后，布置各村重新整理代耕组织，保证南下干部家属的土地固定代耕；南招在春夏两季生产工作中，曾屡次检查军属（南下干部家属在内）代耕。"南下干部留鲁家属的"各种代耕与救济均享受优先权，及时帮助解决困难问题，龙口环龙区邹玉林（南下干部）因家庭困难，一次救济粮卅余斤，蓬莱五区卅里店村王玉□家，除代耕其土地外，春期救济粮170斤，救济郝宏德粮60斤，生活上均照顾得很好，从北海春季贷款的比数上看，单（南下干部在内）烈军工属贷款占总贷款数百分之卅，黄县汶南区贷款，军属占五分之三口，贷粮数占三分之二，招北在贷款上，军烈荣工属占百分之四十六，也不算少"。①

做好干部南下后的家属救济、优待工作，仅仅依靠基层政权是远远不够的，必须充分依靠群众、相信群众，引导、发动群众做好南下干部家属的优抚、代耕工作。多数群众对于优待南下干部家属也表示赞同与支持："群众也提出先军属（南下干部家属在内）后自己，使军属的土地和自己一样的增产。从南招、龙口、蓬莱三个县的报告来看，可以看出对南下干部家属的代耕一般的还算不错，如南招招城区北关四村李春光，李家庄村李□春（均系南下干部家属）家庭代耕与生活均很好，毕郭区姜家村三户南下干部家属反映代耕均很好，只有张□武有三亩苞米，现麦只锄了一遍，其他应锄过二遍，今年小麦打的也很好，蓬莱五区卅里店村王玉欣家有两个半劳力，廿亩地全给代耕，郝宏德家也固定代耕，生活照顾也很好，孙□祖家无男人，除将土地全代耕外，并因隔井太远，村里固定人供给吃水。"②

当然，北海地委在南下干部走后，对其留鲁家属的照顾工作也有

---

① 北海地委:《关于对南下干部家属照顾情况》(1949 年 6 月 25 日)，山东省档案馆藏，案卷号: G024-01-0501-014。

② 北海地委:《关于对南下干部家属照顾情况》(1949 年 6 月 25 日)，山东省档案馆藏，案卷号: G024-01-0501-014。

一个从一般对待到高度重视的过程，北海地委也及时发现并进行了总结："开始第一批干部南下，有的县（如蓬莱）对这一工作还未引起重视，第二批才较前重视了，从地委领导上检查，虽然成立了南下干部家属照顾委员会，当时是重视了这一工作，但以后却松下去，放弃了领导与检查这一工作，没有发挥其应有作用，政府对这一工作也不够重视，没有具体布置检查。"群众在对南下干部家属照顾的认识上起初也有一定局限："南下干部家属的照顾，还没有造成群众性的运动，只限制在法令规定上，没有逐级进行思想教育，使干（主要是村）群认识南下干部，是去接管天下，到新区与敌人开展斗争，彻底打垮蒋介石反动派，争取全国胜利，使群众在思想提高的基础上自觉的开心照顾南下家属，因此有些地区，虽然公布了南下干部家属享受军属待遇的法令规定，但群众没有从思想上接受，对南下家属在照顾上没有什么两样，如有的南下家属反映和以前没有什么两样。黄县城厢镇柳行村一南下区干家属（妻）反映说：'过去虽是工属，但小孩他爹在镇公所工作，离家很近，能经常来家帮助料理料理，村里对俺照顾也很好，自从他走后，家里也没有人帮助打算了，村里照顾也不如以前了'，从这反映可以说明我们的村干在对军属的照顾上存在着人在情义在、与重近轻远的现象。""因领导□上没有注意经常检查，再加群众没有从思想上接受这一问题，因此有些户照顾的不够好，没有帮助解决其具体生产与生活上困难问题。"[①]以上问题还需要当地广大干部群众继续予以解决。

1949 年 7 月，胶东区党委向山东分局提交《关于南下干部家属照顾情况报告》，其中指出："干部南下期间，为妥善处理南下干部家属问题，当时区党委及各地委均成立了南下干部家属管理委员会，县并有专事函通知到村，确定南下干部一律转为军属待遇，逐级进行了传达动员，讲明了南下的意义。今春区党委几次专论指示强调做好优军代耕工

---

① 北海地委:《关于对南下干部家属照顾情况》(1949 年 6 月 25 日)，山东省档案馆藏，案卷号：G024-01-0501-014。

作，当作生产中的经常任务去进行。"① 具体而言，各地"皆作专题研究，进行了检查总结整理，一般的作到固定代耕，无劳力者并确定专人负责零活。生产中群众提出保证军属多打一成粮口号。五龙县路裕庄姜相人同志，南下后家里四个人十五亩地，除留给可能自耕的部分外，固定代出十亩，种五亩小麦收一千斤，种五亩春苗头麦锄三遍，地瓜花生芋头等共三亩头麦锄一遍。村、团长并分工帮助他家计划打算生产，所以庄稼的耕种修锄收割均很及时。蓬莱北唐家村刘仪生同志家里只有一个老母亲，该同志南下后，村干部去慰问三次，并找一个可靠的邻居给他赶集，有专人打水。似此等情，各地渐成惯例，不一类举"。②

在"贷款救济方面"，胶东区对南下干部家属，"和军属一样享受优先，北海春贷比数，烈军工属占30%，北招县占46%，黄县汶南区贷粮占70%，纠正了乱筹乱募的作风后，群众自觉性的优军行动，各地也呈显不少，蓬莱三十里店王玉欣同志南下后，除固定代耕外，并享受救济粮170斤。春季区党委号召机关通知捐献一个月的结余粮救济困难军属，立即受到各地响应"。③

（2）鲁中南区

1950年2月，鲁中南区对南下干部留鲁家属照顾问题做出了较为系统的总结。总体来看，鲁中南区"各地委对南下干部家属照顾是较重视的，在干部南下后，各级干部均能亲自到各家属家去慰问等工作"。在代耕工作上，"南下干部生产生活上作到了保证在生产中，大部作到以固定代耕或分组保证，只有部分新区，仍拨工办法代耕。五地（委）南下189人，战士28人，其生产有1/3作到固定代耕40%—50%，分组保证只部分的临时拨工，已有80%锄过二遍，个别已锄过三遍，有个别计划锄四遍，家属说：'过去不管咱，现在也给代耕了，生产不成

① 胶东区党委：《关于南下干部家属照顾情况报告》（1949年7月3日），山东省档案馆藏，案卷号：G024-01-0301-004。
② 胶东区党委：《关于南下干部家属照顾情况报告》（1949年7月3日），山东省档案馆藏，案卷号：G024-01-0301-004。
③ 胶东区党委：《关于南下干部家属照顾情况报告》（1949年7月3日），山东省档案馆藏，案卷号：G024-01-0301-004。

问题。'"[1]"一地（委）南下干部 325 人，□次代耕 163 户，现代耕 162 户，1438 亩，大部固定代耕，临时拨工有 38 户，320.7 亩，今年麦子均锄过一遍，有水井的则按时浇水，只有两户未作到保证。在今春生产救灾中军工烈属很多到政府要求想办法，但很少是南下干部的家属，太安县[2]南下干部 73 人，有 32 户不用代耕的，其余 32 户有了保证，9 户尚无保证，家属反映家里生产有保证，打仗牺牲也不要紧。二地委一般是按变工组来保证小部基础好的，老区作到了按户固定代耕，在新区如新太[3]、太宁[4]一般的是小拨工的办法，作到固定代耕的还很少，但一般有了保证，只个别地方还未有保证，蒙阴岳家庄家属说：'今年的生产比过去好，过去是拨工种，今年不拨工很好。'六地委南下干部 810 人，战士 190 人，共 1000 人，估计种地 11250 亩，一般作到了固定代耕，及时耕种占 85%，耕种 9562.5 亩，在基础差的半老区有互助组里分配负责，新区以全村拨工办法进行，但绝大多半保证及时，如日照城关区，刘文玉、□元良两人的地在麦收前，已锄过三遍，群众锄二遍，比群众已多锄一遍。三地委其南下干部 420 人，实行按户固定代耕的，占 15%，以组代耕的占 60%—65%，拨工的占 25%—30%，淮安沂北安丘三县了解苗子均已锄过二遍。"[5]

鲁中南区除对南下干部留鲁家属的"生产帮助解决外，并注意了其生活上的照顾，对生活困难的进行了救济，发动了社会互济……并在处理麦田悬案或分果实，先照顾了南下干部的家属，如五地委对南下干部照顾的比军属照顾的还要好，在获救济粮与贷款贷种中，首先照顾了南下家属，有的在救济中，获过四次救济粮，麓水徐庄李茂昌 12 亩地

---

① 鲁中南新海连市民政科：《对南下干部家属照顾一般的情况》（1950 年 2 月 10 日），山东省档案馆藏，案卷号：G038-01-0213-007。

② 太安县，即泰安县。下同。

③ 新太，即新泰县。

④ 太宁，即泰宁县，属鲁中南区二地委，因与福建省泰宁县重名，1952 年山东泰宁县改称"徂阳县"，1956 年徂阳县撤销，其所辖区域分别划入泰安、宁阳、新泰、泗水等县。

⑤ 鲁中南新海连市民政科：《对南下干部家属照顾一般的情况》（1950 年 2 月 10 日），山东省档案馆藏，案卷号：G038-01-0213-007。

四口人，半劳力，土地固定代耕，给他保证锄五遍，高粱已锄二遍，救济二次 60 多斤粮，峄县阴平区，过去分区书南下，其家 3 口人，五亩地，在处理土地悬案时，又分给五亩麦田，救济四次 87 斤粮，供给他五亩地的豆种，六亩地高粱种。一地委太安在处理斗争果实时，先照顾南下家属，岱峰区大马庄张胜海，南下后家里只剩一弟弟，村干照顾很好，柳行中农张培和，南下后，因生活困难，救济 138 斤粮，范镇区王东仁之母亲，无场园，分给场园 0.35 亩，地 5 分，家属反映'当作军属真光荣'。二地委在社会互济中与调剂中，帮助解决困难家属，一般生活上有了保证。六地委竹庭坚，王连唐之妻，村里供给他棉花纺线，解决困难，东海县有一组织委员南下，其父有病，我们帮忙治病，反映很好"。[①]

该区对南下干部家属的照顾，从一地委章丘县的情况中也可窥见。1949 年 9 月 2—3 日，章丘县政府特派干部慰问参加西南服务团的干部家属。县里干部慰问调研情况如下。

一是生产情况。该县参加西南服务团的干部家属一共 12 户，内有 2 户无人口，其余 10 户当中，有 5 户代耕户拨工：雷明亮、焦裕保、陈国鉴、孙兆庆 4 户家属均是固定代耕，苏到长是拨工，都达到生产有保证。"如青胡区长三行村村干张如松、王洪生，孙村区西沙沟村村长季书和均表明态度，保证给军属种好地，及时收割耕种，并认识到给军属代耕是应尽的义务。"其他五户军属均有劳力，不用代耕，"如南明区石屋村军属陈国鉴之家属地 18 亩人口 20 口，有四个整劳力，一个男半劳力，还有四个女半劳力，一头牛，一头驴子，自耕是一点问题未有。北明村军属李厥玉家有二位兄长是正劳力，现在打铁，有些收入，生活能够维持，人六口，地四大亩，都能自己种，所以不用代耕"。[②]

二是生活情况。"在 12 户除去两户无人口的 10 户，一般生活是能维持的，比较好的，如南明区北明村李厥玉家属六口人，四大亩地，两

① 鲁中南新海连市民政科：《对南下干部家属照顾一般的情况》（1950 年 2 月 10 日），山东省档案馆藏，案卷号：G038-01-0213-007。

② 《章丘县慰问西南服务团干部家属情况》（1949 年 9 月 6 日），山东省档案馆藏，案卷号：G038-01-0138-038。

个哥哥又能打铁，生活是有保证的；西石子口村焦裕保家属每人平均半亩大地，有焦裕坡代耕，中农生活，自己说：'我很满足，代耕户又负责，不用我管，打粮食还用不了，说他男的不来家当不住我过日子。'"①

三是家属情绪情况。"如石屋村陈国鉴的父亲说：我儿子走时就说消灭不了国民党不回家，走时很有决心，我也不指望他回家，我家生产也受不到影响，我还有四个儿子，四个儿媳妇，有一驴一牛，女人都下手，没有困难。如孙兆庆的母亲说：自你参加革命以来，家的村干对咱照顾很好，县府又亲自送来咱军属证和亲切的慰问，并和村干研究对咱家的秋收秋种、修理房子还保证作好，找上了商德中等四五人专管咱家生产种地，说把国民党打干净了，全家才得到更大的光荣。"②家属思想觉悟普遍较高，情绪较稳定。

鲁中南区还及时总结了尚未解决好的问题："对南下干部家属虽一般重视，但还有很多不够的地方，特别新区还未完全作到代耕，有个别区或个别户还未保证，如因地委虽强调了，一般也保证了春耕春种，但因固定代耕的不多，只平邑县一、三区固定代耕的才占25%，而形成任务观点，前紧后松，经地委指示后，在查荒中查出平邑二大河崖前村，还存有30多亩地未耕，对抗属代耕了草，不耕地边，打砘子只打边，种花生偷花生种等现象。一地委太安县七庄区朱干臣家里有几间房子，全部埋了，未整理，下巷区李官庄顾镇川无劳力，在四月后才出粪。二地委还有个别家属，村里不管不问，沂东县良水区，种上苗子还未锄，蒙山县白阜区王化元，村里对他帮助不够，要一时期的饭，因此有个别家属发牢骚。"③总的来说，鲁中南区对南下干部留鲁家属照顾情况是基本较好的，无论在组织慰问、固定代耕、社会互济还是处理土改悬案问题上都给予了南下干部家属较多照顾，甚至有的地区（如五地委）反映"南

① 《章丘县慰问西南服务团干部家属情况》（1949年9月6日），山东省档案馆藏，案卷号：G038-01-0138-038。
② 《章丘县慰问西南服务团干部家属情况》（1949年9月6日），山东省档案馆藏，案卷号：G038-01-0138-038。
③ 鲁中南新海连市民政科：《对南下干部家属照顾一般的情况》（1950年2月10日），山东省档案馆藏，案卷号：G038-01-0213-007。

下干部照顾的比军属照顾的还要好"。南下干部家属也多"反映很好",表示"当军属光荣"。该区对南下干部家属照顾得不好的地区是少数。

（3）渤海区

渤海区南下干部家属的军属待遇与代耕具体情况,可以从渤海区的垦利专署和泺北专署的情况看出。以垦利专署（原称四专署,1949年6月改为垦利专署,下辖无棣、惠民、阳信等8县）为例:"我区所属各县一般的在省府通令与本署的号召督促下,各县对南下干部家属按军属优待这一工作都执行起来了。有的县份将这一工作下达到区乡村后,并由县府主要负责同志或亲派干部到家属家去慰问。（如垦利县民政科长李复吾同志亲到南下干部陈金明同志家去慰问）,一方面了解照顾的情况。这说明了我区所属各县对南下干部的优待都重视了这一工作。"专署还公示了"好坏事例"。坏的事例如:"无棣县车镇区西邓村刘春林同志南下后,村干不关心,区里布置下去,他说一定能做到,但结果未实际施行。以致区里的工作同志住在该村召开烈军工属会议时才查出来。区里对村干进行了批评教育,又重新作了布置。现在村里用四个代耕户给刘同志家中代耕十亩地,各地都是锄了三四遍。"好的事例如:"蒲台乔庄区乔庄村南下干部刘乃亭家庭贫农,种四大亩地,五口人,自刘同志南下后,村中按军属待遇照顾,四亩田全部代耕（固定户）。今春种地以及锄地都做的很及时,家中零星活（搬水泥屋,拉粪等）都是固定户给他做,每大亩（72亩）评工廿六个（零活在内）。生活方面也不错,政治地位与军属同样优待（这是该家属口中反映出来的）";"无棣县车镇崔家庄南下干部刘玉度","有地十二亩半,走后,村中全部给代耕着（共用六个代耕户,固定代耕法……）,锄的和自己的地同样干净,甚至比自己的地还重视"。[①]

泺北专署（原称二专署,1949年6月正式改称泺北专署）下辖临邑、宁津、齐河、商河、济阳、德县、禹城等13个县（市）,地域包括

---

① 渤海区垦利专署:《垦利专署南下干部家属按军属优待的报告》（1949年9月4日）,案卷号：G005-01-0039-005。

今山东省济南市、德州市的部分地区，专署机关驻地临邑。泺北专署指出了"南下干部代耕工作"形式："代耕办法以固定户代耕为主，个别的仍有大拨共得部分固定组，每人固定地块（有的不固定地块既小于拨工）。"随后举例说明南下干部家属代耕的具体情形，对"好的""一般的""不好的"例子各举三个。

首先，举好的代耕例子三个：

1. 济阳城关区马管寨村王乃吉，人3口，夫妇都参加革命工作，家中只有老父一人，有地（360步）十亩，由王若福王若泽全部代耕（该二人和王等吉同志系叔兄弟），固定产量，每年给军属麦子粗粮各五百斤，柴火管着烧，公粮田赋等概由代耕户负责，立有公约各持一纸。

2. 齐河太平区三教堂范东秀人7口，地18亩（360步），无劳力，由刘大义萧福刘和各代耕三亩，谷子高粱已锄了四五遍，造井泥房代耕户都是自动来干。

3. 该区付庄蒋秀本家有3口人，无劳力，地9亩（360步），租出5亩，每亩租价2.5□（每□75斤左右），代耕9亩，谷子高粱已锄过五遍，挑水掘粪等零活都是代耕户负责。[1]

其次，列举"一般的"代耕例子三个：

1. 商河城关区向王庄，王德章，人4口，地9亩，无劳力全部代耕，由杨保之、魏清太、王仁泉等三组代耕，旱田锄到四遍，晚田锄到两遍，零活由郑本法负责，挑水由魏清太负责。

2. 陵县二区李冲天庄，李祖和人7口，地17亩（240步），由李尔安、李绍振各代三亩，代种的棒子已锄到9遍，和其他农民之

---

[1]　泺北专署民政科：《南下干部代耕情况报告》（1949年8月），山东省档案馆藏，案卷号：G005-01-0039-016。

地施种的差不多。

3. 临邑懈官区梁庄石玉兰全家 6 口人，半个劳动力，地 13 亩（500），村里照顾了 8.5 亩高粱棒子，锄了三遍谷子，豆子两遍。因地经不得锄，而有草，现代耕户 14 人，准备将草拔净，棉虫也是代耕户打的。[①]

最后，举出"不好的"代耕例子三个：

1. 济阳垛石桥区太平庄，谢洪奎人 3 口，地 8 亩（360 步），无劳力，由谢洪升、吴甲礼、杨佃青三人全部代耕。有活现去叫，管饭还嫌弱。锄地时到地头上下棋、睡觉，按遍数，棒子锄三遍，豆子锄了两遍。家属说：遍数和别人一样，就是草少。

2. 商河城关区袁庄王仁富地 8.5 亩，人 5 口，半劳力一个。村中由王法步代耕 4.5 亩，也没固定地块，现在该户荒了 2 亩豆子。王仁富之女人去找村干说：俺有二亩豆子很荒，满地里是草怎么办呢？村干说你个人去拔呀，有事就来找俺，像你们这样的家属，我们还管不过来呢！

3. 禹城安仁区安仁北街李怀月人 2 口，地 9 亩，确定两户代耕 5 亩地，代耕户说，我没有吃的，你若管我饭，我就好好给代耕，若不管饭，即时就不给你代耕。[②]

另外，专署又列举了"两种类型家属"，共举三例。
一是家属态度比较好的：

1. 商河沙河区王明芝庄：王洪智人 5 口，地 7.5 亩，无劳力。

---

① 泺北专署民政科:《南下干部代耕情况报告》(1949 年 8 月)，山东省档案馆藏，案卷号：G005-01-0039-016。

② 泺北专署民政科:《南下干部代耕情况报告》(1949 年 8 月)，山东省档案馆藏，案卷号：G005-01-0039-016。

代出 3.5 亩。由王洪浩、王玉奎等四人代耕，并有民兵队长王浩礼掌握高粱谷子锄到三四遍，耕拉锄耩很及时，不用家属操心。王大爷说：孩子没有南下时，去年我自己种地，还没今年长得好。

2. 济阳稍门区刘安冉家郑付荣人 3 口地 19 亩，全部代耕，代耕户芦传仁、张汉芳、张汗泉耕种及时，零活不误，家属说：照顾的不错，我儿不在家可不好来。[①]

二是家属自身有不好习惯的：

3. 惠济常王区汪乡商庙村程乃立地 16 亩，军属大爷程振起在村任村公安员，45 岁，好玩，经常喝水［酒］，隔一个时期就喝一次酒。村子不同意给代耕，现时常给他拨工，这次已经给他提出，要与程振起大爷进行教育，参加劳动，改造其好吃喝水［酒］好玩的现象。[②]

由此看出，专署对代耕工作是非常重视的，及时表扬先进，鞭策落后，体现了对广大南下干部家属的关怀。而且专署认为，代耕工作要搞好，既要安排并教育好代耕户，积极代耕，不能将代耕视作"额外负担"，也要认真教育、引导好被代耕户（南下干部家属），改变部分被代耕户"好吃懒做"，有劳力不参加生产及生活散漫的习惯，使之认识到一方面可以享受政府优待，另一方面自己也应积极参加生产，养成良好生产生活习惯，双方在基层组织的协调下共同努力，保证南下干部家属的正常生活。

从山东各地区对南下干部家属执行军属待遇、实施代耕的具体情况看，首先，贯彻了高度重视的原则，各地普遍认识到这是为了保证全国胜利完成革命任务的"经常性的组织工作，而不是临时性的突击工作"。其

---

① 泺北专署民政科：《南下干部代耕情况报告》（1949 年 8 月），山东省档案馆藏，案卷号：G005-01-0039-016。

② 泺北专署民政科：《南下干部代耕情况报告》（1949 年 8 月），山东省档案馆藏，案卷号：G005-01-0039-016。

次，积极启发群众觉悟，自觉自愿进行代耕，改变群众过去一些错误的认识，如认为"代耕是'打劳役''完成任务''背着锅扛活的'的不正确思想，因而在行动上则采取'磨洋工''打毛子工''应付差事'的消极态度"，[①]要使广大群众真正意识到"为谁代耕""代耕是公民的义务"。[②]正如《中央人民政府内务部关于加强代耕工作的指示》中所说："必须认识代耕是一种社会互助行为，不能单纯看作劳力负担。不断启发群众的政治觉悟，是作好代耕工作的前提。"[③]再次，严格了代耕条件，即对真正缺乏劳力的家庭实施代耕，"克服平均主义思想"，同时积极鼓励南下干部的家属生产自救，教育、鼓励有条件、有劳力的家庭及时耕种，避免"完全依赖"和"单纯依靠代耕和救济的落后思想"。最后，在代耕形式上，从各区具体情况可知，山东老区对南下干部家属的代耕，主要还是以固定代耕为主，拨工为辅，并体现了从拨工向固定代耕转变的趋势。

所谓"固定代耕"，"办法是把烈军工属荣军代耕的土地，固定给一定的代耕组或户负责，从种到收割归家，并保证一般收成（因天灾、虫灾而歉收者例外）"。[④]前述平原省及胶东、渤海、鲁中南区主要采取了此种形式，这也是当时山东及华北地区大力提倡的代耕形式。所谓"拨工"，又称"临时拨工"，其办法是，家属"在生产中和日常零活中需要劳动力帮助，即到村政府去拨工，村政府则按其需要临时派人帮助"。胶东区认为，"这办法最乱最麻烦，是最不好的办法，既增加烈军工属荣军及村干的拨工派工的麻烦，又影响群众不能安心计划生产，同时临时拨去代耕的人，存在不负责的态度，应付从事，结果不仅浪费了劳动力，土地种不好，产量歉收，影响烈军工属的生活，而且会因此造成村干与烈军工属与群众三方面的关系不协调的现象"。[⑤]渤海区、鲁中南区仅在"部分新区"或对一些不完全符合固定代耕条件的家属采取了拨工

---

① 《胶东日报专论：一定要把代耕工作做好》，《大众日报》1949 年 3 月 18 日，第 1 版。

② 《胶东日报专论：一定要把代耕工作做好》，《大众日报》1949 年 3 月 18 日，第 1 版。

③ 《中央人民政府内务部关于加强代耕工作的指示》（1951 年 1 月 27 日），《北京市政报》1951 年第 10 期，第 16 页。

④ 《胶东日报专论：一定要把代耕工作做好》，《大众日报》1949 年 3 月 18 日，第 1 版。

⑤ 《胶东日报专论：一定要把代耕工作做好》，《大众日报》1949 年 3 月 18 日，第 1 版。

的形式。这也是有其合理性的，因为在新收复地区，"群众既无组织又
无觉悟，过去根本没有代耕的情况下，那么在开始时运用拨工的办法，
也不是不可以的"。^①有的南下干部家属生活生产条件尚可，不需要进行
固定代耕，则可以拨工的形式进行补助耕作。

　　1952年6月，山东省人民政府根据全国形势变化的需要，调整了1949
年山东南下干部家属的待遇，不再按军属对待，但仍可按低于军属的工属对
待，而当时的平原省仍然执行南下干部家属的军属待遇。1952年11月，平
原省撤销，原平原省的菏泽、聊城、湖西专区重新划归山东省管辖。菏泽专
署民政科随后就"关于四八年四九年渡江南下之干部，其家属是否按军属
待遇问题"向山东省人民政府提出函询。山东省人民政府民政厅优抚局回
复菏泽专署，并抄送聊城、湖西专署^②："山东省人民政府于一九五二年六月
十六日，以鲁民（52）字第三四七号下达各地。该令略称'本府一九四九年
五月二十七日，曾以民字第一号通令规定："远调新区脱离生产干部，其家
属照军属待遇。"当时，此规定解决了远离家乡之干部家属的各种困难，使
其安心工作。但在目前全国胜利的形势和干部已在全国范围内统一调配的情
况下，该规定已不适用。故决定撤销本府四九年民字第一号通令的规定，凡
一九四九年远调新区脱离生产干部的家属，均应按中央人民政府内务部公布
之《革命烈士家属革命军人家属优待暂行条例》第十四条规定执行。'希即
根据此令之精神遵照办理是荷。"^③根据中央人民政府内务部《革命烈士家属
革命军人家属优待暂行条例》第14条规定："享受供给制和包干制之革命工
作人员，其家属得按稍低于军属之原则，享受本条例所规定之各项优待。"^④
自此，山东南下干部的留鲁家属虽不再认定为军属，但仍可按低于军属的革
命职员家属（"工属"）对待，享受各项保障与优待。

---

① 《胶东日报专论：一定要把代耕工作做好》，《大众日报》1949年3月18日，第1版。
② 均属原平原省，后划归山东省管辖地区。
③ 山东省人民政府民政厅优抚局：《为函复关于四九年渡江南下干部之家属待遇问题，希
　即遵照执行》（1953年3月25日），聊城市档案馆藏，案卷号：19-2-8-29。
④ 《革命烈士家属革命军人家属优待暂行条例》（政务院批准，1950年12月11日内务部公
　布）》，国务院法制办公室编：《中华人民共和国法规汇编（1949—1952）》第1卷，中国
　法制出版社2014年版，第68页。

结　语

　　陈毅同志说：淮海战役是山东人民用小推车推出来的胜利。解放战争时期的山东人民，不仅为淮海战役贡献了数百万支前民工和180万辆小推车、无数的军衣军鞋，更为全国的解放贡献了数以万计的北上、南下干部。山东，是中国共产党改变国共两党力量对比，通向全国胜利的跳板。1945年下半年，6000多名山东骨干干部与近7万山东军区主力部队挺进东北。中国共产党凭借山东根据地的强大力量跃进东北，实现了与国民政府的分庭抗礼，山东成为国共力量对比的转折区域。1948年秋至1949年春，山东干部南下新区，短短数月之间，华北局、华东局在山东地区动员南下的干部人数达到近30000人（其中华东局在山东部分解放区动员22968人，华北局的冀鲁豫、冀南区在山东动员6600多人），而这是抗战胜利后山东老区在大批干部北上东北，数百干部赴平津，万余干部南下中原后的又一次大规模干部外调，不能不说是一次壮举。正如新中国成立后毛泽东评价罗荣桓在山东的工作时说："山东把所有的战略点线都抢占和包围了。只有山东全省，是我们完整的、最重要的战略基地。北占东北，南下长江，都主要依靠山东。"① 南下，是山东老区人民为新中国成立、为将革命进行到底做出的新的重要贡献。

---

　　① 鲁戈编著：《中国抗日战争全景录　山东卷》，山东人民出版社2015年版，第353页。

一　南下与山东社会传统观念情怀的碰撞

1949 年山东干部南下前，干部们既面临很多家庭生活生产等方面实际困难，又受到根深蒂固的传统观念和复杂社会心理的影响。

有的干部南下前在家乡已经享有较高的社会地位和较为安逸的生活工作环境；有的是刚翻身分了土地的农民；还有很多干部家里有诸多现实困难，如父母老迈、新婚宴尔、子女年幼、土地荒芜、家中缺少劳力、自己是独子等，故土情深，难舍难别。南下中的基层干部，多数有较高的思想觉悟和较强的组织纪律性。但他们毕竟绝大多数是农民子弟，文化程度有限，"有些区全区只有区书、区长、财助能写信。这些干部多是在土改、复查、游击战争当中提拔出来的，其工作动机又极其复杂"。[①] 不少人长期受到华北乡村传统观念的深刻影响，如所谓"物离乡贵，人离乡贱""老不征北，少不征南""父母在，不远游，游必有方"等"乡土观念、地方观念"，"国家观念、组织观念是很模糊的"。[②] 有的反映"南上不如不上，远上不如近上"。[③] 正如 1949 年 1 月 24 日《大众日报》社论所说："我们某些党政军民中，还存在某种程度的无纪律无政府状态，地方主义游击习气，以及某些干部中存在着落后的狭隘的地方观念，不愿远离家乡等倾向。"[④] 他们绝大多数是"土生土长"的本地人，"没有到过大城市，有不少同志连自己所在县的县城都没有到过。参加革命后大多数同志都是在自己的家乡

①　《冀鲁豫区党委关于南调干部工作布置报告》（1948 年），《中共冀鲁豫边区党史资料选编（第三辑）·文献部分》（下），第 331 页。

②　《冀鲁豫区党委关于南调干部工作布置报告》（1948 年），《中共冀鲁豫边区党史资料选编（第三辑）·文献部分》（下），第 331 页。

③　东海地委组织部：《南下干部简单情况汇报》（1949 年 2 月 25 日），山东省档案馆藏，案卷号：G024-01-0332-003。

④　《社论：提拔和培养大批干部　迎接全国革命胜利！》，《大众日报》1949 年 1 月 24 日，第 1 版。

周围活动"。^①一些人对南方的生活、工作环境还存在不少误解，有的干部担心到了南方自己不会写、文化低，没办法适应新区工作，有的顾虑到南方语言不通、生活习惯不同，有的担心到了南方自己婚姻问题无法解决。更多的干部作为南下前家中的顶梁柱和收入来源，由于不能带妻子和子女南下，无法照顾父母，而对其南下后留鲁配偶问题、子女抚育和求学问题、父母照料问题等充满了顾虑。现在他们将要远离家乡故土，离开年迈的父母、年轻的妻子和幼小的子女，不能不说是一个严峻的考验。从家庭、社会的角度而言，妻子、父母普遍舍不得丈夫、儿子南下，而广大干部则心态复杂，有的不愿南下，有的提出要组织解决个人与家庭的困难，有的自报南下的干部也怀着不同的动机与目的，这种种现象既符合人之常情，也符合当时的一般社会心理。

山东各级党和政府通过耐心细致的组织动员，采用理想主义与实用主义交织的工作方式，切实解决干部心理上的包袱及其事业、家庭生产生活中所面临的各种实际困难，最终使广大干部做到了"走者愉快，留者安心"。"革命者的热情不是建立在对客观现实的描述或对未来能力的保守估计之上"，共产党人"通过有效的宣传机器，以个人的经历来说明中国困境的原因，礼赞普通人，激起普通人对未来的梦想"，来调动其激情。^②广大南下干部"在南下的热潮中，互相鼓励，互相安慰，把积极分子的热，传布到犹豫者的身上，用革命的英雄主义，坚定他南下的思想"。^③

面对着一日千里的全国解放形势，"军工属由于形势发展，又喜又怕，喜的是全国大胜利，怕的是过江南下，儿子丈夫是否能回来"。^④他们既心怀牵挂，却也深明大义。如在渤海区四地委沾化县，有的家属对即将南下的干部说："不打倒老蒋，人民没有好日子过，有国才有家，

① 郝昌德、付明余：《回忆王富海同志率冀鲁豫六地委干部南下和西进的事迹》，《光照千秋》，第85—86页。

② 〔美〕傅高义：《共产主义下的广州：一个省会的规划与政治（1949—1968）》，第9页。

③ 《筑先县南下干部思想总结》（1949年3月），聊城市档案馆藏，案卷号：14-27-225-1。

④ 东海地委组织部：《南下干部简单情况汇报》（1949年2月25日），山东省档案馆藏，案卷号：G024-01-0332-003。

自古忠孝不能两全，尽忠不能尽孝。古来如此，你们为了国家，为了人民的解放，我们决不拖后腿，现在家里有政府照顾（当时南下干部家属享受军属待遇），你们放心去吧！"当然"他（她）们的心情也是很复杂的，自己的子女、丈夫要出远门，总免不掉担心忧伤。古话说：'儿行千里母担忧。'行前，对食宿、寒暖，总是千叮万嘱，临别依依，暗自拭泪。最后集中到一句话：'早来信，常来信，免得家里记挂。'我们临行前的告慰也集中到一句话：'为了解放全中国，我们应当去，请放心，听候我们的佳音。'"①在临淄县，有的家属"积极支持鼓励南下"，说："革命几十年，共产党，解放军流血牺牲，把天下打下来，我们不去接管谁去接管！"②

在山东东明县，杨鲁峰同志主动报名南下，"旧历年的除夕夜，鲁峰同志在太阳快要西沉的时候，赶到了他的家庭，见到年老的父母和四个孩子们"，他年老的父亲"见到自己的儿子，开口就说：'我听到你报名南下啦，真的吗？''是，真的。'鲁峰同志答。'好，这算作对了！'老人说。'家里都同意吧，还有啥困难吗？'鲁峰同志再问。'没有啥。在你没回来的时候，我已经给家里的人都谈了，她们已经都同意了。'这时全家的人围在一起了，模范的父亲，又兴奋的说出自己的计划：'大孩子现在学里，二孩子过年也叫他去上学，两个小孩你家的照顾着，俺老两口子，还能自己照顾，忙的时候叫你姐来帮帮忙，就行了。'"③另一位干部程留仓同志，"在元宵节的前天回家去安置。母亲对他说：'前天我听临村的教员讲，报上登着你报名南下哩！我当时不十分相信，又到农会长那里去问，农会长说，你看这顶上不是您留仓的名字吗？'接着她又说：'你报名我很同意，不过□小他娘不大通。'于是她老人家又向媳妇说：'咱前两年的生活，是多么的凄惨！那种难过的日子，不都是蒋介石那伙子土匪加给咱的吗？这会儿过安了的好日子，还不是毛主席

① 崔云溪、房树杰：《沾化干部南下丽水》，滨州市政协文史资料委员会编：《滨州文史》第4辑，中国文史出版社2004年版，第361—362页。
② 张精忠：《临淄县干部南下记》，《齐城丰碑》，第151页。
③ 王向晨：《欢送儿子下江南》，《冀鲁豫日报》第1564期，1949年，第4版。

给咱的吗？这时候毛主席号召干部南下，去打蒋介石，帮助江南的老百姓翻身，咱才能得到永远的和平，为什么不叫留仓去呢？至于家里两个小孩和地里的活，有我和咱四满能办得了，家里的粮食，还能吃到麦□，还有啥难作呢？'"① "第二天黎明的时候，留仓的母亲就起来，将自己劳动收获的麦子灌了两斗，到集上变卖成款，给留仓同志一半，作南下行途上的零用。当天上午，他母亲率领幼小的孙子，在和舒的阳光下，兴奋的送留仓到了东明县府。同志们见了，都围着去说话，这位母亲没等同志们给她作解释，即以骄傲的口语，将昨天晚上和前几天劝说她儿媳的经过向大家说了一遍，并谦虚的说：'俺留仓这几年在地方没把工作做好，以后到江南一定得好好干。'"②

在山东南旺县③，一位南下干部李子佩"家有一个老母亲和一个妻子，一个女儿"，"子佩同志请假回家去看看。刚到了家，头一句就问他忙碌的妻子说：'我南下啦，你在家好好的生产，过日子吧！'说罢就目视其妻子，看她妻子如何答复，他以为他妻子一定不高兴，或者是大闹乱子，因为她是一个家庭妇女，就怕想不通。但出乎子佩同志的意料之外，她妻子问了南下的情况后，就说：'好！你去吧！你不要挂念俺娘们，你这回南下，把全国解放是光荣的，现在咱也有饭吃啦。想起来在拉游击时，全家不能在家，那时候的日子多难过，现在这里太平啦，我在家好好的过日子，以后全国胜利了你得空回家看看，那时候，我的小脚就放大了，我也跟你去。'"④今日读之亦令人动容。在传统家族、家庭观念深厚，革命观念甚至自我意识都相当淡薄的山东地区的广大妇女及其他干部家属群体最终能够理解丈夫、理解儿子、理解南下事业，充分反映了经过中国共产党的社会改造与革命理想宣传，以及中国共产党人长期以来以身作则的优秀形象展现，山东老区广大妇女及其他群众在社

① 王向晨：《欢送儿子下江南》，《冀鲁豫日报》第1564期，1949年，第4版。
② 王向晨：《欢送儿子下江南》，《冀鲁豫日报》第1564期，1949年，第4版。
③ 南旺县，1953年撤销，并入山东嘉祥、梁山二县。
④ 朱相臣：《服从革命利益，服从组织！》——南下干部小故事，《冀鲁豫日报》第1577期，1949年，第4版。

会意识、社会观念上已发生了切实的转变。

　　山东南下干部离开家乡远赴南方新区，他们中有的相隔十数年才再次路过或短暂回到家乡，亦有人此后没有再亲自回到家乡，但他们多数从未割断与家乡的关系，在家乡和异乡之间通过经济、血脉、亲情维系着彼此的感情。"南下"改变了很多山东家庭的命运，却没有改变彼此的牵挂与对家乡的眷恋。"因而，事情的本质不是'分离'，而是'联系'"。①他们将山东人的革命热情、观念与生活方式带到了南方新区，扩展了家乡的内涵与空间维度。

二　南下组织与社会互动

　　数万骨干干部在短时间内被成套调出，渡江南下，对山东社会必然会产生方方面面的影响，如山东社会心态和心理的复杂变化，南下对山东地区原有党政工作、社会管理的影响，数十万南下干部留鲁家属的安置、生活问题及其带来的其他社会问题等，可以说都亟待解决。"因之，中国日日夜夜都在取得新的成就，也时时刻刻都在产生新的问题。"②但另一方面，"南下"也成为山东社会变革的重要推动力。山东地区的南下动员教育工作，是在山东全省（除青岛等极个别地区外）获得解放、中国共产党真正掌握全省政权之后的第一次大规模干部教育动员活动，广泛的动员工作普遍提高了干部素质。大浪淘沙，少数在南下中"弯腰"、"论堆"、家庭观念过深、革命意志薄弱、经不起历史重任考验的干部，也在这次南下中"暴露"出来。正如冀鲁豫九地委在南下工作总结中谈道，"我们从这次调干部中深刻体会到，农民干部调出几千里以外的地区工作，在他思想上好像又革了一次命，因为农民干部参加革命是一只脚踏在家里，一只脚踏在革命岗位上，如果要求农民干部服从革命服从调动，除非在他思想上来个革命不行，就是要叫他从思想上了解

---

①　〔美〕孔飞力：《他者中的华人：中国近现代移民史》，"前言"，第5页。
②　李文：《国史中的社会史：学科定位与基本框架》，《中共历史与理论研究》第1辑，第256页。

到他个人利益与革命利益的一致性，甚至更明显的叫他看出来参加革命确实比他守在家里好处多，利益大，才肯放弃个人利益，服从组织利益，才肯把放在家里的一只脚拔出来完全踏在革命的道路上跟革命走"。① 南调深刻体现了在婚姻、家庭、乡土面前，干部心理与行动的复杂性。地方党委"从这一问题上"也进一步"体会到我们应该如何对待农民干部及处理农民干部的问题，并如何去教育农民干部的问题"。② 历史的车轮滚滚向前，时代的大潮浩浩荡荡。历史从来不会停留、等待、眷恋那些犹豫者、畏难者和动摇者。通过"南下"，各级组织清理了部分"离不开家、舍不得老婆""怕外调"的"弯腰""伸腿""落水"干部，进一步健全了党的肌体，保持了基层组织的活力。干部南下后考验、提拔的山东全省数十万新干部，他们的工作经验或许不如已南下的干部丰富，革命时间也较短，但他们具备朝气与干劲，迅速担负起了山东建设的重任，形成了山东基层社会新的领导群体。

此外，"南下"在中国社会变动的关键时刻，提高了党对社会的动员能力与控制能力，推动了山东党组织与山东社会的更好融合。"政党社会动员的广度和深度是政党力量的重要体现。"③ 在南下动员过程中，山东党和政府表现出了强大的组织动员能力。当然，在较短的时间内进行如此繁复、艰巨的组织动员工作，也暴露出党在基层治理体系、组织建设、社会动员、社会保障等方面缺乏经验，在南下干部广大留鲁家属的待遇、安置等问题上还有改进的空间。当时各级组织所极力批评的"无纪律无政府状态"在很多地方还不同程度地存在，由南下而带来的一些其他社会遗留问题，也并非短时间内可以完全、妥善、彻底地解决。对于南下中所出现的一些不足与缺陷，山东党和政府及时总结经验教训，查缺补漏，及时弥补与改进制度、思想及工作作风，尤其更加

---

① 冀鲁豫九地委组织部：《南调干部工作总结及调整组织训练培养干部的意见》（二月份报告），聊城市档案馆藏，案卷号：2-1-46-9。

② 冀鲁豫九地委组织部：《南调干部工作总结及调整组织训练培养干部的意见》（二月份报告），聊城市档案馆藏，案卷号：2-1-46-9。

③ 田先红：《政党如何引领社会？——后单位时代的基层党组织与社会之间关系分析》，《开放时代》2020 年第 2 期。

合理、有效地提高党在基层的核心和引领作用，理顺基层政权与社会的关系。"南下"也成为党在工作重心从农村转向城市、从革命党转向执政党的重要历史关头改善治理能力、治理方式的重要契机。此后，山东各级党和政府通过提拔并培训新干部、深入开展"反对无纪律无政府状态"、处理南下中遗留的干部问题、解决南下干部家属安置及代耕等问题，逐步处理了"南下"给山东社会遗留的各种问题，及时稳定和恢复了山东老区的干部队伍、生产和社会秩序，体现了对广大南下干部及其留鲁家属的关怀，也实现了国家政权与地方社会的良性互动。南下洪流与解放战争时期山东地区参军、支前的洪流汇聚在一起，最终成为山东老区主流革命传统与革命文化的不可分割的组成部分。

三　南下与奉献

　　南下干部为新中国的成立和建设事业做出了重大贡献，同时也做出了个人、家庭的重大牺牲。南下过江，路途遥远，归期无定，当时无论干部本人还是其家人，多数将南下当作"一去不能回"。从家人尤其妻子角度来说，不愿丈夫南下在当时是较为常见的现象，亦是人之常情。干部们通过各种方式摆脱家庭的羁绊（当时最严重的是"老婆拉腿""父母哭闹"）。有的回家告别时，被妻子锁在家中，半夜悄悄走了。① 有的回家说要南下，母亲藏起他的手枪，"并将房门关闭上锁"，他趁家人中午做饭不备弄开房门就走，对家乡的老母亲只能由衷说一句"请母亲放心吧！我一定不辜负您老的教导。只是远隔千山万水，不能在母亲身旁尽孝，惟望母亲保重身体，注意寒暖，安享天年"。② 冀鲁豫六地委徐翼县有的干部"南下，家中不通，偷跑出来的，只有身上穿的，衣被鞋袜

① 如聊城东昌府区某南下干部的后人（女）讲述，她的外婆当时把外公（被调南下）锁在家中不让其出门。而她外公为其当时只有三岁的舅舅最后一次洗漱完毕后，半夜便悄悄从家里走了。她的外公是南下干部，1949年从冀鲁豫六地委筑先县于集镇南下至贵州镇远地区。2016年9月18日访谈聊城市东昌府区王×（女）。
② 刘万祥：《南下沅江之回忆》，《沅江文史资料》第6辑，第9—10页。

等均需上级补发"。① 更由于南下路途遥远，归期无定，有的干部怕家人阻力较大，便没有对家人说实话。胶东区海阳县干部"大部分都乐意走，但怕家里不满，所以都家去来告诉自己的父母和老婆，要南下只说出去学习可得些日子来家"。② 渤海区一地委"有的不通过家庭……说到地委受训，和或到惠民受训"，就南下了。③ 冀鲁豫三专署城武县有的干部为完成南下战略任务，担心被家里"拉腿""哭闹"，"听到南下后，距家很近，怕家掣腿，始终就没回家辞别（且其夫妇感情素佳），此种服从调动在此次南下人数中为大多数"。④ 筑先县有些干部因怕家人羁绊，"听到南下后，就没回家一次，一直工作到最后临走的一点钟"，便直接南下了，"丝毫没表示出犹豫与动摇"；还有的干部即将要结婚，"听到南下后就辞掉了他的婚约，毅然的接受了这一任务"。⑤ 在渤海区广饶县，有的干部"母亲病故了，他顾不得送葬就按时到县城集中了"。⑥ 应该说，从时代赋予南下干部的历史责任而言，服从组织调动、完成南下接管重任是被调干部在当时不容推卸的责任。

对于广大山东南下干部来说，自踏上南下征程开始，多数人从没有考虑过"衣锦还乡"，而是"以他乡作故乡"，守住对家和家乡的浓厚情感，走向千里之外的新环境、新岗位与新生活。在"守"与"走"之间展现出他们的奉献与情怀。他们将个人的前途命运与国家民族的前途命运紧紧地联系在一起，在实现个人事业和人生价值的同时，勇往直前地承担起了光荣的历史使命和时代责任。在历史大变革的关头，南下干部为广大南方新区的接管建政、征粮、剿匪、恢复生产、土改和此后的社会主义建设事业做出的巨大贡献，是我们应该铭记的。同时，我们也应

---

① 《徐翼县南下干部总结》（1949 年），聊城市档案馆藏，案卷号：14-27-225-2。
② 海阳县委组织部：《这次干部南下的几个情况报告》（1948 年 12 月 27 日），山东省档案馆藏，案卷号：24-1-271-6。
③ 沧南地委：《南调五十个区级干部的情况报告》（1949 年 2 月 13 日），山东省档案馆藏，案卷号：G026-01-0123-007。
④ 冀鲁豫行署：《三专署城武县政权干部南下总结》（1949 年 3 月 8 日），山东省档案馆藏，案卷号：G052-01-135-9。
⑤ 《筑先县南下干部思想总结》（1949 年 3 月），聊城市档案馆藏，案卷号：14-27-225-1。
⑥ 郝有声、王鲁卿、贾延庚：《广饶县干部南下福建的回忆》，《南下往事》，第 57 页。

理解他们为实现"将革命进行到底"的战略目标而对家庭、亲人，对家乡故土的种种难以割舍与亏欠。七尺之躯已许国，难许家。在南下新区的重大战略任务面前，在干部南下后与山东家乡相隔迢迢千里的情况下，很多南下干部的留鲁家属做出了自己的牺牲，朴实善良的山东老区群众奉献了自己的丈夫、儿子、爱情、亲情，与山东南下干部一起谱写了壮丽的时代篇章。山东南下干部的留鲁家属在过往的学术研究中是相对"失语"的群体。在特定的历史阶段，即1949—1952年，他们曾短暂拥有军属身份与待遇，而在此后的漫长岁月中，他们和千千万万普通劳动者一样做到了自食其力。我们在记录山东南下干部历史贡献的同时，也不应忘记广大南下干部的留鲁家属为革命事业做出的贡献与牺牲，他们的经历和感受以及他们的所思所想。马克思、恩格斯说，"全部人类历史的第一个前提无疑是有生命的个人的存在"。"这是一些现实的个人，是他们的活动和他们的物质生活条件，包括他们已有的和由他们自己的活动创造出来的物质生活条件"，构成"一般意识形态"的"现实前提"。①历史的大河既有波涛滚滚，又有静水流深。每个人的选择汇聚起来，就成了国家和民族的选择。当我们更加关注宏大历史叙事中的普通个体的思想与生活变迁时，或许能更真实地展现历史进程的丰富性，也有助于更深入地理解革命潮流与家庭、社会之间的关系，以使我们更好地继承与发扬"南下"精神。

---

① 《马克思恩格斯选集》第1卷，人民出版社2012年版，第146页。

参考文献

一　馆藏档案

高唐县档案馆馆藏档案

河北省档案馆馆藏档案

济南市档案馆馆藏档案

聊城市档案馆馆藏档案

青岛市档案馆馆藏档案

山东省档案馆馆藏档案

莘县档案馆馆藏档案

二　报刊

《北京市政报》（1951 年，北京市人民政府秘书处编印）

《渤海日报》（1949、1950 年）

《大众日报》（1948、1949 年）

《冀鲁豫日报》（1948、1949 年）

《建设》（1949 年，中共中央华北局《建设》编委会编印）

《江海大众》（1948 年，华中一分区文化协会编）

《胶东日报》（1948、1949 年）

《鲁中南报》（1948 年）

《前锋》（1949 年，华东渤海军区政治部出版）

《青岛日报》（1950 年）

《人民日报》（1947、1949、1950、1951、2015 年）

《山东政报》（1949 年）

《新华社电讯稿》（1949 年）

《新华文摘》（1949 年，华东新华文摘社）

《新华月报》（1950 年，新华月报社）

三　资料汇编

滨州市政协文史资料委员会编：《滨州文史》第 4 辑，中国文史出版社
　　2004 年版。

常连霆主编，中共山东省委党史研究室、山东省中共党史学会编：《山
　　东党史资料文库》第 12 卷，山东人民出版社 2015 年版。

常连霆主编，中共山东省委党史研究室、山东省中共党史学会编：《山
　　东党史资料文库》第 16 卷，山东人民出版社 2015 年版。

常连霆主编，中共山东省委党史研究室、山东省中共党史学会编：《山
　　东党史资料文库》第 17 卷，山东人民出版社 2015 年版。

常连霆主编，中共山东省委党史研究室、山东省中共党史学会编：《山
　　东党史资料文库》第 25 卷，山东人民出版社 2015 年版。

常连霆主编，中共山东省委党史研究室、山东省中共党史学会编：《山
　　东党史资料文库》第 28 卷，山东人民出版社 2015 年版。

常连霆主编，中共山东省委党史研究室、山东省中共党史学会编：《山
　　东党史资料文库》第 29 卷，山东人民出版社 2015 年版。

常连霆主编，中共山东省委党史研究室、山东省中共党史学会编：《山
　　东党史资料文库》第 30 卷，山东人民出版社 2015 年版。

常连霆主编，中共山东省委党史研究室编：《山东党的革命历史文献选
　　编（1920—1949）》第 10 卷，山东人民出版社 2015 年版。

常连霆主编，中共山东省委党史研究室编：《山东党的革命历史文献选
　　编（1920—1949）》第 8 卷，山东人民出版社 2015 年版。

常连霆主编，中共山东省委党史研究室编：《山东党的革命历史文献选

编（1920—1949）》第 9 卷，山东人民出版社 2015 年版。

崔乃夫主编：《中华人民共和国地名大词典》第 5 卷，商务印书馆 2002 年版。

丁进军整理：《记者是历史的见证人》，新华出版社 2014 年版。

丁守和、马勇、左玉河等编：《抗战时期中文期刊篇目汇录》（一），上海书店出版社 2021 年版。

国务院法制办公室编：《中华人民共和国法规汇编（1949—1952）》第 1 卷，中国法制出版社 2014 年版。

湖南省党史联络组联合办公室编：《回忆录》第 2 辑，1990 年。

华北解放区财政经济史资料选编编辑组等编：《华北解放区财政经济史资料选编》第 2 辑，中国财政经济出版社 1996 年版。

华北人民政府秘书厅编印：《华北人民政府法令汇编》第 1 集，1949 年。

冀鲁豫边区党史工作组上海市联络组编印：《冀鲁豫边区党史资料选编》，1991 年。

江苏省档案馆编：《红色记忆　江苏省档案馆馆藏革命历史报刊资料选编（1918—1949）》，东南大学出版社 2014 年版。

梁书文主编：《民事经济纠纷案件诉程汇揽》，中国检察出版社 1996 年版。

全国中共党史研究会编：《抗日民主根据地与敌后游击战争》，中共党史资料出版社 1987 年版。

《山东革命斗争回忆录丛书》编写组编：《光岳春秋》（下），山东人民出版社 2014 年版。

山东省档案馆、山东社会科学院历史研究所编：《山东革命历史档案资料选编　第 23 辑（1949.6—9）》，山东人民出版社 1986 年版。

山东省蓬莱市政协文史资料委员会编印：《蓬莱文史》第 13 辑，1996 年。

台州市政协文史资料委员会、中共台州市委老干部局编：《台州文史资料》第 9 辑，2002 年。

魏明铎主编：《中国共产党纪律检查工作全书》，河北人民出版社 1992 年版。

无棣县政协文史资料研究委员会编：《无棣文史资料》第 2 辑，1989 年。

赵志平:《南下日记》，湖南人民出版社 1990 年版。

中共常德市委党史办编:《常德人民翻身谱（1949—1953）》，1988 年。

中共东营市委党史研究室编:《南下往事》，中共党史出版社 2009 年版。

中共贵州省委党史办公室冀鲁豫小组编印:《冀鲁豫党史资料选编》第
12 集，1989 年。

中共贵州省委党史研究室冀鲁豫组编印:《从冀鲁豫到贵州——南下支
队和西进支队专辑》，1991 年。

中共贵州省委党史研究室冀鲁豫组编印:《冀鲁豫党史资料选编》第 19
集，1994 年。

中共河南省委党史工作委员会编:《风雨春秋　潘复生诗文纪念集》，河
南人民出版社 1993 年版。

中共湖南省委党史研究室、湖南省中共党史联络组编:《南下入湘干部
历史文献资料汇编》，湘新出准字（2013）第 36 号。

中共黄平县委党史办编:《光照千秋》，1985 年。

中共冀鲁豫边区党史工作组办公室编:《中共冀鲁豫边区党史资料选编
（第三辑）·文献部分》（下），山东大学出版社 1989 年版。

中共金寨县委宣传部编:《立夏节烽火 革命斗争回忆录》，安徽人民出版
社 1980 年版。

中共聊城地委党史资料征集研究委员会编印:《一切为了前线（上）聊
城地区党史资料第 15 辑》，1988 年。

中共聊城市委党史资料征集研究委员会编印:《聊城市党史资料》第 5
期，1989 年。

中共临沂市委党史研究室编:《沂蒙根据地历史资料汇编》第 15 卷，
2016 年临第 013 号。

中共临淄区委党史资料征集研究委员会编:《齐城丰碑》，山东人民出版
社 1993 年版。

中共山东省德州市委党史研究室编，王清水主编:《光荣的使命　德州
干部随军南下简史》，党建读物出版社 2002 年版。

中共莘县县委党史资料征集研究委员会编:《燕塔风云 莘县民主革命时

期党史资料汇编》，1987 年。

中共泰安市委党史征集研究办公室编:《泰安南下干部纪实》，中国文史出版社 2013 年版。

中共泰安市委党史资料征集研究委员会编:《泰安党史资料 总第 18 期纪念中国共产党成立七十周年专刊》，1991 年。

中共泰安市委党史资料征集研究委员会编:《泰安党史资料 总第 19 期》，1992 年。

中共无棣县委党史资料征集研究委员会编:《难忘的岁月——无棣县革命斗争回忆录专辑》(一)，山东省惠民地区新闻出版局 1991 年印。

中共阳谷县委党史资料征集研究委员会办公室编印:《谷山烽火》，1990 年。

中共中央党史研究室、中央档案馆编:《中共党史资料》第 72 辑，中共党史出版社 1999 年版。

中共中央文献研究室、中央档案馆编:《建党以来重要文献选编（1921—1949）》第 25 册，中央文献出版社 2011 年版。

中共中央文献研究室、中央档案馆编:《建党以来重要文献选编（1921—1949）》第 26 册，中央文献出版社 2011 年版。

中国抗日战争军事史料丛书编审委员会编:《中国抗日战争军事史料丛书 新四军·文献 14》，解放军出版社 2016 年版。

中国人民政治协商会议冠县委员会文史资料研究委员会编:《冠县文史资料》第 2 辑，1989 年。

中国人民政治协商会议广饶县委员会文史资料委员会编:《广饶文史资料选辑》第 7 辑，1988 年。

中国人民政治协商会议贵州省委员会文史资料研究委员会编:《贵州文史资料选辑》第 21 辑，1985 年。

中国人民政治协商会议河南省宝丰县委员会学习文史委员会编:《宝丰文史资料》第 9 辑，1994 年。

中国人民政治协商会议湖南省沅江市委员会文史资料委员会编:《沅江文史资料》第 6 辑，1989 年。

中国人民政治协商会议即墨市委员会文史资料研究委员会编:《即墨文

史资料》第 8 辑，1992 年。

中国人民政治协商会议临川市委员会文史委员会编:《临川文史》第 1
　　辑，1996 年。

中国人民政治协商会议山东省安丘县委员会编:《安丘文史资料》第 7
　　辑，1990 年。

中国人民政治协商会议山东省宁津县委员会文史科编:《宁津文史资料》
　　第 11 辑，1991 年。

中国人民政治协商会议山东省平原县委员会编:《平原文史资料 第 14 辑
　　人民武装专辑》，2002 年。

中国人民政治协商会议山东省夏津县委员会文史资料研究委员会编:《夏
　　津文史资料》第 4 辑，1993 年。

中国人民政治协商会议潍坊市潍城区委员会文史资料委员会编:《潍城
　　文史资料》第 8 辑，1993 年。

中国人民政治协商会议禹城县委员会文史资料委员会编:《禹城文史资
　　料》第 7 辑，1991 年。

中国人民政治协商会议浙江省开化县委员会文史资料研究委员会编:《开
　　化文史资料》第 4 辑，1989 年。

中国社会科学院、中央档案馆编:《中华人民共和国经济档案资料选编
　　1949—1952 综合卷》，中国城市经济社会出版社 1990 年版。

中央档案馆编:《中共中央文件选集》第 18 册（1949 年 1 月至 9 月），
　　中共中央党校出版社 1992 年版。

四　地方史志

常连霆主编，中共山东省委党史研究室编:《中共山东编年史》第 5 卷，
　　山东人民出版社 2015 年版。

常连霆主编，中共山东省委党史研究室编:《中共山东编年史》第 6 卷，
　　山东人民出版社 2015 年版。

常连霆主编，中共山东省委党史研究室编:《中共山东编年史》第 7 卷，
　　山东人民出版社 2015 年版。

丁龙嘉主编:《中共鲁中地方史（1919.5—1949.10）》，中共党史出版社
　　2006 年版。

冀鲁豫边区革命史工作组:《冀鲁豫边区革命史》，山东人民出版社 1991
　　年版。

乐陵市党史史志办公室编:《中共乐陵地方史　第 1 卷（1921—1949）》，
　　2008 年。

李晓黎主编:《中共渤海区地方史》，中央文献出版社 2000 年版。

孟红军编著:《山东革命文化大事年表》，中共党史出版社 2005 年版。

中共德州地委党史资料征集研究委员会编:《中共德州地区党史大事记
　　（1921 年 7 月至 1949 年 9 月）》，山东人民出版社 1990 年版。

中共东阿县委党史资料征集研究委员会编:《中共东阿县党史大事记
　　（1933—1949）》，山东省出版社总社聊城分社 1990 年版。

中共河南省委党史研究室编:《中共平原省简史》，河南人民出版社 1995
　　年版。

中共冀鲁豫边区党史编委会编:《中共冀鲁豫边区党史大事记》，山东大
　　学出版社 1987 年版。

中共聊城地委党史资料征集研究委员会编:《鲁西北革命史》，山东大学
　　出版社 1991 年版。

中共临清市委党史资料征集研究委员会编印:《中共临清党史大事记
　　（1925—1949）》，1990 年。

中共平原县委党史资料征集研究委员会编:《平原县党史讲座（革命传
　　统教材）》（1921 年 7 月—1949 年 10 月），1989 年。

中共濮阳市委党史研究室编:《丰碑永树冀鲁豫》，中共党史出版社 2004
　　年版。

中共青州市委党史研究室编:《中共青州地方史》第 1 卷，中共党史出
　　版社 2006 年版。

中共山东省委组织部等编:《中国共产党山东省组织史资料（1921—
　　1987）》，中共党史出版社 1991 年版。

中共威海市委党史研究室:《中共威海地方史》第 1 卷，中共党史出版

社 2005 年版。

中共招远市委党史研究室编:《中共招远地方史》第 1 卷,中共党史出
版社 2003 年版。

中共淄博市委党史资料征集研究委员会:《中共淄博地方史》第 1 卷,
山东人民出版社 2001 年版。

五 著作

薄文军等编著:《垦区——山东战略区的稳固后方》,中共党史出版社
2005 年版。

〔法〕让-马克·夸克:《合法性与政治》,佟心平、王远飞译,中央编
译出版社 2002 年版。

黄道炫:《张力与限界:中央苏区的革命(1933—1934)》,社会科学文
献出版社 2011 年版。

刘统:《中国革命战争纪实 解放战争(华东卷)》,人民出版社 2007 年
版。

鲁戈编著:《中国抗日战争全景录 山东卷》,山东人民出版社 2015 年版。

《马克思恩格斯选集》第 1 卷,人民出版社 2012 年版。

〔美〕傅高义:《共产主义下的广州:一个省会的规划与政治(1949—
1968)》,高申鹏译,广东人民出版社 2008 年版。

〔美〕孔飞力:《他者中的华人:中国近现代移民史》,李明欢译,江苏
人民出版社 2016 年版。

山东省档案局编著:《告诉你一个真实的"南下"》,山东人民出版社
2009 年版。

山东省档案局编著:《山东干部南下》,中共党史出版社 2005 年版。

王东溟编著:《山东人民支援解放战争》,中共党史出版社 2005 年版。

杨奎松:《中间地带的革命——国际大背景下看中共成功之道》,山西人
民出版社 2010 年版。

岳谦厚、王亚莉:《女性、婚姻与革命——华北及陕甘宁根据地女性婚
姻问题研究》,中国社会科学出版社 2018 年版。

赵维东主编:《山东革命老区知识问答 800 题》,山东人民出版社 2014
　　年版。

《中国人民解放军军史》编写组编:《中国人民解放军军史》第 3 卷,军
　　事出版社 2010 年版。

中共湖南省委党史研究室、湖南省中共党史联络组编著:《南下湖南》,
　　中共党史出版社 2014 年版。

中共临沂市委党史研究室编著:《沂蒙南下干部》,济南出版社 2017 年版。

六　论文(集)

包晨岚:《选调与任用: 解放初期入浙南下干部研究》,《浙江学刊》
　　2018 年第 3 期。

丁龙嘉:《论"南下"与"南下干部"研究中的若干问题及当代价值》,
　　《中共党史研究》2016 年第 1 期。

高峰:《探秘昌潍专区干部南下》,《山东档案》2020 年第 5 期。

郭于华:《心灵的集体化——陕北骥村农业合作化的女性记忆》,《中国
　　社会科学》2003 年第 4 期。

华东师范大学中国当代史研究中心编:《中国当代史研究》(一),九州
　　出版社 2011 年版。

黄道炫:《倾听静默的声音》,《中共党史研究》2021 年第 5 期。

金民卿:《在历史正确方向上推进近代史研究》,《历史评论》2021 年第
　　1 期。

赖小刚:《通向成功的跳板:抗战时期中共在山东的崛起》,《文化纵横》
　　2015 年第 5 期。

黎荣:《1949 年干部南下:双重逻辑下的选择与演变》,《湖州师范学院
　　学报》2015 年第 3 期。

李华锋、俞思念:《科学社会主义学科的"三大体系"建设刍议》,《科
　　学社会主义》2020 年第 4 期。

李华锋:《劳工主义而非社会主义:英国工党早期主导思想探析》,《当
　　代世界与社会主义》2019 年第 1 期。

彭南生：《从"走进历史"到"走出历史"：章开沅的治史道路与史学思想》，《江汉论坛》2022年第5期。

唐传喜主编《共和国永远铭记——南下干部历史贡献理论研讨会论文集》，泰山出版社2012年版。

田先红：《政党如何引领社会？——后单位时代的基层党组织与社会之间关系分析》，《开放时代》2020年第2期。

杨凤城主编《中共历史与理论研究》第1辑，社会科学文献出版社2016年版。

张根福、李鸣宇：《抽调、分配与融合：八千山东南下干部入浙履职探析》，《浙江师范大学学报》（社会科学版）2019年第6期。

中国社会科学研究会编《全球化下的中国与日本——海内外学者的多元思考》，社会科学文献出版社2003年版 。

周蕾：《邓六金与华东保育院》，《党史博览》2013年第7期。

后 记

　　本书是笔者主持的 2020 年度教育部人文社会科学研究青年基金项目"1949 年干部南下与山东社会变迁研究"的结项成果，也是笔者在南下干部研究领域的第二本著作。在书稿的出版过程中，遵从审稿人建议，将书名微调为现名。

　　山东干部南下是新中国奠基史的重要组成部分，对于"南下"的研究不仅具有革命史意义，还包含着社会史、经济史、文化史、移民史乃至现代化史的多重含义，拥有广阔研究空间与深耕条件。

　　在中国历史大转折时期，数万山东南下干部克服重重困难，做出了重大个人、家庭的牺牲，毅然南下，谱写了一曲时代壮歌。笔者希望本书的研究可以进一步拓宽南下研究的广度与深度，并更好地发挥党史资政育人作用，使青年读者认识南下，并从中汲取奋发前进的动力。

　　意大利哲学家克罗齐宣称："一切历史都是当代史。"这指出，我们在记录历史、研究历史的同时，应注重展现历史对于今天的价值。以当代的眼光与视角去看待南下及其对山东社会的影响，不仅是十分必要的，也是新时代充分挖掘南下的当代价值、弘扬山东老区革命历史、弘扬红色精神与文化传统的需要。

　　梁启超说："史料为史之组织细胞，史料不具或不确，则无复史之可言。"尤其对南下这一学界研究相对较少的课题而言，多方史料的搜集、整理更显重要。笔者多年来始终坚持从事山东南下干部资料的搜集整理及相关口述访谈工作，在本书的前期准备与具体写作中，在南下史料的搜集与整理方面投入了相当长的时间与精力。感谢山东省档案馆，山东部分市、县档案馆及党史、史志部门对笔者资料查阅工作的大力支持与帮助。感谢济南市政协文史资料委员会原主任秦一心同志等对我校冀鲁豫边区革命史研究中心相关书籍资料的慷慨捐赠。感谢聊城市委党史研究室原主任刘如峰老师多年来对笔者研究的帮助与支持。感谢在研究中为笔者提供无私帮助的山东南下干部及其留鲁后人。感谢聊城大学学术著作出版基金的资助。感谢社会科学文献出版社吴超老师的辛勤工作，使本书得以顺利付梓。

图书在版编目（CIP）数据

1949 年山东干部南下及其社会影响研究 / 黄昊著
. -- 北京：社会科学文献出版社，2023.4（2024.8 重印）
ISBN 978-7-5228-1510-7

Ⅰ . ① 1… Ⅱ . ① 黄… Ⅲ . ① 华东随军服务团 - 研究
Ⅳ . ① D432.9

中国国家版本馆 CIP 数据核字 (2023) 第 057808 号

1949 年山东干部南下及其社会影响研究

著　　者 / 黄　昊

出 版 人 / 冀祥德
责任编辑 / 吴　超
文稿编辑 / 汝硕硕
责任印制 / 王京美

出　　版 / 社会科学文献出版社·人文分社（010）59367215
　　　　　 地址：北京市北三环中路甲 29 号院华龙大厦　邮编：100029
　　　　　 网址：www.ssap.com.cn
发　　行 / 社会科学文献出版社（010）59367028
印　　装 / 河北虎彩印刷有限公司

规　　格 / 开本：787mm×1092mm　1/16
　　　　　 印张：20　字数：295 千字
版　　次 / 2023 年 4 月第 1 版　2024 年 8 月第 2 次印刷
书　　号 / ISBN 978-7-5228-1510-7
定　　价 / 129.00 元

读者服务电话：4008918866